KB189227

전현수 박사의

불교정신치료 강의

"정신과 의사로서 환자를 치료하는 과정에서 환자가 자기 문제에 대한 통찰을 얻고는 했는데, 이 사람들이 과거의 자기 문제를 자꾸 반복합니다. 왜 이런 현상이 일어나며, 이걸 어떻게 해결할 수 있습니까?"

스님이 이렇게 답했다.

"환자가 자기 스스로를 보게끔 도와주세요."

일러두기

- 책은《 》, 책 속의 단편과 영화, 드라마 등은〈 〉로 구분해서 표기했습니다.
- 국내에 번역 소개된 책은 원어 제목을 병기하지 않았습니다.

서문

사람들은 1900년대 초에 나타난 프로이트의 정신분석을 과학적인 정신치료의 시작으로 본다. 하지만 나는 2,600년 전에 부처님에 의해 시작된 불교를 최초의 과학적인 정신치료라고 자신 있게 말한다. 불교는 그 자체로 완벽한 정신치료다. 다만 사람들이 이것을 잘 모르고 있을 뿐이다. 부처님은 관찰을 통해 인간이 어떤 존재인지를 완벽히 이해했다. 그에 입각해 인간이 겪는 여러 형태의 괴로움을 완전히 해결하고 그 방법을 구체적으로 제시했다. 부처님이 제시한 길을 그대로 따르면 누구나 괴로움을 완전히 해결할 수 있었다. 부처님의 제자들은 부처님의 가르침이 앞으로의 사람들에게 꼭 필요하다고 보았다. 그래서 처음 600여 년 동안은 암송으로 그 가르침을 전했고, 그 뒤로는 문자로 기록해 남겼다. 초기불교의 경(經)·율(律)·론(論) 삼장(三藏)은 불교정신치료의 교과서다.

이러한 깨달음에 이르기까지는 30년이 넘는 시간이 걸렸다. 시작은 고익진 선생님과의 만남이다. 1985년 고익진 선생님께 업설(業說)

에 대한 설명을 들었을 때 '불교가 진리'라는 생각이 들었다. 나는 선생님의 가르침을 생활에 직접 적용했고 그 덕에 훨씬 편안하게 살 수 있었다. 그래서 정신적인 문제를 가진 사람들이 불교를 이해하고 생활에 적용하면 나처럼 큰 도움을 얻을 수 있을 것 같았다. 정신치료와 불교가 연결될 수 있다는 생각이 들었다. 그 이후로 나는 오랫동안 불교와 정신치료라는 두 길을 걸었다.

때로는 앞이 보이지 않아 힘들기도 했다. 1988년 고익진 선생님이 돌아가신 뒤 2003년 미얀마에서의 수행을 통해 몸과 마음의 속성을 깨닫기 전까지 15년간은 불교 공부와 수행에서 참으로 힘들었다. 하지만 다행으로 그 시기에 이동식 선생님을 만나 정신치료를 배울 수 있었다. 도(道)정신치료를 만든 이동식 선생님이 이끄는 한국정신치료학회에서 12년간 공부를 하고 병원에서 정신치료를 해나가면서 정신치료에 대한 내 나름의 관점이 섰다.

2000년부터는 다시 불교 공부와 수행에 매진하는 시간을 가졌다. 2003년에 불교와 정신치료 연구회를 만들어 정신과 의사, 심리학자, 스님, 불교 수행자들과 머리를 맞대고 두 분야를 공부했고, 그들과 함께 2007년에 한국불교심리치료학회를 세웠다. 두 분야를 어떻게 연결시킬 수 있는지 동료들과 같이 고민하고 연구한 것이 불교정신치료의 체계를 확립하는 데 많은 도움이 되었다.

2013년 11월 병원 문을 두 번째로 닫고 수행에 전념하여 사마타와 위빠사나 수행을 성공적으로 해낼 수 있었다. 그리하여 불교에 대한 의문이 모두 해소되자 그동안 걸어온 두 길이 하나로 만나게 되었다.

2014년 가을 사마타와 위빠사나 수행이 끝나고 불교정신치료의 체계가 내 나름대로 섰다. 불교정신치료의 체계를 세워 세상에 선보이기까지 이렇게 적지 않은 시간이 흘렀다.

그다음 해에 대한불교 조계종 스님 연수 교육에서 2박 3일 동안 왜 불교가 정신치료이며 어떻게 불교로 정신적인 문제를 치료하는지를 강의했다. 이 소식을 듣고 한국불교심리치료학회에서 오랫동안 함께 활동한 김재성 교수님이 불교정신치료 워크숍을 제안해왔다. 그리하여 경복궁 옆 법련사에서 2016년 3월부터 12월까지 한 달에 한 번 세 시간씩 모두 열 차례 워크숍을 진행했다. 정신과 의사와 불교 수행자를 비롯한 다양한 계층의 사람 80여 명이 워크숍에 참가했다. 워크숍을 준비하는 과정에서, 사람들 앞에서 강의를 하면서, 또 참가자들의 피드백을 받으며 불교정신치료가 좀 더 다듬어졌다.

워크숍은 매회 영상으로 촬영되고 음성으로 녹음되었다. 그 내용을 워크숍 참가자 중 한 명인 임미정 씨가 녹취했다. 자기 공부에 도움이 된다면서 즐거운 마음으로 그 방대한 작업을 해준 임미정 씨에게 고마움을 전한다. 그 덕에 이 책이 세상에 나올 수 있었다. 불광출판사 편집부 이기선 씨도 워크숍에 참여했다. 출판에 도움도 되고 불교정신치료도 공부하고 싶다고 했다. 워크숍을 마친 늦은 밤 귀가 길에서 책에 대해 나눈 이야기들이 많은 도움이 되었다. 책 만드는 과정에서 원고도 정리해주고 자료 확인도 꼼꼼하게 해주었기에 사람들이 좀 더 편하게 읽을 수 있는 책이 되었다.

이제 불교정신치료라는 위대한 여정에 돌 하나가 놓였다. 앞으로 해야 할 일이 더 많을 것이다. 내가 수행을 통해 알고 있는 사실들을 수행 경험이 없는 사람들은 이해하기 어려울 수도 있다. 그들이 이해할 수 있도록 하는 작업이 내 앞에 놓인 과제다. 예를 들면 해로운 마음들이 모여서 정신적인 문제를 일으키는 기전이나 유익한 마음들이 정신 건강을 회복시켜주는 기전이 사람들이 납득할 수 있도록 구체적으로 밝혀져야 한다. 그래야 불교정신치료가 과학적인 심리학, 과학적인 정신치료가 될 수 있다.

여기까지 오는 데 많은 사람의 도움이 있었다. 무엇보다 아내의 도움이 큰 힘이 되었다. 아내를 만나면서 내 불교의 길이 시작되었다고 해도 과언이 아니다. 불교에 대해 새롭게 눈뜰 수 있는 인연을 맺어주어 오늘의 내가 있게 해준 아내에게 고마움을 전한다. 특히 수행을 위해 여러 번 집을 비웠고 집에 있어도 늘 다른 일로 바쁜 나를 이해하고 믿어준 그 고마움을 어떻게 갚아야 할지 모르겠다. 불교정신치료라는 새로운 길에 동참해준 환자분들께도 고맙다. 그들이 있었기에 불교가 실제 현장에서 어떻게 도움이 되는지를 구체적으로 알 수 있었다. 그리고 불교와 심리치료라는 길을 함께 걸으면서 경험을 나누고 서로 힘이 되어준 동료들이 없었다면 오늘 나의 불교정신치료는 가능하지 않았을 것이다. 그동안 서로 탁마한 정신치료와 불교 두 분야의 모든 분들께 고마움을 전한다.

니까야 번역문을 책에 싣도록 허락해주신 초기불전연구원의 대림 스님과 각묵 스님, 한국빠알리성전협회의 전재성 선생님께도 깊이 감사한다. 어려운 여건 속에서도 불교 책 출판에 전력을 다하고 필자들이 좋은 책을 쓸 수 있게 도움을 주는 불광출판사 류지호 대표를 비롯한 임직원에게도 감사를 전한다.

이 책에는 나의 이전 책들에 들어 있는 내용들도 실려 있다. 같은 내용이더라도 불교정신치료라는 새로운 관점에서 바라보았고 좀 더 충실하게 보완했다. 이전 책들을 이미 본 독자분들이 너그럽게 이해해주면 고맙겠다.

이 위대한 작업에 미력이나마 보탤 수 있어 기쁘고도 영광이다. 앞으로 불교정신치료가 사람들의 정신적인 문제와 괴로움을 효과적으로 해결하는 데 큰 역할을 할 것이라 확신한다.

2017년 겨울

전현수

차례

제2장. 불교정신치료의 첫째 원리: 몸과 마음의 속성 77

제1장.
불교정신치료란 무엇인가

"불교정신치료의 창시자를 굳이 따지자면 부처님이라 할 수 있습니다. 부처님은 인간과 세상에 대한 확실한 이해를 바탕으로, 당신을 찾아오는 사람들 각자에 맞춰서 고통에서 벗어나는 법을 제시했고, 그 가르침을 실천한 이들은 하나같이 모두 고통에서 자유로워졌습니다. 니까야 속에서 이런 장면들을 거듭 만나면서 저는 불교가 어느 정신치료 못지않은 훌륭한 정신치료라는 확신을 갖게 되었습니다."

불교정신치료 제1막

○

제가 가졌던 가장 큰 의문은 바로 이것입니다. '프로이트의 정신분석이나 융의 분석심리학처럼 불교정신치료라는 것이 과연 가능할까?' 이 질문에 답을 내리기까지 30년이 걸렸습니다. 그 여정을 아는 것이 불교정신치료에 대한 이해를 도울 것 같아 간단히 들려드리겠습니다.

시작은 1985년입니다. 그해에 저는 첫 번째 스승을 만났습니다. 선생님 연구실에서 처음 뵈었는데, 선생님은 오십대 초반이었고 저는 서른 살이었어요. 그 자리에서 저보고 무슨 일을 하는 사람이냐고 물으시기에 정신과 전공의 2년 차라고 답했습니다. 그랬더니 이렇게 말씀하는 거예요. "불교는 인간의 괴로움을 해결하는 완벽한 시스템이다. 그리고 당신이 지금 하고 있는 정신의학이라는 것도 결국은 인간의 정신적인 문제를 해결하는 거 아니겠느냐. 내가 생각하기론 불교의 괴로움을 없애는 시스템을 용어만 조금 바꾸면 훌륭한 정신의학 시스템이 될 것이다." 저는 '이분 대단한 것 같다. 이분에게 좀 배워야겠구나.'라고 생각하고서 선생님이 운영하는 공부 모임에 그해 11월부터 참여해 불교를 배우기 시작했습니다.

이분이 누구냐면, 바로 고익진 선생님입니다. 선생님은 전남대학교 의대에 다니던 중 심장에 물이 차는 병을 얻었습니다. 심장에 물이 차니까 심장이 충분히 뛰지 못할 거 아닙니까. 그래서 온몸에 부종이 생기고, 걸어 다닐 수도 없고, 그냥 누워만 있어야 했습니다. 상태가 심각하여 몇 년을 병원에서 보낸 후 선생님 어머니 소유의 절에서 요양을 했습니다. 그러던 어느 날, 액자에 적혀 있는 반야심경 구절 가운데 무안이비설신의(無眼耳鼻舌身意)에 딱 꽂힌 거예요. 나는 눈이 있는데 부처님은 왜 눈이 없다고 했을까를 깊이 생각하셨대요. 생각하고 또 생각하기를 한 3년 하다가 '아 부처님이 눈이 없다고 한 이유가 이렇구나!' 하고 나름 깨쳤다고 합니다.

선생님 공부 모임에 든 그해, 그러니까 1985년 12월에 저한테 결정적인 사건이 일어났습니다. 세상이 움직이는 원리를 선생님을 통해 듣게 된 것이죠. 선생님은 그것을 '업설(業說)'이라고 했습니다. 세상이 어떻게 구성되고 어떻게 움직이는지를 선생님은 업설에 바탕을 두고 말씀했습니다. 그 설명을 듣는데 눈이 확 열리는 느낌이 들었습니다. '불교는 진리구나. 이걸 내가 평생 해야 되겠구나.'라고 생각했습니다.

그해에 저는 레지던트 2년 차여서 눈코 뜰 새 없이 바빴습니다. 의학계의 상명하복 문화 속에서 스트레스도 많이 받았지요. 거기에 더해 그해 결혼도 해서 일과 생활을 조화롭게 유지하는 게 무척 힘들었습니다. 그런데 고익진 선생님께 업설을 배우고 나서 그 이치를 제 삶에 적용한 다음부터는 지내기가 무척 수월해졌습니다. 그래서 생각했지요. '이 이치가 정신적 문제로 힘든 사람들에게 도움이 되겠구나.' 여기서 불교정신치료가 시작되었습니다.

처음에는 불교를 정신치료에 이용하려고 생각했어요. 정신치료를 그대로 두고 그 속에 업설의 원리를 조금 넣은 거죠. 실제로 군의관 시절에 그렇게 해서 써보니 사람들이 잘 이해하고 받아들였습니다.

고익진 선생님이 가르친 불교는 좀 특별했습니다. 해석부터 기존 불교하고는 달랐어요. 그래서 선생님께 그 가르침의 내용이 어디 있는지 물었습니다. 그랬더니 선생님은 초기불교 경전인 '니까야'에 있다고 답했습니다. 그래서 저는 결심했습니다. 빠알리어를 배워서 니까야를 공부해야겠다고 말이지요. 이 결심이 제가 불교정신치료를 정립하는 데 큰 역할을 했습니다.

고익진 선생님 말고도 제게 큰 영향을 준 분이 계십니다. 바로 이동식 선생님입니다. 1984년에 서강대학교에서 정신치료자와 수도자의 만남을 주제로 열린 세미나에서 이동식 선생님을 처음 뵈었습니다. 그 세미나가 지금도 기억에 남는 건, 불교와 정신치료가 연결되는 게 있다는 걸 그때 처음 알았기 때문이기도 합니다. 이동식 선생님께는 1988년 11월부터 1992년 12월까지 4년 2개월 동안 분석을 받았습니다. 그러고 나니 '아, 사람의 마음이 이런 거구나!' 하고 알겠더군요. 그전에는 정신과 전문의가 되어 진단도 내리고 약을 써서 치료도 했지만 왜 병이 나는지를 정확히는 몰랐습니다. 그런데 이동식 선생님께 분석을 받고 나서는 왜 정신적 문제가 생기는지 제 나름대로 확실하게 알게 되었습니다.

정신치료자가 되려면 누구나 세 가지 과정을 밟습니다.

첫째, 자기 교육분석을 받습니다. 이 교육분석을 통해 자기 문제를 해결하게 됩니다. 이동식 선생님을 처음 찾아갔을 때 선생님이 저보고 "자네 문제가 뭐야?" 했던 게 지금도 기억에 선합니다.

교육분석에는 또 다른 목적이 있는데, 바로 치료 과정을 체험하는 것입니다. 치료를 받으면서 환자가 어떤 체험을 하는지 직접 알게 되는 것이죠. 이 체험을 바탕으로, 후일 본인이 누군가를 치료할 때 상대가 어떤 느낌을 받는지 알 수 있게 됩니다. 교육분석을 통해 얻을 수 있는 가장 중요한 것은, 자기를 객관적으로 보는 능력입니다. 남이 자기를 보듯이 자신을 그렇게 볼 수 있게 되는 것입니다. 보통 우리는 자기를 있는 그대로 잘 못 봅니다. 자기 생각으로 자기를 봅니다. 우리가 남을 볼 때 빤히 보이는 게 있지 않습니까. 그렇듯 남도 우리를 볼 때 잘 보이는 게 있는데 우리 스스로는 전혀 알아채지 못하죠. 교육분석 과정에서는 왜 그렇게 생각하느냐라는 질문을 계속 받거든요. 그 질문을 받다 보면 자기가 자기를 보게끔 됩니다.

둘째, 사례지도(supervision)를 받습니다. 자기가 치료한 사례를 과정까지 자세히 기록하거나 녹음이나 녹취를 해서 경험 많은 치료자에게 들고 가 지도를 받는 겁니다. 여기엔 두 가지 목적이 있습니다. 먼저, 치료 장면에서 자기가 해결하지 못한 자기 문제가 나올 수 있습니다. 그걸 지도받는 거지요. 다음으로, 경험 많은 치료자의 풍부한 경험을 배우는 것입니다. 사례지도는 개인적으로 할 수도 있고 그룹으로 할 수도 있습니다.

셋째, 이론 세미나에 참여하는 겁니다. 여기서 주의해야 할 게, 이론이란 원래 없다는 사실입니다. 이론이 있는 게 아니라 오직 실제만 있는 겁니다. 어떤 이론이든 그 속에는 그 이론을 세운 사람의 경험이 들어 있습니다. 예를 들어 프로이트가 가까운 사람 몇몇과만 교류하려 했다면 그냥 자기 이야기를 들려주기만 하면 되었을 것입니다. 그런데 다른 나라 사람, 심지어 자기와 다른 시대의 사람에게 자기 견해를 전해야 했기 때문에 체계를 세워 글을 쓴 거 아니겠습니까. 우리가 그런 걸 이론이라고 부르는데, 이론 세미나를 할 땐 이론 속에 있는 경험을 볼 수 있어야 됩니다. 경험을 배워야 해요. 선배 치료자의 경험을 배워야 합니다.

고익진 선생님이 1988년도에 돌아가셨는데요, 그 후 12년 정도, 그러니까 2000년 즈음까지 저는 교육분석, 사례지도, 이론 세미나를 기본으로 하고, 제가 치료한 사례를 발표도 하면서 정신치료 쪽에서 여러 경험을 많이 쌓았습니다.

불교정신치료 제2막

○

그러다 2002년, 어떤 책을 읽게 됐습니다. 《바로 이번 생에》라는 책입니다. 미얀마의 저명한 불교 스승 가운데 마하시 스님이 계시고, 마하시 스님의 으뜸 되는 제자가 우빤디따 스님입니다. 그분이 미국 통찰명상회(IMS : Insight Meditation Society)의 초청으로 미국을 방문해 3개월 동안 서양 수행자들에게 법문을 했는데, 그걸 정리한 책이 바로 《바로 이번 생에》입니다.

이 책을 읽기 전에 저는 위빠사나 수행을 좀 우습게 봤습니다. 불교라는 건 엄청나게 오묘하고 깊은 건데, 그냥 몸과 마음 관찰해서 어떻게 불교의 가르침을 터득할 수 있겠느냐고 생각한 것이죠. 그런데 책에는 순간순간 몸과 마음을 관찰해서 삼법인(三法印), 즉 무상〔제행무상(諸行無常)〕, 고〔일체개고(一切皆苦)〕, 무아〔제법무아(諸法無我)〕를 깨칠 수 있다고 되어 있었습니다.

여기서 잠시 삼법인의 내용을 짚고 넘어가겠습니다. 무상(無常)이라는 것은 우리가 일상에서 쓰는 '무상하다, 허무하다'는 뜻이 아니라 '모든 것은 변한다'는 뜻입니다. 모든 것이 순간순간 계속 변한다는 것이 괴로움〔苦〕입니다. 이것은 쉽게 이해하기가 어려운 가르침이지만, 본질적으로 볼 때 변한다는 것은 괴로움입니다. 변하고, 그래서 괴로운데, 이 모든 것을 우리는 통제할 수 없습니다. 우리 사람은 몸과 마음으로 되어 있는데 자세히 보면 그 몸과 마음을 우리는 눈곱만큼도 통제할 수 없습니다. 이것이 무아(無我)입니다. '내가 없다'는 게 무아가 아니라 몸과 마음에서 우리가 통제 가능한 것이 없다는 게 무아입니다. 통제가 불가능하기 때문에 몸과 마음에서 일어나는 모든 것을 우리는 겪을 수밖에 없습니다. 고통이든 뭐든 그 모든 것을 겪을 수밖에 없는 존재가 바로 우리입니다.

순간순간 몸과 마음을 관찰해서 삼법인을 알 수 있음을 우빤디따 스님이 경전과 주석서에 입각해 책에서 명쾌하게 설명하고 있었습니다. 그걸 보고 위빠사나에 대한 인식이 바뀌었습니다. 이를 계기로 위빠사나 책들을 많이 읽었고, 주위 분들에게 위빠사나 수행을 하려면 어떻게 해야 하느냐고 묻고 다녔습니다. 그랬더니 미얀마로 가라고 말씀하는 분이 많았습니다. 미얀마에 가서 어떻게 하느냐고 물으니, 머리 깎고 스님 되라고 했습니다.

그래서 2003년 7월에 미얀마에 갔습니다. 양곤에 있는 참메명상센터에 가서 머리 깎고 비구(남성 승려)가 됐습니다. 거기서는 아침에 눈 떠서 밤이 되어 잠들 때까지 몸과 마음을 관찰합니다. 법당 안에서는 걷기 명상과 좌선 두 가지를 하면서 일어나는 현상을 있는 그대로 관찰합니다. 걷기 명상은 항상 한 시간이고, 좌선은 앉아 있을 수 있는 데까지 합니다. 좌선에서는 등이 굽었을 때 펴는 것은 되지만 다리를 바꾸거나 하는 건 못합니다. 예를 들어 다리가 저리다면 처음엔 그저 관찰합니다. 그래도 도저히 풀릴 것 같지 않으면 일어납니다. 일어나서는 걷기 명상을 한 시간 합니다. 걷기 명상은 걸을 때 일어나는 현상을 그대로 관찰하는 것입니다. 그리고 걷기 명상이 끝나면 다시 좌선을 합니다. 법당 안에서는 걷기 명상과 좌선을 번갈아 가며 합니다. 법당 문을 나서서는, 일상 행위 관찰이라 해서 행동을 천천히 하면서 모두 관찰합니다.

참메명상센터에 가서 처음에 저는 이런 생각을 했습니다. '지금까지 어느 정도 몸과 마음을 보고 살아온 것 같은데 이걸 왜 해야 하지?' 그래서 우 소비따 스님이라고, 저를 지도해주신 분께 매일 물었습니다. "이거 왜 해야 합니까?" 그러면 돌아오는 답이 "To know!"예요. 알기 위해서 한다는 거지요. 다음 날 또 가서 물어도 답이 같았습니다. "To know!" 그러기를 일주일, 좌선 중에 통증이 느껴지는데 세포 하나하나가 느껴지는 것 같았습니다. 그 세포마다에서 무언가가 일어나는데, 몸이라는 것이 이전까지의 제 생각과 달리 나에게 소속은 되어 있지만 나와 전혀 무관한 어떤 거대한 세계라는 걸 알게 되었어요. '아, 무아구나!' 하고 제 나름으로 체득한 거죠.

이런 경험을 하라고 관찰하라 했다는 걸 알고서는 더는 묻질 않았습니다. 이후 많은 것들을 경험하게 되면서 무상, 고, 무아를 나름대로 체득했습니다. 그리고 정신치료에 대해서도 더 깊이 이해하게 되었습니다. '마음이라는 게 이런 속성을 가졌구나.' '환자가 왜 병이 났는지 알겠다.' '병을 낫게 하려면 이렇게 하면 되겠구나.' 하고 말이지요.

이후, 아는 스님의 주선으로 미얀마에서 돌아오는 길에 쉐우민명상센터의 우 떼자니아 스님과 한 시간 정도 만날 수 있었습니다. 쉐우민명상센터는 마음을 보는 수행을 하는 곳으로 유명한 곳입니다. 우 떼자니아 스님은 젊은 분이긴 하지만 쉐우민명상센터를 이끄는 스님입니다. 스님을 만나서는 몇 가지 질문을 드렸습니다. 그 가운데 정신치료와 관련해서 중요한 것을 하나 소개하겠습니다.

제가 우 떼자니아 스님께 이렇게 물었습니다. "정신과 의사로서 환자를 치료하는 과정에서 환자가 자기 문제에 대한 통찰을 얻고는 했는데, 이 사람들이 과거의 자기 문제를 자꾸 반복합니다. 왜 이런 현상이 일어나며, 이걸 어떻게 해결할 수 있습니까?" 그랬더니 스님이 이렇게 답했습니다. "환자가 자기 스스로를 보게끔 도와주세요." 그 말을 듣고 가만 보니, 이전까지 저는 치료 현장에서 환자가 자기 스스로를 보게끔 하는 데 초점을 맞춰서 치료를 하지는 않았더라고요. 사실 환자가 저하고 보내는 시간은 일주일에 한두 시간밖에 안 되고 나머지 시간은 자기 스스로 보내는 거 아닙니까. 그러니 그 시간에 자기 스스로를 잘 다스릴 수 있는 사람이 되는 게 굉장히 중요할 수밖에요. 정신치료를 하는 사람들이 바로 그걸 도와줘야 합니다. 우 떼자니아 스님 말씀이 제게 큰 도움이 됐습니다.

이렇게 몸과 마음의 관찰을 통해 몸과 마음의 속성을 아는 것이 환자 치료에 큰 도움이 된다는 깨달음을 얻어 불교정신치료의 두 번째 여정을 시작할 수 있게 되었습니다. 고익진 선생님이 돌아가신 후 불교 공부는 길을 잃었지만 불교 경전을 원문으로 읽기 위해서 먼저 1년 반 정도 산스크리트어를 공부했고, 이후 빨리어를 공부했습니다. 그리고 불교학과 교수들과 초기경전(니까야)을 빨리어로 읽는 모임을 가졌습니다. 그러던 차에 미얀마에 가게 되었고, 몸과 마음 관찰이 엄청난 이득을 준다는 걸 깨달은 거죠. 그때 이런 생각을 했습니다. '나는 불교 공부와 수행에서 길을 잃었고, 할 것은 이것뿐이다.' 그 후 지금까지 저는 몸과 마음을 늘 관찰합니다. 생각이 떠오르면 탁 스톱하고 현재로 돌아옵니다. 그리고 재가 불교인이 지켜야 하는 다섯 가지 계율(살아 있는 것을 죽이지 않는다, 도둑질하지 않는다, 배우자 이외의 사람과 부정한 정교를 맺지 않는다, 거짓말을 하지 않는다, 술을 마시지 않는다)을 지키고 있습니다.

이렇게 2003년 7월부터 계속 몸과 마음을 관찰했습니다. 그러면서 저 나름대로 많은 걸 깨달았고 별로 의문이 없었어요. 의문은 없었지만, 2007년에서 2008년까지 2년에 걸쳐서 환자 보는 거 외에 다른 일은 거의 안 하고 4부 니까야 읽는 일에 주력했습니다. 그 목적은 부처님의 주된 가르침은 무엇이며 그 가운데 제가 경험한 것과 경험하지 못한 것을 파악하고, 불교가 과연 심리학이나 정신치료가 될 수 있는지를 알아내고자 하는 것이었습니다.

니까야를 읽고서 분명히 알게 되었습니다. 부처님 가르침의 토대는 인과 법칙이라는 것과, 인과 법칙에 의해서 우리는 무아이면서 윤회할 수밖에 없는 존재라는 것, 그리고 그 윤회의 고통으로부터 벗어나라는 게 부처님 가르침의 핵심이라는 것을 말이지요. 이런 가르침을 터득하고 실천한다는 목표를 향해 불교의 모든 수행법이 집중되어 있었습니다. 그중에서 많은 것을 제가 몸과 마음 관찰하면서 터득한 상황이었습니다. 하지만 불교에서 아주 중요한 두 가지를 경험하지 못하고 있었습니다. 하나는 선정이었고, 다른 하나는 윤회의 과정 또는 윤회의 실제 모습이었습니다. 그래서 또 다시 결심을 했습니다. '이제 선정을 닦고 그 다음에 윤회의 실상을, 그러니까 생과 생이 어떻게 연결되는지를 봐야겠다.'

그렇게 할 수 있는 방법을 찾다가 미얀마의 파욱숲속수행센터에서 그것이 가능하다는 걸 알게 되었습니다. 저는 2009년도에 병원 문을 닫았습니다. 선정을 닦고 파욱수행을 하는 데 2년이면 된다기에 그 정도 기간 동안 병원을 쉴 계획을 잡았습니다. 이때는 미얀마에는 못 가고 말레이시아와 한국에서 6개월 동안 선정 수행을 했습니다. 그러고서는 선정 수행이 저와 맞지 않는다고 판단, 병원 문을 다시 열었습니다. 복귀해서는 니까야 가운데 읽지 못한 부분을 마저 읽었습니다.

니까야를 다 읽고 난 다음 우연한 기회에 수행에서 특별한 경험을 했습니다. 그 경험을 하고 다시 수행에 도전할 수 있겠다 싶어, 2013년 11월에 다시 병원 문을 닫고 선정 수행에 도전해서 성공했습니다. 선정을 닦으면 지혜의 눈이 열립니다. 지혜의 눈이 열리면 우리가 육안으로는 볼 수 없는 궁극적인 물질과 정신을 볼 수 있습니다. 그러면서 과거 생을 볼 수 있습니다. 그리고 변화 가능한 미래를 볼 수 있습니다. (미래는 변화 가능하지만) 내가 이 상태로 간다면 언제 죽어서 몇 살에 어디서 죽고 다음 생은 뭐가 되는지를 보는 겁니다.

정신치료의 본질

○

불교정신치료를 본격적으로 이야기하기 전에 정신치료가 무엇인지 살펴볼 필요가 있을 것 같습니다. 정신치료는 굉장히 종류가 많습니다. 2016년 초에 위키피디아에서 정신치료에 대한 정리를 보니 1천 가지 이상의 정신치료가 있었습니다.

모든 정신치료에서는 인간을 이해하는 틀을 가지고 있습니다. '인간이란 이러이러한 존재다'라고 보는 것이죠. 이러한 인간 이해의 틀은 각 학파를 창시한 사람의 관찰과 경험의 산물입니다. 예를 들어 프로이트는 자신의 꿈을 분석하여 정신분석의 가능성을 확신하게 됩니다. 그리고 '도 정신치료'를 창시한 이동식 선생님은 사람의 일거수일투족에 모두 핵심감정이 들어 있다고 보고 그것을 파악하는 걸 중시했습니다. 모든 정신치료에서는 각자의 그러한 틀을 가지고, 치료자와 환자 관계 속에서 치료 작업을 실행하여 환자의 문제를 해결하고자 합니다. 여기서 벗어나는 정신치료는 없습니다. 그러니까 한 인간의 삶이나 문제를 보는, 나아가 인간을 보는 어떤 틀을 가지고 정신적 문제가 있는 사람과의 심도 있는 대화를 통해 그 사람의 문제를 해결하는 것이 정신치료의 본질입니다. 이 과정에서, 문제를 가진 사람은 치료자가 자신을 이해하고 있다고 느껴야 하고 문제를 해결하는 데 실질적인 도움을 받아야 합니다. 따라서 치료자는 문제를 가진 사람과 관계를 잘 맺을 수 있어야 하고, 상대를 잘 이해할 수 있어야 합니다. 이것이 정신치료의 기본 구성요소입니다.

대표적인 정신치료에는 프로이트의 정신분석, 융의 분석심리학, 아들러의 개인심리학, 칼 로저스의 내담자 중심치료(또는 인간 중심치료)가 있습니다. 이 가운데 칼 로저스에 대해 살펴보겠습니다.

칼 로저스는 사람에게 자기실현 능력이 있다고 보았습니다. 타인의 큰 도움 없이도 자기 스스로 길을 찾아갈 수 있는 무언가가, 인생을 잘 살 수 있는 능력이 누구에게나 있다고 본 것이지요. 칼 로저스는 이 능력이 어떤 원인으로 막혀버렸을 때 사람은 정신적 문제를 경험하며, 그때 치료자가 도와주면 그 능력이 되살아나 문제를 스스로 해결할 수 있다고 했습니다. 그가 치료 과정에서 가장 중시한 것은, 내담자가 어떤 감정을 품더라도 치료자가 그것을 충분히 존중하고 수용하고 공감하면 내담자는 자기의 어떤 능력을 발휘할 수 있다는 거였습니다. 칼 로저스는 치료 과정에서 절대로 내담자를 앞서가지 않습니다. 항상 뒤따라갑니다. 그러면서 내담자가 하는 말의 의미를 잘 정리해서 내담자에게 돌려줍니다. 칼 로저스의 치료 사례집을 보면 내담자의 이런 말이 나옵니다. "나를 정말 잘 이해하는 사람과 같이 있는 것 같다."

칼 로저스는 정신치료의 효과를 아주 과학적으로 연구한 사람입니다. 치료 과정을 녹음해서 내담자와 상담자의 상호작용을 분석하여 '무엇이 치료 효과를 가져오는지'를 연구했습니다. 결국 그는 여러 정신치료 학파를 두루 아울러 연구한 끝에 효과적인 정신치료가 어떤 것인지를 밝혀냈습니다. '어느 학파의 치료자가 하는 치료인가'라는 문제는 정신치료의 효과와는 큰 상관이 없었습니다. 그보다는 다음 세 가지 요건을 갖춘 치료자의 치료가 좋은 치료 효과를 보였습니다. 칼 로저스의 이 주장은 정신치료계에서 거의 정설로 인정받고 있습니다. 그 세 가지 요건은 다음과 같습니다.

첫째는 조건 없는 수용(unconditional acceptance)입니다. 내담자나 환자를 무조건 수용하는 것입니다. 마치 부모가 자식을 사랑할 때처럼 내담자나 환자를 온전히 받아들이는 겁니다. 있는 그대로 수용하는 치료자의 자세가 굉장히 치료적이었던 것이죠.

둘째는 진실성(genuineness)입니다. 겉과 속이 달라서는 안 되는 것입니다. 치료 장면에서는 내담자나 환자를 굉장히 존중하는 것 같은데 밖에 나가서는 그 내담자나 환자가 이상하다고 말하는 치료자가 있습니다. 겉과 속이 다른 것이지요. 그런 치료자보다는 진실한 치료자의 치료 효과가 좋았던 것입니다.

셋째는 공감적 반응(empathic response)입니다. 내담자나 환자에게 공감을 하고 자기가 공감한 걸 잘 전달하는 것입니다.

학파가 중요한 게 아니라 이 세 가지가 중요합니다. 예를 들어 같은 프로이트 학파에 속해 있더라도 사람에 따라 치료 효과가 크게 다를 수 있습니다. 금강경을 주석한 중국 송나라 시대 야부 스님의 말씀 가운데 이와 같은 구절이 있습니다.

바른 사람은 삿된 법을 말해도 바른 법이 되지만, 삿된 사람은 바른 법을 말해도 삿된 법이 된다(正人說邪法 邪法悉歸正 邪人說正法 正法悉歸邪).

저는 이 구절을 이렇게 이해하고 있습니다.

- 바른 법을 바른 사람이 운용하면 결과는 바른 법이 된다.
  (正法 正人 正法)
- 바른 법을 그른 사람이 운용하면 결과는 그른 법이 된다.
  (正法 邪人 邪法)
- 그른 법을 바른 사람이 운용하면 결과는 바른 법이 된다.
  (邪法 正人 正法)
- 그른 법을 그른 사람이 운용하면 결과는 그른 법이 된다.
  (邪法 邪人 邪法)

법에는 손발이 없습니다. 법을 운용하는 사람이 결과의 차이를 가져옵니다. 그러므로 우린 언제나 어떤 사람이 있느냐를 봐야 합니다.

스밀리 블랜톤이라는 미국의 정신과 의사가 있습니다. 정신의학과 종교를 서로 연결해서 종교적인 관점에서 정신의학을 보는 걸로 꽤 유명했던 사람입니다. 그가 1929년에서 1938년까지 10년 사이에 네 차례 프로이트가 있는 곳을 방문하여 프로이트에게 정신분석을 받습니다. 스밀리 블랜톤이 기록한 것을 그가 죽고 난 뒤에 부인이 정리하여

책으로 냈는데 바로 《프로이트와 나눈 시간들》이라는 책입니다. 그 책을 보면, 프로이트가 블랜톤을 치료하는 현장에서 '억압'이라든가 '전이' 같은 자신의 핵심 개념들을 직접 언급하지 않습니다. 그러니까 이론하고 실제가 좀 달랐던 것이죠. 저도 상담을 할 때 경험하지만, 실제 치료 현장에서는 환자에 맞춰서 갈 수밖에 없습니다. 물론 자세히 보면 치료자의 관점에 따라서 환자의 말에 대한 반응이 다르기는 합니다. 블랜톤의 부인은 프로이트의 눈이 굉장히 반짝거려서 한 번 보면 잊을 수 없을 정도였다고 책에서 말합니다. 블랜톤은 언젠가 프로이트에게 직접 이렇게 이야기하기도 했습니다. "정신분석을 통해 얻게 되는 도움 중 많은 부분은 분석가의 인품을 통해서인 것 같습니다. …… 제 분석의 경우만 보더라도 교수님과 관련된 연상, 교수님의 격려와 공감 그리고 과학적인 태도 등으로부터 매우 많은 도움을 받았거든요." 물론 이 말에 프로이트는 대답을 안 하고 가만있습니다.

불교는 매우 정밀한 정신치료

○

프로이트는 《나의 이력서》에서 이렇게 이야기합니다. "이제 나는 나의 필생의 연구가 가져온 잡동사니를 되돌아보며, 내가 여러 가지를 시작하고 많은 자극도 주었다고 말할 수 있다. 장차 이들로부터 무엇인가가 나와야 할 것이다. 나 자신 그것이 대단한 것이 될지 되지 않을지는 알지 못한다. 그러나 내가 우리 인식의 중요한 진보를 위한 길을 열어놓았으리라는 희망을 말할 수 있을 것이다."

그리고 융은 《정신 요법의 기본 문제》(융 기본 저작집 1권) 〈정신치료의 목표〉에서 이렇게 말을 하지요. "내가 그들(프로이트와 아들러)과 다른 나의 견해를 그들의 것과 마찬가지로 상대적인 것으로 생각하고, 나 자신을 하나의 다른 성향의 단순한 대표자로 느끼기 때문에…… 응용심리학 안에서 우리는 겸손해야 하고, 상반되는 다양한 의견들의 유효성을 시인해야 된다. 왜냐하면 우리는 과학의 가장 고귀한 대상인 인간의 심혼에 대해 어떤 근본적인 것을 알기에는 아직 요원하기 때문이다. 현재 우리는 서로 일치되지 않는 다소 그럴듯한 의견들을 가지고 있을 따름이다."

이런 언급은 프로이트와 융의 겸손한 태도에서 나온 것이지만, 그들이 자신의 견해를 완전히 확신하고 있지 못함을 보여주기도 합니다. 이들과 달리 부처님은 당신이 발견한 것이 확실하지 않을 때는 말하지 않습니다. 보고 또 보고 또 보고 해서 확신이 설 때 세상에 가르침을 펼치며, 그에 대한 확신을 내비칩니다. 한 예로, 부처님은 깨달음을 이룬 후 최초 설법에서 사성제('고통이 있고, 고통의 원인이 있고, 고통을 없앨 수 있고, 그 방법이 있다'는 불교의 핵심 교리)에 대해 다음과 같이 말씀합니다. "비구들이여, 내가 이와 같이 세 가지 양상과 열두 가지 형태를 갖추어서 네 가지 성스러운 진리를 있는 그대로 알고 보는 것이 지극히 청정하게 되지 못하였다면 나는 위없는 바른 깨달음을 실현하였다고 신과 마라와 범천을 포함한 세상에서, 사문·바라문과 신과 사람을 포함한 무리 가운데에서 스스로 천명하지 않았을 것이다."

불교정신치료의 창시자를 굳이 따지자면 부처님이라 할 수 있습니다. 부처님은 인간과 세상에 대한 확실한 이해를 바탕으로, 당신을 찾아오는 사람들 각자에 맞춰서 고통에서 벗어나는 법을 제시했고, 그 가르침을 실천한 이들은 하나같이 모두 고통에서 자유로워졌습니다. 니까야 속에서 이런 장면들을 거듭 만나면서 저는 불교가 어느 정신치료 못지않은 훌륭한 정신치료라는 확신을 갖게 되었습니다. 그 이유는 다음과 같습니다.

첫째로, 불교에는 인간에 대한 분명한 이해가 있습니다. 머릿속 사유를 통한 이해가 아니라 관찰을 통해서 인간을 있는 그대로 이해한 것입니다. 관찰을 통한 인간 이해라는 점이 중요합니다. 부처님이 관찰을 통해 알았다면 저도 여러분도 관찰을 통해 똑같은 것을 알고 경험할 수 있다는 뜻이기 때문입니다. 불교는 이렇게 관찰이라는 과학적 방법을 통해 인간의 몸과 마음, 그리고 세상을 정확히 알고 그에 근거하여 인간의 정신적인 문제를 해결하는 시스템입니다.

불교에서 관찰은 두 종류가 있습니다. 하나는 우리의 몸과 마음을 순간순간 있는 그대로 덩어리로써 관찰하는 것이고, 다른 하나는 선정을 통해 지혜의 눈을 계발하여 궁극적 물질과 정신을 보는 것입니다. 덩어리로써 본다는 것은 손이면 손, 눈이면 눈, 발이면 발, 분노면 분노, 기쁨이면 기쁨, 움직임이면 움직임이라고 그저 순간순간 있는 그대로 관찰하는 것입니다. 이렇게만 해도 실제를 많이 알 수 있고, 어지간한 정신적 문제는 해결할 수 있습니다. 그렇지만 한계가 있습니다. 불교에서는 무아를 이야기하고 그것을 깨달아야 한다고 말하는데, 덩어리로써 보면 나를 고정된 실체로 보는 유신견(有身見)을 완전히 떨쳐버리기 힘듭니다. 손을 손으로 볼 때 손이 변한다는 생각을 할 수도 없고 손이 내 것이 아니라는 생각을 하기 어렵습니다.

하지만 선정을 통해 지혜의 눈이 열리면 유신견에서 완전하게 자유로워질 수 있습니다. 손의 경우를 예를 들면, 손이 궁극적 물질로 이루어진 것이 보이고, 궁극적 물질이 순간순간 일어났다 사라지는 것을 보면 손이 순간순간 변하는 것을 알 수 있고, 그 변하는 것을 내가 통제할 수 없으니까 손을 내 것이라고 볼 수 없음을 분명히 알 수 있습니다. 선정을 닦아서 지혜의 눈이 열리면 일종의 현미경을 하나 갖게 됩니다. 맨눈으로는 볼 수 없는 세포와 원자를 현미경으로는 볼 수 있듯이, 지혜의 눈이라는 현미경으로 우리는 궁극적 물질과 정신을 볼 수 있습니다. 현미경은 물질만 볼 수 있지만 지혜의 눈이라는 현미경은 정신까지 볼 수 있습니다. 특히 우리의 정신인식과정이 어떠한지를 매우 세세하게 들여다볼 수 있는데, 바로 이 지점에서 불교는 매우 정밀한 심리학 또는 정신치료가 됩니다.

둘째로, 불교는 인간과 세상에 대한 정확한 이해를 바탕으로 우리가 스스로에게 유익한 최선의 선택을 하도록 이끌어줍니다. 그리고 불교에서 제시하는 길을 따르면 누구나 정신적 문제에서 자유로워질 수 있습니다. 우리에게 정신적 문제가 생기는 것은 스스로에게 손해가 되는 것을 하기 때문입니다. 사람들은 보통 스스로 자신에게 손해가 되는 것을 하면서도 그 사실을 모르는 경우가 많습니다. 손해가 되는 것이 오히려 자신에게 이익이 된다고 잘못 알기도 합니다. 하지만 불교를 정확히 아는 사람은 자기에게 손해가 되는 걸 절대로 하지 않습니다. 부처님은 과거 생에 보살로 살았는데, 그 보살들은 자신에게 유익한 것만 합니다.

《자따까》라는 경전에 그렇게 나와 있습니다. 한 예를 보면, 보살이 큰 부잣집에 태어난 적이 있습니다. 그런데 어느 날 형이 죽었어요. 그래서 온 가족이 슬피 우는데 보살은 혼자 울지 않았습니다. 그래서 사람들이 보살을 비난했습니다. 형이 죽어 집안의 재산을 독차지하게 되었으니 기뻐서 울지 않는다고 말이지요. 그랬더니 보살이 이렇게 답을 합니다. "내가 울어서 형에게 도움이 되고 나에게 도움이 된다면 나는 운다. 그렇지만 우는 것이 아무런 도움이 안 되고 손해만 된다면 나는 절대로 울지 않는다."

그리고 부처님 제자 가운데 지혜 제일이라는 사리불이 있습니다. 그 사리불도 손해되는 일을 절대 안 하는 전형입니다. 당시에 사리불은 절대로 화를 안 낸다고 알려져 있었어요. 어느 날 어떤 사람이 사리불이 화내는 걸 보겠다고, 걸어가는 사리불 뒤에 가서 등짝을 후려쳤습니다. 그런데 사리불은 아무런 동요 없이 그냥 그대로 걸어갔습니다. 제 생각엔 사리불이 '그럴 만한 일이 있겠지.' 하고 받아들인 게 아닌가 싶습니다.

니까야를 보면 부처님 가르침을 받은 사람들은 깊이의 차이는 있지만 부처님이 경험한 것을 똑같이 경험합니다. 니까야 전체가 그것의 증명이라고 보면 됩니다. 부처님 본인이 철저히 증명하고, 제자들이 증명하고, 제자 상호간에 또 증명합니다. 그중 〈장로게〉와 〈장로니게〉를 보면 많은 수행자가 부처님과 같은 경험을 했다는 증언이 나옵니다. 〈장로게〉는 출가한 지 오래되고 인품이 훌륭한 비구가 깨달은 내용이고 〈장로니게〉는 출가한 지 오래되고 인품이 훌륭한 비구니(여성 승려)가 깨달은 내용인데, 거기에 '지난밤에 삼명을 깨쳤다'고 하는 사람이 많이 나옵니다. 삼명이란 자신의 과거 생을 보는 숙명통, 업에 따라 태어나는 것을 보는 천안통, 번뇌가 모두 없어지는 누진통을 말합니다. 〈장로게〉와 〈장로니게〉에는 300명이 넘는 수행자가 나오는데 그중 80명이 자신의 과거생을 모두 보았다고 이야기하고 있습니다.

불교에서 가장 중시하는 것은 진실입니다. 거듭 말씀드렸듯이 불교는 관찰을 바탕으로 한 가르침이기 때문입니다. 그래서 저는 불교에서 이야기하는 모든 것이 현대 과학으로 증명되는 날이 올 거라고 생각합니다. 현대 뇌과학으로 이미 증명된 것들도 있고요. 아마 윤회가 맨 마지막에 증명될 것 같습니다. 그것을 증명할 수 있을 만큼 과학이 발달하기까지는 적지 않은 시간이 걸릴 것입니다. 이러한 면에서 볼 때, 불교의 인간 이해는 과거 어떤 정신치료 학파의 인간 이해보다도 더 검증된 것이라고 할 수 있습니다.

불교정신치료는 지혜치료

○

불교의 인간 이해에 근거해서 개인의 문제를 해결하려면 그의 현재 상황을 파악하는 것이 우선입니다. 내담자에게 이야기를 충분히 듣고 상황을 탐색하고 서로 논의하여 내담자를 완전히 이해해야 합니다. 이를 통해 내담자는 치료자가 자신과 자신의 문제에 대해 잘 이해하고 자신을 수용해준다고 느끼게 됩니다. 그러지 못하고 치료자가 자신을 잘 모른 채 엉뚱한 소리를 한다고 느끼게 되면 치료가 성립될 수 없습니다.

충분한 이해와 신뢰가 구축되면, 그 다음으로 해야 하는 것이 불교적인 접근입니다. 불교적으로 접근할 때 굉장히 중요한 것이 있습니다. 어디서 조금 듣고 책에서 몇 번 본 것을 가지고 치료 작업에 들어가면 원하는 결과를 얻을 수 없습니다. 치료에 쓸 수 있는 것은 치료자 본인이 직접 경험하고 거듭 검증하여 치료 효과가 있다고 판명된 것뿐입니다. 예를 들어 우리에게 가능성으로서의 불성이 있다고 말하는 건 문제가 없습니다. 하지만 내담자에게 "당신은 부처입니다."라고 하는 건 문제가 될 수 있습니다. 내담자가 왜 자신이 부처인지 설명해달라고 했을 때 검증된 사실을 바탕으로 답할 수 없다면 치료 작업을 지속하는 걸 기대할 수 없습니다.

저는 불교정신치료를 함에도 치료 현장에서는 불교 용어를 하나도 쓰지 않습니다. 불교 수행과 공부, 관찰을 통해서 터득한 보편적인 지혜에 바탕을 두고, 불교를 모르는 사람들도 다 알아들을 수 있도록 일반적인 말을 써서 치료를 진행합니다. 또 불교라는 종교가 거부감을 주거나 문제가 될 때는 불교정신치료라는 말 대신 지혜치료(wisdom therapy)라는 말을 씁니다. 치료자의 경험과 앎이 보편적인 것, 즉 지혜여서 그것을 토대로 치료 작업을 할 때 환자의 종교 배경과 상관없이 도움이 되어야 치료가 성립됩니다. 그래서 지혜치료라고 하는 것입니다. 또 불교가 사실은 지혜이니, 불교정신치료와 지혜치료가 같다고 봐도 크게 틀린 건 아닙니다.

정신치료로서 불교의 강점은, 인간 존재 자체를 괴로움으로 보고 그것으로부터 자유로워지는 길을 말하고 있다는 점입니다. 그렇다면 왜 인간 존재가 괴로움일까요? 우리가 바라는 것과 실제 상황이 늘 어긋나기 때문입니다. 혼자 있고 싶은데 사람들에 둘러싸여 있고, 혼자 있고 싶지 않은 데 혼자 있어야 해서 괴롭습니다. 인정받고 싶은데 그러지 못해서 괴롭고, 살찌고 싶지 않은데 살이 쪄서 힘듭니다. 이러한 예는 이밖에도 도처에 무수히 깔려 있습니다. 이렇게 무수한 괴로운 상황에 처한 것만도 힘이 드는데, 그런 상황에서 우리는 습관적으로 자기 자신이나 타인을 향해 화를 내곤 합니다. 괴로움의 불똥이 여기저기로 튀어 사방이 괴로움으로 불타오르는 거지요.

원하는 대로 안 되어서 괴로우니, 내가 원하는 것과 실제 사이의 간극을 없애서 괴로움에서 벗어나라는 것이 불교의 처방입니다. 그래서 불교에서는 실제를 있는 그대로 정확하게 보는 걸 강조합니다. 정확하게 보고서 일어날 수 없는 건 바라지 말라는 뜻입니다. 정확하게 본다는 건 세상이 돌아가는 원리, 내 몸과 마음의 속성, 나를 둘러싸고 있는 조건을 있는 그대로 보고 아는 것입니다. 그런데 그렇게 하는 게 쉬운 일이 아닙니다. 왜 그럴까요?

불교에서는 우리가 탐욕과 성냄과 어리석음 속에 있기 때문에 실제를 있는 그대로 보지 못하고, 실현될 수 없는 것을 바라고, 바라는 대로 안 될 때 화를 낸다고 설명합니다. 그 세 가지를 삼독(三毒, 세 가지 독)이라 하는데, 저는 그 가운데 어리석음이 근본이라고 봅니다. 나와 세상이 어떻게 돌아가는지를 모르는 게 먼저입니다. 그 어리석음을 바탕으로 불가능한 것을 바랍니다. 만약 바라던 것이 이뤄지지 않았을 때 '내가 뭔가를 잘못 바랐구나!' 하고 인식하고 무엇을 잘못 바랐는지 관찰해서 깨닫는다면, 어리석음에서 시작된 세 가지 독의 고리가 성냄으로까지 이어지지는 않을 것입니다. 그런데 사람들은 보통 그 지점에서 화를 냅니다. 성냄으로 넘어가서 그것에 휩싸여 실제를 잘못 보고, 그 잘못 본 것을 바탕으로 실현 불가능한 것을 다시 바랍니다. 세 가지 독이 꼬리에 꼬리를 무는 겁니다. 부처님은 보통 사람들이 탐욕, 성냄, 어리석음의 불 속에서 살고 있다고 보고 이렇게 말씀했습니다.

"비구들이여, 일체는 불타오르고 있다. 비구들이여, 그러면 어떤 일체가 불타오르고 있는가?

눈은 불타오르고 있다. 형색은 불타오르고 있다. 눈의 알음알이는 불타오르고 있다. 눈의 감각접촉은 불타오르고 있다. 눈의 감각접촉을 조건으로 하여 일어나는 즐겁거나 괴롭거나 괴롭지도 즐겁지도 않은 느낌은 불타오르고 있다.
그러면 무엇에 의해서 불타오르고 있는가? 탐욕과 성냄과 어리석음으로 불타오르고 있다. 태어남과 늙음, 죽음과 근심, 탄식, 육체적 고통, 정신적 고통, 절망으로 불타오르고 있다고 나는 말한다."

인간의 이 괴로움 문제를 해결하기 위해 부처님은 무수한 생을 반복하며 노력하여 불교라는 빈틈없는 해결 시스템을 구축했습니다. 괴로움의 실제와 그 원인과 그것을 완전히 해결하는 길을 찾았습니다. 그래서 부처님은 '괴로움' 전문가가 되었습니다. 괴로움에 관한 한 어떤 것도 이해 안 되고 해결 안 되는 것이 없어졌습니다. 부처님이 사람들의 괴로움을 해결한 수많은 치료 사례가 니까야라는 방대한 경전에 들어 있습니다. 니까야, 즉 불교의 초기경전은 부처님이 인간을 어떻게 이해하고 어떤 방법으로 그들의 괴로움을 없앴는지를 보여주는 역사적인 기록입니다. 그래서 저는 니까야 읽기를 많은 사람에게 권하고 있습니다.

괴로움이 일어나는 세 가지 방식

○

술술 잘 풀리는 삶을 살아서 행복한 사람에게는 절대로 정신적 문제가 생기지 않습니다. 정신적 문제가 일어나는 상황을 보면 일단 괴로움이 있습니다. 환자들을 봐도, 정신적인 문제가 생기기 전에 오랫동안 많은 괴로움을 겪습니다. 살면서 만나게 되는 괴로운 상황들이지요. 그런 괴로움을 올바르게 겪어내지 못할 때 정신적 문제가 생겨납니다. 다시 말해 그 괴로움을 해결할 지혜가 자기에게 없어 올바르지 않게 대응하거나, 남의 도움을 받을 만한 처지가 안 되어 고립되거나, 남이 도움을 줘도 받지를 않거나 하며 실제 상황과는 맞지 않는 부정적인 생각이나 감정을 경험합니다. 이러한 생각과 감정은 뇌의 생리적 변화를 일으키고 뇌의 변화가 다시 부정적인 생각과 감정을 불러일으키는 악순환이 시작됩니다. 이게 심해지면 경우에 따라서는 조현병(정신분열증)이나 양극성 장애와 같은 정신병으로 이어지기도 합니다.

따라서 불교정신치료는 괴로움에서 시작됩니다. 불교정신치료에서는 괴로움이란 무엇이고, 왜 괴로움이 생겨나며, 괴로움에 어떻게 대응하는 것이 정신 건강으로 가는 길인지를 말합니다.

괴로움은 다음의 세 가지에서 비롯됩니다. 이 세 가지는 인간이 처한 본질적 상황입니다. 첫째는, 나를 구성하는 몸과 마음이 내 것이 아니라는 사실입니다. 내 것이라면 내 마음대로 되어야 하는데 우리는 몸과 마음을 통제할 수 없습니다. 아프기 싫으면 아프지 말아야 하고 슬프기 싫으면 슬프지 말아야 하는데, 우리는 그렇게 할 수 없습니다. 그래서 괴로움이 불가피하게 일어날 수밖에 없습니다.

둘째는, 세상은 세상이 움직이는 원리에 따라 움직일 뿐 내가 원하는 대로 되지 않는다는 사실입니다. 나를 둘러싼 수많은 것들은 내 뜻대로 움직이지 않습니다. 다른 사람이든 동물이든 날씨든 뭐든 간에 내 뜻과는 상관없이 주어진 원리에 따라 움직이며 내게 영향을 줍니다. 이게 뜻하는 바가 무엇이냐면, 그 움직임에 내가 적응하지 못했을 때 문제가 생길 수 있다는 것입니다. 내 생각과 실제가 달라 나와 세상이 충돌할 때, 내가 원하는 대로 안 되면 괴로움이 생겨납니다. 따라서 우리는 어떻게 해야 내가 세상과 조화롭게 공존할 수 있는지를 알 필요가 있습니다.

마지막 셋째는, 내가 스스로 괴로움을 만드는 경우입니다. 첫째와 둘째 이유로, 우리는 살아가면서 불가피하게 괴로움을 만나게 되어 있습니다. 그럴 때 탐욕과 성냄과 어리석음을 바탕으로 괴로움에 대응하면 스스로 2차, 3차의 괴로움을 만들어내게 됩니다. 이 2차, 3차의 괴로움은 우리가 다스릴 수 있는 것입니다. 불교의 영향을 받아 서양에서 개발된 수용전념치료(ACT)라는 치료법에서는 pain과 suffering을 구별합니다. pain이 우리가 불가피하게 겪는 괴로움이라면, suffering은 그 괴로움에 올바르지 않게 반응해서 더 힘들어지는 것입니다. 수용전념치료의 목적은 suffering을 줄여서, 무슨 일이 일어나더라도 우리가 제 할 일을 하면서 살아가도록 하는 것입니다.

불교정신치료는 괴로움이 일어나는 이 세 가지 방식을 철저히 이해하고, 필연적인 괴로움을 못 받아들여서 계속 새로운 괴로움을 만드는 악순환의 삶에서 괴로움을 줄여가는 선순환의 삶으로 전환하도록 환자를 이끄는 것입니다. 우리 안의 탐욕과 성냄과 어리석음이 있던 자리에 지혜와 자비와 평온이 자리 잡도록 하는 것입니다.

정신인식과정을 알아야 하는 이유

○

불교에서는 두 가지 실재가 있다고 봅니다. 하나는 관습적 실재이고, 다른 하나는 궁극적 실재입니다. 손을 예로 들어 설명하면, 관습적 실재란 우리가 '손'이라고 인식하는 것입니다. 한국에서는 '손' 미국에서는 'hand'라 부르고 그렇게 인식하기로 약속한 것입니다. 그런데 손은 하나의 상태로 고정되어 있지 않고 계속 변합니다. 날이 추워지면 색이 조금 퍼렇게 되고 따뜻한 것을 만지면 붉어집니다.

궁극적 실재란 손을 이루는 궁극적인 것을 말합니다. 궁극적 실재도 조건에 따라 일어났다가 사라지기 때문에 영원한 것은 아니지만, 존재하는 동안은 궁극적 실재가 가진 고유한 성질은 변하지 않습니다. 고유한 성질은 변하지 않되, 일어날 조건이 되면 일어나고 사라질 조건이 되면 사라집니다. 이 궁극적 실재는 맨눈으로 볼 수 없습니다. 사마타(삼매, 선정) 수행을 통해 지혜의 눈이 떠질 때 비로소 궁극적 실재를 볼 수 있습니다. 궁극적 실재로는 물질, 마음, 마음부수, 열반 이렇게 네 가지가 있습니다.

궁극적 실재를 보게 되면 대상의 속성을 완전하게 이해할 수 있게 됩니다. 손을 예로 들어 계속 말하면, 관습적 실재로 손을 인식하면 우리는 손이 내 것이어서 내 마음대로 할 수 있다고 생각하게 됩니다. 이에 비해 궁극적 실재를 보게 되면 손이 한시도 같은 모습으로 머물러 있지 않다는 걸 알게 됩니다. 사실 손을 손으로 인식하는 게 아니라 궁극적 실재가 일어났다가 사라지는 과정으로 보게 됩니다. 그리고 그 과정을 자기가 통제할 수 없다는 것도 알게 됩니다. 손이 '무아'임을 깨닫는 것이지요.

정신도 마찬가지입니다. 예를 들어 화가 났을 때, 우리는 그 사실을 알아차리거나 알아차리지 못하거나 합니다. 알아차리더라도 자기에게 화가 난 마음 하나만 있다고 알지, 화가 어떤 메커니즘으로 일어나서 작동하는지는 모릅니다. 이렇게 화를 관습적 실재로 보면 화가 우리에게 어떤 결과를 가져오는지 정확하게 알 수 없습니다.

이와 달리 정신을 궁극적 실재로 보면 정신이 '마음'과, 마음과 늘 함께하며 마음의 기능을 담당하는 '마음부수'로 이루어져 있음을 알게 됩니다. 그리고 어떤 정신 현상이 '화'나 '기쁨' 같은 덩어리로 이뤄진 것이 아니라 마음과 마음부수로 이루어져 있고 정신인식과정으로 진행되고 있음도 알게 됩니다. 예를 들어 어떤 것을 보려고 주의를 기울이면, 눈으로 무엇을 볼 때 일어나는 인식과정인 '안문(眼門)인식과정'이 일어납니다. 안문인식과정은 다음과 같이 진행됩니다.

안문전향 → 안식 → 받아들임 → 조사 → 결정 → 속행 → 등록(있기도 하고 없기도 함) → 존재 유지심(바왕가) → 의문전향 → 속행 → 등록(있기도 하고 없기도 함).

눈으로 꽃을 보는 상황을 예로 들어 안문인식과정을 설명해드리겠습니다. 눈으로 꽃을 보는 그 순간 인식이 시작되면서 안문(眼門)전향이 일어납니다. 그 다음에 안식(眼識)이 일어나고, 뒤이어 받아들임, 조사, 결정, 속행이 순서대로 일어납니다. 안문전향, 안식, 받아들임, 조사, 결정, 속행은 하나하나가 모두 마음으로, 한 마음이 일어났다가 사라지고 또 다른 마음이 일어났다 사라지는 것이 연속으로 일어납니다. 그리고 보통 오문(五門. 눈, 귀, 코, 혀, 몸이라는 다섯 가지 인식의 통로)인식과정의 마음은 의문(意門)인식과정으로 연결됩니다. 그 결과 우리는 오문으로 들어온 것이 무엇인지 정신으로 인식하고 파악하게 됩니다. 이 과정은 순식간에 일어납니다. 각 단계가 모두 마음인데, 그 마음과 그에 따르는 마음부수들이 일어났다 사라지는 과정으로 진행됩니다.

정신인식과정에서 우리가 눈여겨보아야 할 부분은 바로 속행입니다. 안문전향, 안식, 받아들임, 조사, 결정, 의문전향 같은 것은 기능만 하는 마음이지만 속행에서는 유익한 마음이냐 해로운 마음이냐에 따라 차이가 생겨나기 때문입니다. 유익한 마음은 유익한 마음의 정신인식과정을 돌리고, 해로운 마음은 해로운 마음의 정신인식과정을 돌립니다. 또 유익한 마음에는 유익한 마음부수가, 해로운 마음에는 해로운 마음부수가 함께합니다. 또 다른 마음들은 한 번 일어났다가 사라지는데 속행은 일곱 번 일어납니다. 많이 일어나는 만큼 우리에게 주는 영향도 큽니다.

따라서 마음부수에 대해서 자세히 알아두시는 게 좋습니다. 어떤 마음에 무슨 마음부수가 함께하는지 알면 마음이 우리에게 주는 영향에 대해 더 잘 이해할 수 있습니다. 다음에 소개하는 표는 52가지 마음부수를 일목요연하게 정리한 것입니다.

〔표〕 52가지 마음부수

다른 것과 같아지는 마음부수 13가지	마음에 공통되는 것들 7가지	접촉, 느낌, 인식, 의도, 집중, 생명기능, 주의
	때때로 있는 것들 6가지	일으킨 생각, 지속적 고찰, 결정, 정진, 희열, 열의
아름다운 마음부수 25가지	아름다운 마음에 공통되는 것들 19가지	믿음, 마음챙김, 부끄러움, 두려움, 탐욕 없음, 성냄 없음, 중립, 마음부수들의 고요함, 마음의 고요함, 마음부수들의 가벼움, 마음의 가벼움, 마음부수들의 부드러움, 마음의 부드러움, 마음부수들의 적합함, 마음의 적합함, 마음부수들의 능숙함, 마음의 능숙함, 마음부수들의 올곧음, 마음의 올곧음
	절제	바른 말, 바른 행위, 바른 생계
	무량	연민, 같이 기뻐함
	지혜	지혜
해로운 마음부수 14가지	해로운 마음에 공통되는 것들 4가지	어리석음, 부끄러움 없음, 두려움 없음, 들뜸
	해로운 마음에 때때로 있는 것들 10가지	탐욕, 사견, 자만, 성냄, 질투, 인색, 후회, 해태, 혼침, 의심

마음을 왕이라고 하면, '마음에 공통되는 것들 7가지'는 왕을 수행하는 장관이라고 보시면 됩니다. 어떤 마음이든 늘 함께합니다. '때때로 있는 것들 6가지'는 어떤 마음에는 있지만 다른 마음에는 없을 수도 있는 마음부수입니다. 그 가운데 일으킨 생각은 대상으로 처음 향하는 것이고, 지속적 고찰은 대상에 계속 가 있는 것입니다. 결정은 '이것은 무엇이다'라고 정하는 것이고, 정진은 애를 쓰는 것, 희열과 열의는 말 그대로 희열과 열의입니다.

속행 단계에서 해로운 마음이면 '해로운 마음부수 14가지' 가운데 각각의 마음에 해당하는 마음부수가 일어납니다. 이 가운데 어리석음, 부끄러움 없음, 두려움 없음, 들뜸, 이렇게 4가지는 모든 해로운 마음에 공통으로 있습니다. 마음은 언제나 어떤 대상에 가 있는데, '어리석음'이란 그 대상을 잘 모르는 겁니다. '부끄러움 없음'이란 그 대상에 대해 뭔가 부끄러워할 만한 것을 하고서도 부끄럽지 않게 생각하는 것입니다. '두려움 없음'이란 부끄러워할 만한 것을 해서 자기에게 손해가 되는데도 그걸 모르는 것입니다. 부끄러움과 두려움은 우리로 하여금 나쁜 것을 못하게 하는 통제 시스템인데, 그게 작동하지 않는 것이지요. 마지막으로 '들뜸'은 마음이 가 있는 대상에 정확하게 안착하지 못하고 들떠 있는 것입니다. 들뜸의 반대는 '마음챙김'입니다.

해로운 마음에는 이 4가지 마음부수가 언제나 있는 가운데, 그 마음이 탐욕이라면 탐욕, 사견, 자만이 함께합니다. 또 성냄이라면 성냄, 질투, 인색, 후회가 함께하고, 어리석음이라면 의심이 함께합니다. 그리고 해로운 마음이 어떤 것의 자극을 받아서 일어났다면 해태(게으름)

와 혼침(흐리멍덩함)이 있습니다. 예를 들어 남의 말만 듣고 해로운 마음을 일으켰다면, 사실을 확인하고자 노력하지 않는 게으름과 사실을 분별할 수 없는 정신의 흐리멍덩함이 함께하는 것입니다.

속행 단계에서 유익한 마음이면 '아름다운 마음부수 25가지' 가운데 각각의 마음에 해당하는 마음부수가 일어납니다. 유익한 마음이란 탐욕, 성냄, 어리석음이 없거나, 지혜로운 주의로 대상을 보는 것입니다. 다시 말해 '이것은 궁극적인 물질[정신]이다. 무상하고 괴로움이며 자아가 아니다. 깨끗한 것이 아니다.'라고 보는 것입니다. 그때 속행에서 아름다운 마음부수 25개 가운데 19개가 항상 일어나고, 유익한 마음의 종류에 따라 나머지 6개 가운데 일부가 함께 일어납니다. 이렇게 유익한 마음의 마음부수 개수가 해로운 마음의 마음부수 개수보다 많기 때문에, 우리는 좋은 마음을 내어 지금까지 잘못한 것을 얼마든지 만회할 수 있습니다.

유익한 마음과 늘 함께하는 19가지 마음부수로는 자기가 보는 대상을 믿는 믿음, 현재 경험을 모두 알아차리는 마음챙김이 있습니다. 또 잘못된 것을 할 때 부끄러워하는 부끄러움, 그것이 자기에게 해를 준다는 것을 아는 두려움이 있습니다. 그리고 탐욕 없음, 성냄 없음, 평온의 마음인 중립이 있습니다. 또 마음부수 전체의 고요함, 마음의 고요함, 마음부수 전체의 가벼움, 마음의 가벼움, 마음부수 전체의 부드러움, 마음의 부드러움, 마음부수 전체의 적합함, 마음의 적합함, 마음부수 전체의 능숙함, 마음의 능숙함, 마음부수 전체의 올곧음, 마음의 올곧음도 늘 함께하는데, 이는 유익한 마음일 때 마음부수와 마음이 고요하고 가볍고 부드럽고 적합하여 무엇이든 능숙하게 할 수 있는 상태가 되며 또 마음부수와 마음이 바르게 된다는 뜻입니다.

유익한 마음과 때때로 함께하는 나머지 6가지로는 절제의 마음부수인 바른 말, 바른 생계, 바른 행위, 무량의 마음부수인 연민, 함께 기뻐함, 지혜의 마음부수인 지혜가 있습니다. 우리가 바르게 말하고, 바르게 생계를 이어가고, 바르게 행동하려고 하면 절제의 마음부수가 일어나고, 어떤 존재에 대해서든 연민하고 그와 기쁨을 함께하려 하면 무량의 마음부수가 일어나며, 무엇이든 있는 그대로 보고 그에 맞게 반응하려 하면 지혜의 마음부수가 일어납니다.

아름다운 마음부수 목록을 다시 한 번 찬찬히 살펴보세요. 이 마음부수들과 함께 있으면 어떻겠습니까? 바르게 살고, 마음이 안정되고, 자신감도 있고, 몸과 마음이 모두 편안하고 원활하게 기능할 것입니다. 얼굴 표정도 좋고, 인간관계도 원만할 것입니다. 이번엔 해로운 마음부수 목록을 다시 한 번 보세요. 우리 몸과 마음을 힘들게 하는 것들로 가득 차 있습니다.

정신인식과정을 보는 수행을 할 때, 수행자들은 한 번은 유익한 마음을 일으켜서 관찰을 하고 그 다음에는 해로운 마음을 일으켜서 관찰을 합니다. 그렇게 각각의 정신인식과정이 몸과 마음에 어떤 영향을 끼치는지를 보고 난 다음에는 해로운 마음을 일으키는 것이 자기에게 얼마나 큰 손해인지를 분명하게 알게 됩니다. 그 강렬한 경험 이후에는 다시는 해로운 마음을 일으키지 않겠다고 마음을 먹게 됩니다.

부처님의 불안 분석과 해법

○

프로이트의 《정신분석 강의》를 보면 25번째 강의에서 불안에 대해 이야기합니다. 현실적인 불안과 신경증적인 불안에 대해 설명하는데, 리비도(성욕)가 억압을 받으면 불안을 통해서 리비도가 배출된다고 프로이트는 말합니다. 성적으로 억압받지 않는 사람은 불안을 일으키지 않았고, 불안으로 고통스러워하는 사람을 성적인 접근법으로 치료해보니 불안이 해소되는 효과를 보였기 때문입니다. 엄청난 관찰과 추론을 통해 이런 이해에 다다른 것이니 분명 근거가 있을 것이고, 체계도 분명합니다. 하지만 프로이트의 이론을 이해하기란 여간 어려운 일이 아닙니다.

이에 비해 부처님의 불안 분석과 그 해법은 이해도 쉽고 실천하기도 좋으며, 정신치료 관점에서 보아도 아무런 하자가 없습니다. 《맛지마 니까야》〈두려움과 공포 경〉에 그 내용이 나옵니다. 두려움과 공포는 강한 불안이라고 볼 수 있습니다. 이 경을 보면 자눗쏘니라는 바라문이 부처님을 찾아와 이렇게 말합니다. "숲속 우거진 숲의 수행처는 견디기 어렵고 멀리 여읨을 실천하기 어렵고 멀리 여읨을 즐기기 어렵습니다.

생각하건대 숲은 집중하지 않으면, 비구의 마음을 빼앗아 갑니다." 이에 부처님은 자신이 아직 깨닫지 못한 보살이었을 때는 같은 생각을 했었다고 답하면서 어떻게 하면 그 두려움과 공포에서 자유로워질 수 있는지 말씀합니다. 그 방법은 다음 열여섯 가지입니다.

1. 신체적 행위를 청정하게 함
2. 언어적 행위를 청정하게 함
3. 정신적 행위를 청정하게 함
4. 생계를 청청하게 꾸림
5. 탐욕과 감각적 쾌락을 여읨
6. 분노의 마음과 증오의 의도를 여의고 자애의 마음을 일으킴
7. 해태와 혼침을 떨침
8. 흥분과 불안정에서 벗어나 마음의 안정을 이룸
9. 의심을 떨침
10. 자기를 칭찬하지 않고 남을 경멸하지 않음
11. 전율하여 두려워하지 않음
12. 이득과 칭송과 명성을 바라지 않음
13. 열심히 수행 정진함
14. 마음챙김
15. 마음을 집중함
16. 지혜를 갖춤

부처님은 이 열여섯 가지를 하여 두려움과 공포가 일어날 수 있는 숲에서 편안히 지냈습니다. 이 열여섯 가지 각각의 반대는 모두 투사를 일으킵니다. 투사란 내 안에 있는 걸 밖에 있는 것처럼 감지하는 것입니다. 예를 들어 마음이 불안정하면 바람에 나뭇가지가 흔들리는 소리에서 누군가의 침입을 떠올리고는 심한 불안에 시달릴 수도 있습니다. 그런데 사실 그 불안은 밖에 있는 게 아니라 자기 안에 있는 것입니다. 우리가 부처님이 말씀한 열여섯 가지를 실천하면 우리 내면이 정화되어 투사가 일어나지 않게 됩니다. 사실을 있는 그대로 보고 알고 끝나지, 내면의 불건전한 것을 그것에 투사하여 두려움과 공포를 경험하지는 않게 됩니다. 이 열여섯 가지를 적어두고 거듭 읽어 외우고 실천하기를 권합니다.

불교정신치료 관점에서 본 사성제와 팔정도

○

부처님은 사성제와 팔정도라는 틀로 인간을 이해하고 치료했습니다. 여기서는 사성제와 팔정도가 어떻게 불교정신치료의 틀이 되는지를 살펴보겠습니다.

부처님이 말씀하길, 자신이 사성제(네 가지 성스러운 진리)를 발견하기 전까지는 끝없는 윤회의 고통 속에 있었지만 사성제를 발견하고서 윤회에서 벗어났다고 했습니다. 사성제란 고성제(고통이 있다), 집성제(고통의 원인이 있다), 멸성제(고통을 없앨 수 있다), 도성제(고통을 없애는 길이 있다)로 이루어져 있으며, 이 가운데 도성제는 팔정도(8가지 바른 길)로 구성됩니다. 《맛지마 니까야》 〈코끼리 발자국 비유의 긴 경〉을 보면, 사리불이 사성제를 코끼리 발자국에 비유하여 코끼리 발자국에 다른 모든 동물의 발자국이 들어가듯이 부처님의 모든 가르침은 사성제에 들어 있다고 말합니다. 그만큼 사성제가 부처님 가르침의 가장 중요한 뼈대입니다.

사성제의 첫째, 고성제는 인간 존재 자체가 괴로움이라고 말합니다. 존재하기 때문에 몸과 마음이 있고, 그 몸과 마음은 괴로움을 피할 수 없다는 것입니다. 둘째, 집성제는 인간이 겪는 괴로움은 원인과 결과의 법칙에 따라 일어나고 괴로움의 뚜렷한 원인이 있다고 말합니다. 집성제는 보통 두 가지로 설명됩니다. 하나는 갈애를 괴로움의 원인으로 보는 것이고 다른 하나는 12연기에 따라 괴로움의 발생을 설명하는 것인데, 12연기로 설명하는 것이 좀 더 구체적입니다. 12연기란 '무명 – 행 – 식 – 정신과 물질 – 여섯 가지 감각장소 – 접촉 – 느낌 – 갈애 – 취착 – 존재 – 태어남 – 늙음과 죽음'이 순서대로 일어난다고 보는 불교의 관점입니다. 12연기를 구체적으로 설명하려면 한없이 길어지고 복잡하므로 고성제와 관련하여 간단하게만 언급하면, 무명(무지)이 원인이 되어 우리가 존재하고 그 존재가 바로 고통이라는 걸 12연기는 보여줍니다. 셋째, 멸성제는 괴로움의 원인을 없애면 괴로움이 사라진다고 말합니다. 갈애라는 원인을 없애서 괴로움을 해결하거나, 12연기의 연결고리를 끊는 식으로 괴로움을 해결하는 것입니다. 마지막 넷째, 도성제는 멸성제의 방법이 팔정도라고 말합니다. 바른 견해, 바른 사유, 바른 말, 바른 행위, 바른 생계, 바른 정진, 바른 마음챙김, 바른 삼매, 이렇게 8가지를 실천하면 괴로움이 사라진다는 뜻입니다.

팔정도는 정신치료적으로 굉장히 중요합니다. 《대반열반경》을 보면 부처님이 팔정도가 있으면 사문이 있고 둘째 사문이 있고 셋째 사문이 있고 넷째 사문이 있다고 말하는 장면이 나옵니다. 여기서 말하는 네 가지 사문은 순서대로 예류자, 일래자, 불환자, 아라한을 일컫는데 모두 불교에서 말하는 성인입니다. 그러니까 팔정도를 닦으면 모든 고통에서 벗어난 성인이 될 수 있다는 뜻이지요. 반면 팔정도가 없으면 사문이 없고 둘째 사문도 없고 셋째 사문도 없고 넷째 사문도 없습니다. 팔정도 없이 고통과 윤회를 해결할 수 없다는 뜻입니다. 팔정도를 좀 더 자세히 살펴보겠습니다.

바른 견해는 사성제를 아는 겁니다. '고집멸도'를 정확히 알면 그에 맞는 바른 마음이 자동으로 들게 됩니다. 세속적인 것을 추구하지 않고, 화를 내지 않고, 남을 해치지 않는 생각을 하게 됩니다. 이것이 바른 사유입니다. 이렇게 바른 사유를 하게 되면 그에 따르는 실천들이 있게 됩니다. 바른말부터 바른 삼매까지, 팔정도의 나머지 여섯 가지가 그에 해당합니다.

바른 말은 거짓말 안 하고, 이간질하지 않고, 욕설하지 않고, 잡담하지 않는 것을 말합니다. 바른 행위는 살아 있는 건 절대 죽이지 않고, 내 것 아닌 건 손대지 않고, 삿된 음행을 삼가는 것입니다. 바른 생계는 자신과 남에게 물질적·정신적 해를 입히는 방식으로 생계를 이어가지 않는 것입니다. 무기를 거래한다든지 하는 것은 바른 생계가 될 수 없습니다.

바른 정진은 다음 네 가지를 일컫습니다. 아직 일어나지 않은 사악하고 해로운 것을 일어나지 않게 하는 것, 이미 일어난 사악하고 해로운 것은 제거하는 것, 아직 일어나지 않은 유익한 것을 일어나게 하는 것, 이미 일어난 유익한 것은 지속하고 증장시키고 충만하게 하는 것. 이 네 가지를 위해 의욕을 생기게 하고 힘을 내고 마음을 다잡고 애를 쓰는 것입니다.

바른 마음챙김은 몸, 느낌, 마음, 법(法)을 있는 그대로 알아차리는 것입니다. 이를 사념처 수행이라고도 하며 〈대념처경〉에 자세히 나와 있습니다. 그 경의 일부를 소개해드리겠습니다. "무엇이 네 가지인가? 비구들이여, 여기 비구는 몸에서 몸을 관찰하며 머문다. 세상에 대한 욕심과 싫어하는 마음을 버리면서 근면하게, 분명히 알아차리고 마음챙기는 자 되어 머문다. 느낌에서 느낌을 관찰하며 머문다. 세상에 대한 욕심과 싫어하는 마음을 버리면서 근면하게, 분명히 알아차리고 마음챙기는 자 되어 머문다. 마음에서 마음을 관찰하며 머문다. 세상에 대한 욕심과 싫어하는 마음을 버리면서 근면하게, 분명히 알아차리고 마음챙기는 자 되어 머문다. 법에서 법을 관찰하며 머문다. 세상에 대한 욕심과 싫어하는 마음을 버리면서 근면하게, 분명히 알아차리고 마음챙기는 자 되어 머문다."

바른 삼매는 사선정입니다. 선정이란 마음이 한곳에 모인 상태로 네 가지 단계가 있습니다. 바른 삼매에 대해서는 〈대념처경〉에서 이렇게 설명하고 있습니다. "감각적 욕망을 완전히 떨쳐버리고 해로운 법들을 떨쳐버린 뒤, 일으킨 생각과 지속적인 고찰이 있고 떨쳐버렸음에서 생겼고, 희열과 행복이 있는 초선에 들어 머문다. 일으킨 생각과 지속적인 고찰을 가라앉혔기 때문에, 자기 내면의 것이고, 확신이 있으며, 마음의 단일한 상태이고, 일으킨 생각과 지속적인 고찰이 없고, 삼매에서 생긴 희열과 행복이 있는 제2선에 들어 머문다. 희열이 빛바랬기 때문에 평온하게 머물고, 마음챙기고 분명하게 알아차리며 몸으로 행복을 경험한다. 이를 두고 성자들이 '평온하게 마음챙기며 행복하게 머문다.'고 묘사하는 제3선에 들어 머문다. 행복도 버리고 괴로움도 버리고,

아울러 그 이전에 이미 기쁨과 슬픔도 없앴으므로 괴롭지도 즐겁지도 않으며, 평온으로 인해 마음챙김이 청정한 제4선에 들어 머문다. 비구들이여, 이를 일러 바른 삼매라 한다."

이제 팔정도를 제 나름으로 정신치료적으로 정리해보겠습니다. 이를 통해 팔정도가 정신 건강에 유익한 이유를 개괄적으로 파악할 수 있을 것입니다.

바른 견해는 사성제를 아는 것이라고 했습니다. 사성제를 불교정신치료적으로 보면 다음과 같습니다. 고성제란 우리가 몸과 마음을 가진 한 몸과 마음에서 오는 괴로움을 피하기 어렵다는 것을 아는 것입니다. 그 바른 앎은 괴로움이 올 때 그것을 당연한 것으로 받아들이고, 거기에 스스로 괴로움을 더하지 않도록 하게 하는 토대가 됩니다. 우리는 괴로움이 오면 보통은 습관적으로 부정적인 반응을 보입니다. 1차적 괴로움에다 자꾸 괴로움을 덧붙여 그것이 더 증폭되도록 합니다. 몸이 아프면 마음으로도 괴로워하고, 인간관계에서 힘든 일이 생기면 상대를 미워하는 식이지요. 그런데 몸이 아프다고 마음까지 아플 필연적인 이유는 없으며, 사람 사이에 갈등이 있다고 상대를 미워할 필요도 없습니다. 그런 2차적 괴로움은 스스로 만들어내는 것입니다. 괴로움이 왔을 때 당연한 것으로 받아들여 저항하지 않고 가만히 관찰해보세요. 그러면 괴로움이 잠시 머물다 사라지는 걸 보게 됩니다.

집성제는 괴로움의 원인이 있다는 것을 아는 것입니다. 원인을 아는 게 굉장히 중요합니다. 그렇게만 되면 그것에 변화를 주어 괴로움을 줄이거나 없앨 수 있기 때문입니다. 그런데 원인을 찾아도 알 수 없는 경우가 있습니다. 그러면 '괴로움이 있을 만한 이유가 있겠지.' 하고 받아들입니다. 예를 들어 몸이 아픈데 이유를 모른다면, '내가 이렇게 아픈 건 그럴 만한 이유가 있기 때문이다. 아플 만한 무언가가 일어났기 때문에 아프다.' 하는 것이지요. 그렇다고 자신을 비난하라는 건 아닙니다. 그저 그런 과정이 있었기 때문에 아픈 거라고 받아들이고, 아픈 데 대해 두려워하거나 화를 내지 말라는 뜻입니다. 이렇게 하면 아픈 것에서 파생되는 두려움이나 불안 같은 것이 일어나지 않습니다.

멸성제는 괴로움이 사라질 만한 것을 하면 괴로움이 사라진다는 걸 아는 것입니다. 만약 몸이 아프다면 아픈 것이 없어질 만한 조치를 취하면 건강해질 거라는 걸 아는 것이지요. 제가 환자들을 안심시키는 방식 가운데 하나가 이 멸성제에 기초하여 말을 하는 것입니다. "환자분이 이렇게 된 데에는 뭔가 과정이나 이유가 있습니다. 따라서 그것이 없어질 만한 노력을 충분히 하면 증상도 반드시 사라집니다." 그 다음에 구체적인 실천 방안을 제시해줍니다.

도성제는 괴로움의 원인을 제거하는 여덟 가지 올바른 노력인 팔정도를 실천하는 것입니다. 여덟 가지 올바른 노력은 바른 견해, 바른 사유, 바른 말, 바른 행위, 바른 생계, 바른 정진, 바른 마음챙김, 바른 삼매입니다. 바른 견해는 자신의 문제나 괴로움, 고통에 대해서 바르게 아는 것입니다. 자신에게 정신적인 문제나 병이 있다는 것을 정확히 알고, 그것이 있게 된 원인이나 과정을 알고, 그것을 없앨 수 있는 올바른 노력을 하면 그것이 없어진다는 것을 아는 것입니다. 바른 사유는 그렇게 바로 알고 뒤이어 바르게 마음을 먹는 것입니다. 괴로우니까 술을 마셔야겠다, 불편하니까 돈을 많이 벌어야겠다, 우울하니까 음식을 먹어야겠다, 짜증이 나니까 남을 괴롭혀서 마음을 편하게 해야겠다고 마음을 먹는 게 아니라 사성제에 바탕을 두고 바른 노력을 해야겠다고 마음을 먹는 것입니다. 겉으로 보기에는 도움이 될 것 같지만 실제로는 도움이 안 되는 것을 멈추고, 자신의 문제를 근본적으로 해결하는 데 도움이 되는 것을 하겠다는 마음을 먹는 것입니다.

바른 말은 나와 남에게 해가 되는 말을 삼가는 것입니다. 우리는 자기에게 이익이 된다고 여기고 거짓말 등을 합니다. 그런데 사실 그런 말들은 남에게도 해가 되고 나에게도 해가 되어, 결국엔 나를 괴롭게 합니다. 정신인식과정을 설명하며 속행이 중요하다고 말씀드렸는데, 거짓말을 하면 속행 과정에서 나에게 나쁜 일이 계속 벌어져 그 과보가 모두 내게 옵니다. 그리고 상대가 나의 그 거짓말을 알게 되면 나를 불신하여 외면하는 일도 벌어지겠지요. 바른 행위는 남에게 해가 되는 행동을 삼가서 나에게 해가 돌아오는 것을 막는 것입니다. 나도 좋고 남도 좋은 길을 모색하는 것이지요. 바른 생계도 마찬가지입니다. 남에게 피해가 가는 일로 생계를 꾸리는 것을 삼가는 것입니다. 남에게 피해가 가는 일을 생계로 하면 남에게도 피해가 가지만 결국엔 나에게 피해가 옵니다. 이런 것을 피하면 내게 불리한 조건이 형성되지 않아 정신 건강에 유리해집니다.

바른 정진이란, 지금 내가 하고 있는 것 중에 정신 건강에 해가 되는 것은 멈추고 정신 건강에 이로운 것은 계속하며, 지금 하고 있지 않은 것 중에 정신 건강에 해가 되는 것은 앞으로도 하지 않고 정신 건강에 이로운 것은 하도록 노력하는 걸 뜻합니다.

바른 마음챙김은 마음을 현재에 집중하는 건데, 그렇게 하면 두 가지 이득이 있습니다. 첫째 이득은 마음이 과거와 미래로 갔을 때 오는 괴로움과 손해를 보지 않을 수 있다는 것입니다. 마음은 언제나 대상에 가서 그 영향을 받습니다. 또 한 번에 한 곳밖에 가지 못합니다. 마음이 현재에 있다는 건 과거나 미래에 갈 수 없다는 뜻이지요. 대체로 과거와 미래는 우리에게 괴로움과 손해를 주는데, 마음이 거기에 가지 않으니 과거와 미래가 주는 괴로움과 손해가 우리에게 오지 않는 것입니다. 이게 바른 마음챙김을 했을 때 일어나는 직접적인 이득입니다. 그리고 마음은 자꾸 가는 쪽으로 길이 나게 되어 있어서, 마음을 현재에 두는 노력을 하면 손해 안 보는 쪽으로 길이 나게 됩니다.

둘째 이득은 마음의 본래 기능에 토대를 두고 있습니다. 마음이란 '아는 기능'이라고 볼 수 있습니다. 예를 들어 제가 지금 컵을 들면서 여기에 집중하면, 현재 일어나는 현상을 정확하게 알게 됩니다. 현재에 일어나는 현상이란 몸과 마음에서 일어나는 현상입니다. 그걸 정확히 안다는 건 몸과 마음의 속성을 알게 된다는 뜻이고, 이는 모든 것이 변하고〔無常〕 고통이며〔苦〕 실체가 아님〔無我〕을 깨우친다는 말입니다. 그러면서 분명한 앎이 생겨 알고 모르고가 분명해져서, 살아가면서 무언가를 모르고서 하는 것이 없어집니다. 살아가는 데 필요한 지혜가 생기고, 사기 같은 것도 잘 안 당할 수 있습니다.

바른 삼매에 이르기 위해 선정을 닦으면 여러 가지 이득이 있습니다. 그중 대표적인 이득 세 가지를 소개합니다. 첫째 이득은, 자기에게 손해가 되는 대상으로 간 마음을 쉽게 내려놓을 수 있다는 것입니다. 선정이란 마음이 한곳에 모인 상태이므로, 그에 이르기 위해서는 선정 대상 이외의 것을 모두 내려놓아야 합니다. 따라서 선정 수행에서는 마음이 다른 곳으로 갔을 때 얼른 내려놓고 다시 선정 대상에 주의를 집중하는 훈련을 반복하게 됩니다. 그 결과 마음의 내려놓는 힘이 강력해집니다. 그러면 내가 원치 않거나 나에게 손해가 되는 대상으로 마음이 갔을 때 쉽게 그 대상을 놓아버릴 수 있습니다. 심지어 떼어내기 힘든 강박적인 생각조차도 쉽게 내려놓을 수 있게 됩니다. 선정의 정신치료적인 가치가 엄청나다는 뜻입니다. 이렇게 되면 괴로운 생각이 우리에게 발을 붙일 수 없습니다. 생각이 일어나는 순간에 탁 놓아버리기 때문입니다.

둘째 이득은, 선정이란 번뇌가 없는 상태이므로 선정에 들어 있는 동안 행복하게 머무를 수 있다는 것입니다. 그래서 부처님은 선정을 '지금 여기에서의 열반'이라고까지 말씀했습니다. 저는 현재 집중, 선정, 열반이 모두 같은 맥락이라고 봅니다. 괴로움이란, 괴로움을 주는 대상을 우리가 붙잡고 있기 때문에 오는 것이므로 현재 집중, 선정, 열반 상태에서 괴로움은 있을 수 없습니다. 선정 수행을 하면, 꼭 선정에 이르지 않더라도 마음이 점점 편해지는 상태가 됩니다. 하면 한 만큼 그렇게 됩니다. 직접 해보시면 분명하게 체험하실 겁니다.

셋째 이득은, 선정에 이르면 지혜의 눈이 생겨서 육안으로는 볼 수 없는 궁극적 물질과 정신을 보게 된다는 것입니다. 그리하여 자기 자신에 대해 정확히 알게 되면, 정신인식과정을 설명하며 말씀드렸듯이 자기에게 손해가 되는 것을 안 하게 됩니다. 다시 말해 탐욕, 성냄, 어리석음에 바탕을 둔 것들이 결국엔 손해라는 것을 알고 피하게 됩니다. 예를 들어 도박하는 사람이 수행을 하여 선정에 이른다면, 도박으로 돈을 따더라도 자기에게 손해가 된다는 걸 확실히 알게 되기 때문에 도박을 끊을 수 있습니다.

지금까지 설명한 대로 사성제와 팔정도는 우리의 정신을 건강하게 해주는 구체적이고 실현 가능한 실천 도구입니다. 불교에는 이 밖에도 우리의 정신 건강에 도움이 되는 많은 것들이 있지만, 궁극적으로는 다 사성제와 팔정도 안에 들어갑니다. 그만큼 중요한 것이니 잘 새겨두시기 바랍니다.

부처님은 어떻게 치료했을까

○

경전을 보면 고통을 안고 부처님을 찾아오는 사람들 이야기가 많이 있습니다. 그들은 부처님 앞에서 자신의 고통을 이야기하며 부처님에게 고통에서 벗어나는 길을 묻습니다. 부처님은 그들의 이야기를 잘 듣고 각자에게 맞는 해법을 제시하고, 부처님을 찾은 이들은 모두 평온을 얻습니다. 부처님은 남의 마음을 읽는 능력인 타심통을 갖고 있기에 상대의 마음을 정확히 읽고 그를 움직일 수 있는 적절한 방법을 써서 고통을 치료하고 깨달음에 이르게 해줍니다. 그렇다면 과연 부처님은 그들을 어떻게 치료했을까요? 경전에 나오는 세 가지 사례를 들려드리겠습니다.

1. 폭력적인 왕자

부처님의 전생 이야기를 담은 《자따까》라는 경전이 있습니다. 그 경전에, 부처님이 전생에 보살이었을 때 폭력적인 왕자를 제도한 이야기가 나옵니다. 성질이 무척 거칠고 사나웠던 그 왕자는, 신하와 성직자의 말은 물론이고 아버지인 왕의 말도 듣지 않았습니다. 왕자가 악한 행동을 할 때 그를 만류하면 성질도 더 부리고 행동도 더 거칠어졌기 때문에 나라의 누구도 왕자를 막지 못했습니다.

그때 보살이었던 부처님은 히말라야에서 수행을 하다가 필요한 물품이 있어 바라나시의 한 동산으로 나와 있었습니다. 왕이 보살을 보고서 그 위의에 감탄한 나머지 보살을 모시게 되었고, 왕자를 보살에게 부탁합니다.

보살이 어느 날 왕자와 함께 동산을 거닐다가 아직 작고 어린 임바나무를 보고 왕자에게 말합니다. "저 나무의 잎을 하나 따서 씹어보십시오." 왕자는 나뭇잎을 하나 따서 씹어보고는 몸서리치며 뱉습니다. 그러고는 나뭇잎을 모두 따서 땅에 던졌습니다. 임바나무의 잎이 굉장히 독하기 때문이었지요. 그런 왕자를 보고 보살이 말합니다. "왕자님은 지금 임바나무의 잎을 씹어보고, '이렇게 어린 나무조차 이런 독을 갖고 있으니 장차 자라면 어떻겠는가!' 라고 생각하고 잎을 모두 따서 땅에 던졌습니다. 지금 당신이 이 나무에 대해서 느낀 것을 다른 사람들이 당신에 대해서 똑같이 느끼고 있습니다. 그들은 '저 왕자는 아직 어린데도 저렇게 잔인하고 난폭하다. 만일 성장하여 왕이 된다면 어떻겠는가! 우리는 그 왕에게 무슨 일을 당할지 모른다.' 라고 생각하여 당신을 왕위에 오르지 못하게 하고는 나라 밖으로 쫓아낼 것입니다. 저 임바나무처럼 되지 말고 지금부터는 인자하고 관대하게 행동해야 합니다." 이 말을 들은 왕자는 세상이 무서운 줄을 알고 이후 온순한 사람이 되었다고 합니다.

부처님을 '비유의 왕' 이라고 말하는 불교학자들이 있습니다. 경전을 보면 부처님은 이야기를 할 때 상대를 움직이게 하는 뛰어난 비유를 들어 말하는 모습을 자주 보입니다.

2. 외아들을 잃고 실성한 여자

끼사고따미라는 여인은 어린 아들이 갑자기 병으로 죽어 엄청난 절망에 빠집니다. 그녀는 실성한 사람처럼 아들의 시신을 가슴에 품고 마을을 돌아다니며, 사람을 만날 때마다 아들을 살릴 수 있는 방안을 묻습니다. 마을 사람들은 그녀와 부딪히는 게 싫어 그녀를 피해 다녔고, 이에 끼사고따미는 더욱더 깊은 수렁에 빠집니다. 그러던 어느 날 그녀를 딱하게 여긴 한 사람이 부처님을 찾아가면 방법이 있을 거라고 일러줍니다. 끼사고따미는 그길로 부처님을 찾아가 자신의 처지를 하소연하고 아들을 살릴 방법을 묻습니다. 이에 부처님은 말씀합니다.

"마을에 내려가서 지금까지 아무도 죽어 나간 적이 없는 집을 찾아 겨자씨를 얻어 오면 아들을 살려주겠다."

끼사고따미는 마을로 내려가 이 집 저 집의 문을 두드리며 사람이 죽어 나간 적이 있는지 없는지를 묻습니다. 하지만 어느 집에서도 사람이 죽어 나간 적이 없다는 대답을 듣지 못합니다. 그렇게 그녀는 아무런 소득 없이 부처님에게 돌아옵니다. 실은 아무런 소득이 없는 게 아니었습니다. 태어난 것은 언젠가는 죽는다는 사실을 거듭 확인하며 정신을 차린 상태였습니다. 그런 그녀에게 부처님은 이런 말씀을 들려줍니다.

"너는 혼자만 아들을 잃었다고 생각했지만 살아 있는 모든 것은 영원하지 않다. 이것이 죽음의 법칙이다."

부처님은 누구에게나 무작정 사실을 들이대는 식으로 하지 않습니다. 끼사고따미처럼 가르침을 받을 준비가 안 된 사람에게는 그가 납득할 만한 방식으로 배울 준비를 시킵니다. 그런 사람들은 배울 준비를 하는 동안 스스로 무언가를 깨닫게 되고, 부처님은 적당한 때가 왔다는 판단이 들면 그에게 진리를 들려줍니다. 부처님의 말씀을 들은 끼사고따미는 출가하여 아라한이 됩니다.

3. 아들을 잃고 슬픔에 빠진 장자

부처님을 따르는 한 장자(덕망이 있는 큰 부자)가 아들을 잃고 슬픔에 빠진 나머지 일주일 동안이나 음식을 먹지 않은 일이 있었습니다. 그를 불쌍히 여긴 부처님이 그의 집에 찾아가서 말씀을 들려줍니다. 그 말씀이 《숫따니빠따》 제3품에 나오는 〈화살의 경〉입니다. 길지 않으니 전부를 들려드리겠습니다.

화살의 경

1. 세상에서 결국 죽어야만 하는 사람의 목숨은 정해져 있지 않아 알 수 없고 애처롭고 짧아 고통으로 엉켜 있습니다.
2. 태어나 죽지 않고자 하나, 그 방도가 결코 없습니다. 늙으면 반드시 죽음이 닥치는 것입니다. 뭇삶의 운명은 이러한 것입니다.
3. 결국 익은 과일처럼 떨어져야 하는 두려움에 처합니다. 이

처럼 태어난 자들은 죽어야 하고 항상 죽음의 두려움에 떨어집니다.

4. 이를테면, 옹기장이가 빚어낸 질그릇이 마침내 모두 깨어지고 말듯이, 사람의 목숨도 또한 그렇습니다.
5. 젊은이도 장년도 어리석은 이도 현명한 이도 모두 죽음에는 굴복해버립니다. 모든 사람은 반드시 죽습니다.
6. 죽음에 패배당하여 저 세상으로 가지만, 아비도 그 자식을 구하지 못하고 친지들도 자신들이 아는 자를 구하지 못합니다.
7. 친지들이 지켜보지만, 보라 매우 애통해하는 자들을! 죽어야 하는 자들은 하나씩 도살장으로 끌려가는 소처럼 끌려갑니다.
8. 이렇듯 세상 사람은 죽음과 늙음에 삼켜져버립니다. 그러므로 현명한 사람들은 세상의 이치를 알아 슬퍼하지 않습니다.
9. 그대는 오거나 가는 사람의 그 길을 알지 못합니다. 그대는 그 양 끝을 통찰해보지 않고 부질없이 슬피 웁니다.
10. 미혹한 자가 자기를 해치며 비탄한다고 해서 무슨 이익이라도 생긴다면, 현명한 자도 그렇게 할 것입니다.
11. 울고 슬퍼하는 것으로서는 평안을 얻을 수 없습니다. 다만 더욱더 괴로움이 생겨나고 몸만 여윌 따름입니다.
12. 자신을 해치면서 몸은 여위고 추하게 됩니다. 그렇다고 망

자를 수호할 수 있는 것도 아니니, 비탄해한들 무익한 일입니다.

13. 사람이 슬픔을 버리지 않으면, 점점 더 고통에 빠져듭니다. 죽은 사람 때문에 울부짖는 자들은 슬픔에 정복당한 것입니다.

14. 스스로 지은 업으로 인해 태어날 운명에 처한 다른 사람들, 죽음에 정복당해 전율하는 세상의 뭇삶들을 보십시오.

15. 어떻게 생각할지라도, 그것은 생각처럼 되지 않습니다. 세상을 떠남도 이와 같으니, 저 자연의 이치를 보십시오.

16. 가령 사람이 백년을 살거나 그 이상을 산다고 할지라도 마침내는 친족들을 떠나 이 세상의 목숨을 버리게 됩니다.

17. 거룩한 님께 배워, 죽은 망자를 보고서는 '나는 그를 더 이상 보지 못한다.'라고 비탄하는 것을 그쳐야 합니다.

18. 단호하고 지혜롭고 잘 닦인 현명한 님이라면, 보금자리에 불난 것을 물로 끄듯, 바람이 솜을 날리듯, 생겨난 슬픔을 없애야 합니다.

19. 자신을 위해 행복을 구하는 님이라면, 자신에게 있는 비탄과 애착과 근심과 자기 번뇌의 화살을 뽑아버려야 합니다.

20. 번뇌의 화살을 뽑아, 집착 없이 마음에 평안을 얻는다면, 모든 슬픔을 뛰어넘어 슬픔 없는 님으로 열반에 들 것입니다.

부처님은 장자를 따뜻한 말로 위로하는 대신 죽음은 누구도 피할 수 없다는 사실에 바탕을 둔 돌직구를 날립니다. 아마 장자가 말을 알아들을 만한 수준이 된다고 판단한 모양입니다. 그러고는 울며 슬퍼하는 것은 아무 소용이 없을뿐더러 오히려 해가 된다, 그건 무지의 소산이다, 라고 지적한 다음, 비탄과 탐욕과 근심과 자기 번뇌의 화살을 뽑아 집착 없이 평안을 얻는다면 슬픔이 없는 열반에 들 것이라 격려합니다. 세상의 이치는 거스를 수 없는 것이니 집착을 버리고 받아들여야 마음의 평화를 얻는다는 말씀입니다.

불교정신치료의 세 가지 원리

○

지금까지 말씀드린 것을 바탕으로 저는 불교정신치료의 세 가지 원리를 정리했습니다.

첫째 원리는 '몸과 마음의 속성 파악'입니다. 우리의 모든 것은 몸과 마음에서 일어납니다. 괴로움도 몸과 마음에서 일어납니다. 따라서 그 몸과 마음이 어떤 속성을 가지고 있는지를 잘 알 때 병을 치료하고 예방할 수 있습니다.

불교에서는 사람이 오온(五蘊), 즉 색수상행식(色受想行識)으로 구성되어 있다고 봅니다. 여기서 색(色)은 몸, 수상행식은 마음입니다. 마음의 구성요소 가운데 수(受)는 느낌입니다. 상(想)은 우리가 뭔가를 보고 딱 아는 겁니다. '칠판이구나, 마이크구나.' 하고 알고, 처음으로 본 것은 '이거는 이런 것이구나!' 하고 새기는 것입니다. 그래서 그것을 인식 작용이라고 합니다. 행(行)은 우리가 의도, 의지라고 말하는 것입니다. 마지막으로 식(識)은 마음의 근본 작용, 다시 말해 무엇을 아는 것을 말합니다.

이러한 것들이 어떤 속성을 가졌느냐, 다시 말해 몸과 마음이 어떻게 되어서 우리에게 병이 생겼는지, 그리고 어떻게 하면 병이 안 나는지를 아는 것. 이것이 불교정신치료의 첫째 원리입니다.

둘째 원리는 '세상이 움직이는 원리 이해'입니다. 세상은 세상이 움직이는 원리에 따라 움직입니다. 우리의 생각과는 다르게 움직일 수 있습니다. 이런 세상의 원리와 나의 생각이 충돌할 때 괴로움이 오고 그 괴로움을 잘 처리하지 못하면 정신적인 문제가 생깁니다. 괴로움이란 건 일단 하나가 생겨나면 눈덩이처럼 자꾸자꾸 불어나기 쉽기 때문입니다. 그리고 괴로움이 있으면 고통스럽기도 하고 정신적인 문제도 생깁니다. 그래서 이 괴로움을 잘 이해하고 다스리는 게 굉장히 중요합니다. 그것이 불교정신치료의 핵심입니다.

셋째 원리는 우리가 살아가는 데 가장 중요한 것에 대한 것입니다. 괴로움이 발생하지 않으려면 지혜로워야 합니다. 제가 말하는 지혜란, 그저 실제를 있는 그대로 아는 것입니다. 예를 들어 주식시장에 대한 지혜는 주식시장이 어떤 원리로 운영되는지를 아는 것이고, 장사에 대한 지혜는 어떻게 하면 장사가 잘되고 어떻게 하면 망하는지를 아는 겁니다. 사람에 대한 지혜는 상대의 마음속에 지금 무엇이 있는지, 그가 뭘 좋아하고 뭘 싫어하는지, 그 사람하고 잘 지내려면 어떻게 해야 하는지를 아는 겁니다. 죽음에 대한 지혜는 죽었을 때 어떤 현상이 일어나는지 아는 겁니다. 태어남에 대한 지혜는 태어나는 과정을 아는 겁니다.

제가 보기에, 우리의 생각과 실제의 차이만큼 괴로움이 생기고 정신적인 문제가 생깁니다. 정확하게 보면 괴로움도 정신적인 문제도 생기지 않습니다. 그러므로 정신치료의 목표도 결국은 내담자로 하여금 세상과 자기 자신을 정확하게 보도록 하여 생각하고 바라는 것이 세상 돌아가는 것과 맞아 떨어지게끔 이끄는 것입니다. 생각과 바람이 잘 실현되는데 정신적인 문제가 일어날 리는 없을 테니까요. 이런 면에서, 불교정신치료의 셋째 원리는 '지혜 계발'입니다. 자기만의 생각이 아닌 세상과 통하는 지혜로 살아가도록 도와주는 것입니다.

앞으로 이어지는 강의에서 불교정신치료의 세 가지 원리를 좀 더 자세하게 살펴보겠습니다.

제2장.
불교정신치료의 첫째 원리: 몸과 마음의 속성

"우리는 몸과 마음으로 이루어져 있어 그것들의 영향을 받을 수밖에 없습니다. 따라서 몸과 마음을 정확히 알면 우리에게 왜 병이 생기고, 어떻게 해야 병에서 벗어나 정신 불건강에서 정신 건강으로 갈 수 있는지를 이해하게 됩니다. 그래서 저는 '몸과 마음의 속성 이해'를 불교정신치료의 첫째 원리로 소개합니다."

괴로움은 어디서 오는가

○

저는 어떤 문제가 있다면 그 문제가 생긴 원인을 철저히 파악하는 게 제일 중요하다고 항상 생각합니다. 어떤 문제가 생긴 건 그만한 이유가 있기 때문이니 그 원인을 철저히 살피고 그에 맞는 조치를 취해야 합니다. 그래야 결과가 달라질 수 있습니다. 원인은 A인데 그에 맞지 않는 대처를 하면 절대로 원하는 변화가 오지 않습니다. 따라서 문제의 원인을 볼 수 있는 안목을 기르는 것이 중요합니다. 그게 실제를 보는 겁니다. 불교의 사성제가 바로 이 원리를 바탕으로 되어 있습니다.

괴로움은 나로부터 오기도 합니다. 제가 진료실에서 만나는 분들 대부분이 스스로 괴로움을 만듭니다. 환자들은 대부분 스스로 만든 감옥에 들어가 있습니다. 누가 넣은 게 아니라 스스로 들어간 거예요. 그러니 나오는 것도 스스로 나올 수밖에 없습니다. 물론 그 과정에서 타인의 도움이 필요하기는 합니다.

괴로움은 남으로부터 오기도 합니다. 그런데 실제를 잘 살펴보면 남으로부터 괴로움이 오도록 유발하는 무언가를 내가 했기 때문에 그러는 경우가 굉장히 많습니다. 물론 내 의도와 전혀 상관없이 괴로움이 바깥에서 밀려오기도 합니다. 그런데 남으로부터 괴로움이 와도 내가 접수하지 않는 경우도 많습니다. 또 남으로부터 온 괴로움에 대해서 내가 전혀 괴롭지 않게 반응할 수도 있습니다. 따라서 괴로움이란 결국 나를 통해서 온다고 할 수 있습니다. 내가 내 마음을 다스릴 수만 있다면 어떤 것도 나를 힘들게 할 수 없다, 이렇게 볼 수 있습니다. 이 사실을 잘 아셔야 합니다.

괴로움이란 우리가 스스로 감당하지 못하는 것에서 온다고 보시는 게 맞습니다. 누군가 "돈이 없어서 힘들다."고 한다면, 그에게는 돈 없는 상태를 견디지 못하는 마음이 있는 겁니다. "나는 병이 들어서 힘들다."고 한다면 병 있는 상태를 견디지 못하는 마음이 있는 겁니다. 내 정신이 강화되면 어떤 것도 나를 괴롭힐 수 없습니다. 이 모델은 부처님에게서 찾을 수 있습니다. 부처님은 어떤 것도 괴로워하지 않았거든요. 아라한들도 마찬가지입니다. 어떤 것도 괴롭지 않았어요. 대체로 우리는 돈이 없다는 것에, 아프다는 것에, 가족이 화목하지 못하다는 것에, 사회가 불안정하다는 것에 초점을 두곤 하는데, 그 초점을 정신 쪽으로 옮기는 게 좋습니다. 스스로의 정신을 강화하고 스스로를 바꿔낸다면 어떤 것도 우리를 괴롭히지 못합니다. 그렇게 초점을 전환하여 정신을 강화하는 게 바로 불교입니다.

관찰을 통해 몸과 마음의 속성을 안다

○

괴로움은 몸과 마음에서 오는 겁니다. 괴로움을 없애는 것도 몸과 마음에서 이루어집니다. 그런데 괴로움은 본질상 몸으로부터 오지 않습니다. 괴로움은 마음을 통해서 옵니다.

따라서 몸과 마음이 어떤 것인지 우리는 잘 알아야 합니다. 잘 알려면 자세히 관찰해야 합니다. 우리는 대개 생각으로, 들은 대로, 교육받은 대로 '몸은 이런 것이고 마음은 이런 것'이라고 판단합니다. 그런데 그런 우리의 판단은 몸과 마음의 본 모습과는 상관이 없는 경우가 많습니다. 모든 것이 자기 모습을 있는 그대로 드러내고 있는데 우리는 안 보거나 못 보고 있습니다. 우리의 몸과 마음도 마찬가지입니다. 자기 모습을 그대로 드러내고 있습니다. 우리가 잘 관찰하기만 한다면 몸과 마음의 속성을 알 수 있습니다.

부처님은 언제나 알고 본다고 했습니다. 실제를 있는 그대로 보는 것이 불교에서 말하는 지혜입니다. 우리는 실제를 안 보고 생각으로 살고 있습니다. 그렇지만 실제를 보면 우리 생각과 실제가 많이 다르다는 걸 알 수 있습니다.

몸과 마음을 관찰하는 것에는 두 가지가 있습니다. 바로 거시적인 관찰과 미시적인 관찰입니다. 거시적인 관찰이란, 몸과 마음에서 일어나는 현상을 덩어리로 관찰하는 것입니다. 예를 들면 컵을 들 때 컵을 드는 것을 관찰하거나, 천천히 걸으면서 걷는 과정 하나하나를 자각하는 것입니다. 몸과 마음을 덩어리로 관찰하는 것은 굉장히 유용합니다. 몸과 마음의 속성을 알 수 있기 때문입니다. 그렇지만 거시적으로, 덩어리로서의 몸과 마음의 속성밖에 알 수 없다는 한계가 있습니다.

그 다음으로 미시적인 관찰이란, 삼매에 들어 관찰하는 것입니다. 《상윳따 니까야》를 보면 부처님은 '삼매를 닦으면 법을 있는 그대로 볼 수 있다'고 여러 번 말씀합니다. 삼매에는 세 가지가 있습니다. 순간삼매가 있고 근접삼매가 있고 본삼매가 있는데, 선정은 본삼매입니다. 삼매를 닦으면 지혜의 눈이 열려서 궁극적 실재인 정신과 물질을 볼 수 있게 됩니다. 이 두 가지 관찰, 즉 거시적 관찰과 미시적 관찰을 다 하면 인간의 몸과 마음이 어떤 속성을 가졌는지를 한계가 없이 정확하게 모두 알 수 있습니다.

관찰을 할 때 중요한 건, 관찰을 잘할 수 있는 상태에서 관찰하는 것입니다. 번뇌 속에서 관찰하는 것은 조금 곤란합니다. 그건 때가 잔뜩 낀 안경을 쓰고 무언가를 보는 것과 같습니다. 안경을 깨끗이 닦고 봐야 합니다. 불교에서 명상 수련을 강조하는 것이 바로 이 때문입니다. 명상을 하면, 비록 선정에까지는 들지 못하더라도, 관찰을 잘할 수 있는 상태에는 들어갈 수 있습니다.

몸의 속성

○

눈에 보이는 몸은 그나마 관찰이 용이합니다. 그래서 몸에서 일어나는 인과의 법칙은 다들 어느 정도 이해하고 있습니다. 예를 들어 근육을 늘리고 싶으면 운동을 하고 잘 먹으면 된다는 정도는 누구나 압니다. 반면 마음은 잘 보지 못합니다. 마음에서도 인과의 법칙이 작동해서 우리가 어떤 생각을 하면 그것의 결과가 남는데, 그건 눈에 안 보이니까 알기 어렵습니다.

몸과 마음의 속성을 알아보기 전에 중요한 것 하나를 짚고 넘어가겠습니다. 당연한 얘기처럼 들리겠지만, 우리에게 몸이라는 토대 위에 마음이 있고 마음은 대상을 향해 있으며, 그렇기 때문에 우리는 항상 대상의 영향을 받는다는 사실입니다. 몸 – 마음 – 대상을 늘 기억하셔야 합니다. 초기불교에서 아주 중요한 것입니다.

우선 몸에는 두 가지 속성이 있습니다. 하나는 생명활동입니다. 맨눈에는 안 보이지만 우리 몸에서는 활발한 생명활동이 벌어지고 있습니다. 생명활동은 우리가 의도적으로 순간순간 일으키는 것은 아니고 일어날 조건이 되면 일어납니다. 의대를 다닐 때 생리학 강의를 듣고 세포에서 일어나는 일을 알고는 놀란 적이 있습니다. 세포에는 우리 몸에 필요한 전해질을 운반하는 시스템이 있습니다. 예를 들어 나트륨 채널이라는 것이 있는데 그것을 통해 나트륨이 운반됩니다. 그 밖에도 칼륨이나 칼슘 등을 운반하는 여러 채널들이 있는데 굉장히 정교하게 작동합니다. 그것을 보고 우리 몸만큼 정교하고 활발히 가동되는 공장은 세계 어디에도 없을 거라고 생각했습니다.

이러한 생명활동은 중립적인 것입니다. 인과의 법칙에 따라 일어나는 것일 뿐이에요. 미세한 부분에서는 활발히 움직이고 있지만, 어찌 보면 자루처럼 가만히 있습니다. 자루는 그냥 옆으로 가지 않습니다. 누가 자루를 들어서 옮겨야 옆으로 갑니다. 몸은 스스로는 움직이지 않는다, 이것이 몸의 둘째 속성입니다.

몸의 이 두 가지 속성 가운데 '생명활동'에 대해서는 마음이 반응을 합니다. 그리고 자루처럼 있는 몸에 대해서는 마음이 작용을 합니다.

먼저 생명활동에 대해 마음이 어떻게 반응하는지 보겠습니다. 생명활동에 대한 마음의 반응에 따라 우리에게 영향이 옵니다. 몸이 마음의 반응을 거치지 않고 우리에게 그대로 영향을 줄 수는 없습니다. 예를 들어 심장이 쿵쾅쿵쾅 뜁니다. 그러면 어떤 사람은 '내 심장이 아주 튼튼하게 잘 뛰는구나.' 하고 생각할 수 있습니다. 반면 다른 사람은 '이상하다. 심장에 문제가 생긴 거 아냐? 이러다 죽는 거 아냐?'라고 반응할지도 모릅니다. 또 어떤 사람은 '그럴 만한 이유가 있겠지. 병원에 가서 확인해보면 될 거야.'라고 반응할 수도 있겠지요. 중립적인 생명활동에 대해서 이렇게 긍정적, 부정적, 중립적인 반응이 가능합니다.

사람들은 흔히 몸이 아플 때 기분 나빠합니다. 그리고 그걸 당연한 것으로 여기지요. 그런데 그게 당연한 걸까요? 아닙니다. 몸 아플 때 기분 나빠하는 사람은 언젠가부터 몸 아픈 것에 대해서 그런 반응을 하기 시작한 거지 원래 그런 것이 아닙니다. 이 말은 몸 아픈 것에 대한 반응을 바꿀 수 있다는 뜻입니다. 반응을 바꾸면 몸 아픈 것을 다르게 받아들일 수 있습니다.

어떤 사람은 배가 조금만 고파도 짜증을 냅니다. 그는 '배가 고픈데 왜 밥이 없어. 왜 밥을 준비 안 했어. 아! 밥 먹고 싶어. 그런데 밥을 먹을 수 없잖아. 아! 싫어.' 하는 식으로 반응하는 것입니다. 그러지 않고 배고픈 것에 대해 '내가 식욕이 왕성하구나. 지금은 뭘 먹어도 맛있겠다. 더 있다가 먹으면 더 맛있겠구나.' 하는 식으로 반응하면 기분이 좋아질 것입니다. 이와는 달리 '내가 지금 배고픈 상태구나. 내 몸에서 이런 일이 벌어지고 있구나.' 하는 식으로 반응하면 담담해집니다. 마음에서 어떻게 반응하느냐에 따라 영향을 받습니다. 배고플 때 짜증 내는 사람은 배고프면 당연히 짜증이 나는 거라고 생각할 겁니다. 또 배고플 때 짜증 안 내는 사람을 이상하게 볼지도 모릅니다. 그 역시 언젠가부터 배고픈 것에 그렇게 반응하기 시작한 겁니다.

몸의 현상에 대해서 어떤 반응이 있다면 언제부터 그런 반응을 보였나 하고 알아보는 게 필요합니다. 알아보고서 그에 대해 어떻게 반응하는 것이 적절한지, 어떻게 반응하는 것이 자기에게 이익인지를 잘 판단해야 합니다. 몸은 우리에게 통증을 줄 수는 있지만 우리 마음을 괴롭힐 수는 없습니다. 마음이 우리를 괴롭게 할 수 있습니다.

몸이 가만히 있는 속성에는 마음이 어떻게 작용할까요? 마음이 몸이라는 자루를 움직입니다. 수행을 하면 이를 알 수 있습니다. 걷기 명상을 통해서도 알 수 있고 선정을 닦고 난 뒤 마음이 몸을 어떻게 움직이는지를 봐도 알 수 있습니다.

걷기 명상을 하면서 걸을 때 일어나는 현상을 관찰해보면, 발을 들고자 하는 의도가 없으면 발은 절대로 안 들립니다. 들고 난 뒤에 가려고 하는 의도가 없으면 그 이상 안 갑니다. 의도가 몸을 움직입니다. 마음이 가만히 있는 몸을 움직이는 거예요. 선정을 통해서 궁극적 실재인 물질을 보니까 마음에서 만든 물질이 나와서 몸을 움직였습니다. 예를 들어 내가 팔을 들어야겠다는 의도를 내면 마음에서 만든 물질이 심장 토대에 나와서 팔까지 갑니다. 그 물질이 팔에 도착하면 마음에서 만든 물질 중의 바람과 기존에 팔에 있던 바람이 만나 팔을 움직입니다. 또 내가 말해야지 하면 마음에서 만든 물질이 나와서 성대까지 이동하여 마음에서 만든 물질 중의 땅이 성대에 있는 땅과 부딪쳐 소리가 납니다. 그렇기 때문에 우리에게 몸보다 마음이 중요한 겁니다. 모든 것을 마음이 만든다고 말하는 데에는 이런 이유가 있습니다.

마음의 속성

○

이제 마음에 어떤 속성이 있는지 보겠습니다. 마음 역시 몸처럼 두 가지 속성을 갖고 있습니다.

첫째 속성은, 마음이 언제나 대상에 가 있다는 것입니다. 대상에 가 있지 않은 마음은 없습니다. 마음은 언제나 대상에 가서 그 영향을 받습니다. 따라서 정신이 건강하려면 자기 마음이 어느 대상에 가서 어떤 영향을 받는지를 하루 종일 봐야 합니다.

그런데 사실 대상 자체는 건전하고 불건전하거나, 좋고 나쁘고가 없습니다. 건전 불건전, 좋음 나쁨은 마음이 대상을 향할 때 어떤 주의를 기울이느냐에 따라 결정됩니다. 지혜로운 주의를 기울이면 그 대상이 건전하고 좋은 것이 되고, 어리석은 주의를 기울이면 불건전하고 나쁜 대상이 되는 것입니다. 수행할 때 대개 호흡에 집중하는데요, 호흡 그 자체가 건전한 대상인 건 아닙니다. 우리가 호흡에 지혜로운 주의를 기울이고 마음챙김하기 때문에 좋은 결과가 오는 것입니다.

편의상 간략하게 정리하면 이렇게 됩니다. 마음이 좋은 대상에 가 있으면 좋은 결과가 옵니다. 편안하고 행복하고 정신이 건강해집니다. 반대로 마음이 나쁜 대상에 가 있으면 나쁜 결과가 옵니다. 괴롭고 불행하고 정신이 불건강해집니다. 마음의 첫째 원리를 이렇게 정리할 수 있습니다.

여기서 명심해야 할 것은 마음이 한 번에 한 대상에만 간다는 사실입니다. 이게 굉장한 치료적인 함의를 가지고 있습니다. 무슨 뜻이냐면, 불건전한 대상으로 향해 있는 마음을 좋은 대상으로 향하게 하면 불건전한 대상의 영향이 그 순간 딱 끊어지고 좋은 대상의 영향이 시작된다는 것입니다. 그러니까 치료 과정에서 마음이 좋은 대상에 계속 향해 있도록 하는 것, 정확히 말하면 건전하고 좋은 주의를 대상에 계속 기울이도록 하는 것이 무척 중요하다는 뜻입니다. 괴롭고 불행하고 정신이 불건강한 걸 원하는 사람은 아무도 없습니다. 잘 살아보려고 하는데 어리석고 무지해서 마음이 불건전한 대상으로 가는 거예요. 경복궁에 간다고 하면서 경복궁 반대편으로 가면 절대로 경복궁이 나오지 않습니다. 따라서 어떤 것이 건전한 대상이고 어떤 것이 불건전한 대상인지를 분명히 알아야 합니다.

마음은 동시에 두 군데를 절대로 못 갑니다. 잠시 다른 이야기를 하자면, 요즘 멀티태스킹을 한다면서 음악을 들으며 공부하는 사람들이 있는데 그거 착각이에요. 귀는 소리가 들리면 무조건 그리로 갑니다. 눈 역시 뭐가 보이면 무조건 그리로 갑니다. 주의가 눈으로 갔다 귀로 갔다 하는데 집중이 잘 될 리 없습니다. 그러니 정말로 집중해서 무언가를 하려면 딱 그거 하나만 해야 합니다.

둘째 속성은, 마음이 어느 쪽으로 자꾸 가면 그쪽으로 길이 난다는 사실입니다. 마음은 그렇게 구조화돼 있습니다. 《맛지마 니까야》 〈두 가지 사유의 경〉에서 부처님은 당신이 아직 깨닫지 못한 보살이었을 때 사유를 두 가지로 정해서 해보았다고 말씀합니다. 두 가지는 건전한 사유와 불건전한 사유입니다. 건전한 사유는 출리(出離. 세속적인 것에서 벗어남)의 사유, 악의가 없는 사유, 남을 해코지 안 하려는 사유입니다. 불건전한 사유는 감각적 욕망의 사유, 악의가 있는 사유, 남을 해코지 하려는 사유입니다. 그렇게 사유를 두 가지로 정한 후 감각적 욕망의 사유, 악의가 있는 사유, 남을 해코지 하려는 사유를 일으켰을 때 자신에게 도움이 안 되었다고 말씀합니다. 열반에도 도움이 안 되고 지혜가 없어지고 남과 자신을 괴롭히고 곤혹스럽게 해서 멈췄다고 말씀합니다. 그 말씀 끝에 이렇게 덧붙입니다. "비구들이여, 비구가 어떤 것에 대해 사유를 거듭해서 일으키고 고찰을 거듭하다보면 그대로 마음의 성향이 된다." 불건전한 사유를 몇 번 하자 또 하려 한 것을 부처님이 느끼지 않았나 싶습니다.

뒤이어 부처님은 불건전한 사유를 멈추고 나서 출리의 사유, 악의가 없는 사유, 남을 해코지 안 하려는 사유를 하니까 열반에 도움이 되고 지혜가 생기고 남과 자신을 괴롭히지 않고 곤혹스럽게 하지 않았다고 말씀합니다. 그러고서는 다시, 반복하는 것은 마음에 성향이 된다고 덧붙입니다.

저를 찾아온 어느 환자는 생각을 엄청 했더니만 머리에 생각이 꽉 차서 자기를 엄청 압박하는 것 같다고 했습니다. 생각을 많이 하면 생각의 방이 커지고 꽉 차서 그것들이 막 작용하는 것이지요. 마음에 길이 나는 원리는 뒤에서 다시 설명하겠습니다.

지혜로운 주의와 어리석은 주의

○

이제 무엇이 지혜로운 주의이고 무엇이 어리석은 주의인지, 무엇이 건전한 대상이고 무엇이 불건전한 대상인지 알아보겠습니다. 그걸 알아야 지혜로운 주의를 기울여 건전한 대상으로 가고, 어리석은 주의를 거둬들여 불건전한 대상으로 안 갈 수 있으니까요.

간단히 말하면, 지혜로운 주의란 탐욕, 성냄, 어리석음이 없는 주의이고, 어리석은 주의란 탐욕, 성냄, 어리석음이 있는 주의입니다. 우리는 눈, 귀, 코, 혀, 몸, 정신이라는 여섯 가지 감각기관으로 대상을 만납니다. 대상과 만날 때, 그 대상을 궁극적 실재인 정신과 물질로 보면 지혜로운 주의이고 덩어리로 보면 어리석은 주의입니다. 예를 들어 음식을 보고서 '영양소로구나' 하고 알면 지혜로운 주의이고 '소고기로구나' 하고 알면 어리석은 주의입니다.

영양소로구나 – 지혜로운 주의

소고기로구나 – (엄밀한 의미에서) 어리석은 주의

이렇게 대상을 궁극적 실재인 정신과 물질로 보든지 대상을 '변한다, 괴로움이다, 고정된 실체가 아니다, 깨끗하지 못하다'로 보면 지혜로운 주의입니다. 반대로 대상을 '영원하다, 즐겁다, 고정된 실체다, 깨끗하다' 이렇게 보면 어리석은 주의입니다. 사실 지혜로운 주의로 대상과 접하기 위해서는 불교 수행을 하든지 불교 공부를 열심히 해야 합니다. 그러지 않으면 자기는 지혜로운 주의로 보고 있다고 생각하지만 실제로는 아닐 수가 있습니다.

과거, 현재, 미래

○

도식화해서 이야기하면, 현재는 건전한 대상이고 과거와 미래는 불건전한 대상입니다.

현재에 있는 것을 현존이라 합니다. 현존이란 현재를 생각하는 게 아닙니다. '내가 지금 이거 하고 있다.'라고 생각하는 건 현존이 아닙니다. 현존이란 무언가를 할 때 거기에 온 주의를 기울이는 것입니다. 손전등 비추듯이 의식을 거기로 향하는 것입니다. 지금 여기에서 일어나고 있는 것에 몸과 마음이 딱 가 있는 상태입니다.

과거에는 좋은 과거와 안 좋은 과거, 이렇게 두 종류가 있습니다. 좋은 과거는 떠올리면 흐뭇하고 기분 좋고 그러는 추억 같은 것이고, 나쁜 과거는 생각나면 후회되고 화가 나고 뭔가 억울하고 아쉬움이 남는 그런 것입니다. 이 둘 가운데 안 좋은 과거는 당연히 불건전한 대상에 해당됩니다. 그렇다면 좋은 과거는 과연 건전한 대상일까요? 안 좋은 과거보단 훨씬 낫지만 한계가 있습니다.

현재에 충실하고 현재에서 의미 있는 작업을 하고 지혜로운 사람은 추억을 잘 안 떠올립니다. 추억은 좀 힘들고 위로가 필요한 사람들이 떠올립니다. 추억에 잠겼다가 다시 현실로 오면 현재가 힘들어집니다. 추억에 잠기면 현재가 손상을 받습니다. 추억에 잠기는 것도 반복하면 길이 나서 현실을 살아가는 데 지장을 줍니다. 다음에 설명하겠지만 마음이 현재로 갔을 때의 이득과 비교하면 추억하는 것의 이득은 훨씬 적습니다. 이렇게 볼 때 좋은 추억을 건전한 대상으로 분류하여 그 쪽으로 가는 것을 권장할 수 없습니다. 그래서 모든 과거는 불건전한 대상으로 분류할 수 있습니다.

미래에도 좋은 미래와 안 좋은 미래, 이렇게 두 종류가 있습니다. 안 좋은 미래는 떠올렸을 때 걱정되고 불안하고 뭔가 대책을 세워야 하는 그런 것입니다. 좋은 미래는 여행, 방학, 만기가 다가오는 적금, 계획 세우기처럼 기쁨과 설렘을 주는 것입니다. 그렇다면 좋은 미래와 안 좋은 미래는 건전한 대상일까요, 불건전한 대상일까요? 과거를 살펴볼 때 이미 봤듯이 이 둘 모두 엄밀히 말하면 불건전한 대상입니다.

생각 속에서만 우리는 과거와 미래로 갈 수 있습니다. 누가 생각이 많다 그러면 저는 그가 과거로 많이 갈까 미래로 많이 갈까를 봅니다. 과거로 많이 가면 후회와 화가 많기 쉽고, 미래로 많이 가면 불안과 걱정이 많기 쉽습니다.

'기다림'은 어떻게 봐야 할까요? 저는 '추억'하고 똑같은 거라고 봅니다. 현재가 좋지 않으니까, 현재가 만족스럽지 않고 충만하지 못하니까 기다리는 거예요. 기다림이 없는 삶으로 전환하는 게 필요합니다. 예를 들어 친구랑 약속을 했는데 내가 좀 일찍 도착해서 친구 오기를 기다리면 그것도 힘듭니다. 친구가 약속 시각보다 늦게 오면 화가 날 수도 있지요. '나는 먼저 와서 기다렸는데 너는 뭐냐?' 이런 마음이 들 수 있는 거예요. 그럴 때를 대비해 자기가 할 수 있는 무언가를 준비하는 게 좋습니다. 예를 들어 책을 읽는다면, 그 시간이 친구를 기다리는 시간이 아니라 책을 읽는 시간이 됩니다. 그러면 기다리는 데 목을 맬 때보다 정신 건강에 훨씬 좋습니다.

계획도 비슷합니다. 제가 중학생일 때 그랬습니다. 시험이 한 3주 남으면 열심히 계획을 세웁니다. 다음 날부터 공부하는 것으로 계획을 세우고, 계획을 세우는 날은 마음 편히 놉니다. 다음 날 공부가 안 되면 다시 그 다음 날부터 공부하는 것으로 계획을 세우고 그날은 또 놀지요. 이게 며칠 더 반복되다가 결국엔 발등에 불이 떨어집니다. 계획이란 건 어쩌면 지금 하지는 않으면서 자기도 할 수 있다는 위안을 얻기 위해 세우는 것인지도 모릅니다. 하지만 계획 없어서 공부를 못하는 사람은 없을 거예요. 그렇다고 모든 계획이 다 그렇다는 것은 아닙니다. 국가나 회사에서 어떤 일을 진행할 때 어떻게 하겠다고 잡는 계획은 여기에 포함되지 않습니다. 그건 실제입니다. 제가 여기서 문제를 삼는 건 자기가 무언가를 하겠다고 생각만 하는 행태입니다.

안 좋은 과거는 떠오르는 힘이 굉장히 강합니다. 그것은 아직 완료되지 않았기 때문에 기억하기 싫어도 자꾸 떠오릅니다. 따라서 남에게 부당한 처우를 당했거나 스스로 후회하는 일은 정리가 필요합니다. 반면 추억 같이 좋은 과거는 그것으로서 끝난 것입니다. 추억은 필요를 느끼고 끄집어내야 떠오르지 가만히 있으면 잘 안 떠오릅니다. 불안하고 걱정되는 미래도 굉장히 강한 힘입니다. 대책을 세워야 하는 것이기 때문입니다.

우리는 흔히 과거와 미래가 생각이지 실제는 아니라고 여깁니다. 하지만 그 생각들도 본질적으로 보면 실제로 일어난 것입니다. 과거는 딱 한 번 일어난 일입니다. 누구한테 뺨을 맞든 나쁜 소리를 듣든 딱 한 번 일어난 거예요. 두 번 일어난 일은 없습니다. 한 번 일어나면서 통제가 불가능한 것입니다. 이 지나간 일을 우리는 생각으로 계속 일어나게 합니다. 생각으로 일어나는 것은 노력한다면 통제가 가능한 것입니다. 기분 나쁜 생각이 들면, 뇌에서 포도당 대사에 변화가 생기고 뇌의 어느 부분이 활성화됩니다. 그러면서 화학 변화가 일어나지요. 그러면 그것이 또 영향을 줍니다. 과거의 일이 실제로 일어났을 때 어떤 심리적 타격을 받고 뇌에서 화학 변화가 일어났듯이, 생각을 할 때도 다소 차이는 있지만 이 심리적 타격과 화학 변화가 동반됩니다. 열 번 생각하면 열 번 실제로 일어난 일을 당하는 것과 거의 비슷한 영향을 받습니다.

미래도 마찬가지입니다. 미래는 사실 단 한 번도 일어나지 않은 거지만, 그 일을 우리가 생각하는 그 순간만은 실제가 됩니다. 실제가 돼서 심리적 타격을 주고 뇌에 화학 변화를 일으킵니다. 열 번 생각하면 열 번 실제로 사건이 일어나는 거예요. 있지도 않은 일을 우리 스스로 일으켜 자기에게 영향을 주는 겁니다. 그 물질적인 변화가 일시적이면 다시 조화로운 균형 상태로 돌아가겠지만, 수십 일 수백 일 계속되면 불가역적인 변화가 올 수도 있습니다.

저를 찾아오는 환자들이 병난 과정을 차근차근 살펴보면 대체로 이렇습니다. 순탄하고 잘 살아가는 중에 어려운 일에 맞닥뜨립니다. 거기서 자기 힘으로도 이겨내지 못하고 주위의 도움을 받아서도 해결하지 못합니다. 그러면서 그에 대해서 올바르게 연구하고 대처하는 게 아니라, 다시 말해 실제를 있는 그대로 보고 그에 맞게 대응하는 게 아니라 자기만의 생각 속에서 과거와 미래로 왔다 갔다 왔다 갔다 하면서 엄청난 영향을 받습니다. 그렇게 심리적 타격을 받고 뇌의 신경전달물질 대사에도 안 좋은 변화가 생깁니다. 악순환이 계속되면, 심한 경우는 정신병도 되고 신경증도 됩니다. 이 원리에 정신장애와 정신 불건강의 모든 것이 들어 있다고 보아도 무방합니다.

제가 2003년에 수행하고서 깨달은 것 중 하나가 '지금까지 내가 생각을 많이 해서 나를 괴롭혔다'는 사실입니다. 그때부터 생각을 스톱(stop)했습니다. 그랬더니 괴로움이 싹 없어졌습니다. 크고 작은 콤플렉스가 사라졌습니다. 콤플렉스란 생각을 많이 해서 꽉 뭉친 부정적인 생각 덩어리라고 보시면 됩니다. 생각을 많이 하지 않고서는 그런 게 생겨날 수 없습니다. 따라서 그에 대한 생각을 줄이면 콤플렉스에서 벗어날 수 있게 되는 것입니다.

그래서 저는 이렇게 생각합니다. '과거와 미래에 사는 것은 정신 불건강이고 현재에 사는 것은 정신 건강이다.' 현재에서 멀어진 만큼 정신 불건강이 됩니다. 조금 멀어지면 조금, 많이 멀어지면 많이 그렇게 됩니다. 그래서 모든 치료 작업은 환자로 하여금 현재로 돌아오게끔 하는 것이 됩니다. 틱낫한 스님이 "집에 있다(I'm home)."고 말하는 것이 바로 이것이라고 저는 보고 있습니다.

마음에 길이 나는 원리

○

왜 마음에 길이 날까요? 저는 마음에 길이 나는 원리를 2003년에 좌선 수행을 하면서 알게 됐습니다. 앉아서 수행을 하는데 생각이 탁 올라왔습니다. 제가 의도한 것도 아니고 그 생각과 관련된 다른 무언가를 하지도 않았는데 어떤 생각이 그냥 올라온 거예요. 그래서 굉장히 놀랐습니다. '지금까지 생각에 대해 잘못 알고 있었구나!' 하는 놀람 속에서 그 생각이 어디서 올라오는지 계속 관찰했습니다. 그 결과 거대한 생각의 탱크에서 생각이 떠오르는 것을 봤습니다. 그 탱크 속에 든 것들 가운데서 생각이 올라왔습니다.

그때 여러 가지를 알게 되었습니다. 예를 들면 달인의 비밀 같은 것입니다. 아인슈타인이 왜 물리를 잘하냐면, 생각의 탱크에 물리가 꽉 차 있기 때문입니다. 모차르트는 생각의 탱크에 음악이 꽉 차 있어서 수많은 명곡을 작곡할 수 있었습니다. 미국 사람은 영어, 한국 사람은 한국어가 생각의 탱크에 꽉 차 있으므로 말이 즉각적으로 튀어 나오는 겁니다. 그래서 저는 결심했습니다. '올라오기를 바라지 않는 것은 생각의 탱크에 넣지를 말아야겠다.'

생각의 탱크에는 두 가지 특징이 있다는 것도 그때 알았습니다. 첫째, 생각의 탱크는 용량이 엄청나게 큽니다. 둘째, 생각의 탱크에 들어 있는 건 지울 수 없습니다. 컴퓨터에서는 자료를 지울 수 있지만 생각의 탱크에서는 그럴 수 없습니다. 이게 굉장히 중요한 이유는, 자기에게 있는 것은 언제라도 떠오를 수 있기 때문입니다. 예를 들어 바람기가 있는 사람이 수행도 하고 좋은 친구도 만나고 술도 안 먹고 해서 바람기의 영향을 전혀 안 받는 사람이 됐다고 칩시다. 그러면 그 사람이 죽을 때까지 바람기 없는 사람으로 남느냐 하면 그건 아니에요. 어떤 조건이 마련되면, 예를 들어 술도 마시고 바람기 있는 친구도 사귀고 그러면 얼마든지 또 바람기 있는 사람이 될 수 있습니다. 생각의 탱크에 무엇이 들어 있느냐, 또 거기서 무엇이 올라오느냐에 따라 어떤 사람이냐가 결정됩니다.

어떤 경로를 통해서 생각의 탱크에 무언가가 입력되는지도 관찰했습니다. 그랬더니 여섯 가지 경로, 즉 눈, 귀, 코, 혀, 몸, 정신작용을 통해서 입력되었습니다. 눈으로 본 건 다 들어갑니다. 우리 눈은 기능이 탁월한 카메라라서 찍자마자 바로 저장됩니다. 귀로 들은 것, 코로 냄새 맡은 것, 혀로 맛본 것, 몸으로 감촉한 것도 마찬가지로 바로 저장됩니다.

마지막으로, 정신작용을 통해 입력되는 것인데, 이게 굉장히 무서운 겁니다. (제가 볼 때 사람에게서는 눈과 정신작용의 비중이 아주 높습니다.) 예를 들어 두 사람이 영화를 봤습니다. 둘 다 한순간도 졸지 않고 영화를 집중해서 봤습니다. 이러면 눈과 귀로 입력된 것들은 비슷하겠지요. 그런데 한 사람은 본 걸로 끝났고, 다른 사람은 영화를 본 뒤 그에 대해서 생각도 많이 하고 친구들과도 많은 이야기를 나눴습니다. 당연히 후자에게 영화에 관한 훨씬 더 많은 것이 입력되었겠지요.

이 원리를 잘 알면 자기가 어느 때 잘했다, 잘못했다라고 생각하는 습관도 많이 줄어듭니다. 사실 우리는 준비된 만큼만 할 수 있는 거니까요. 그 순간에 잘하려고 한다고 되는 게 아닙니다.

많이 입력된 것은 잘 올라올 수밖에 없습니다. 많이 하면 많이 올라옵니다. 이것이 마음에 길이 나는 원리입니다. 처음으로 호흡 수행을 할 때는 들숨과 날숨을 자주 놓칩니다. 염불 수행도 그렇고 다라니 수행도 마찬가지입니다. 하지만 많이 하면 잘됩니다. 자꾸자꾸 하니까 자꾸자꾸 쉬워지는 것입니다. 그러니 마음이 과거나 미래로 가면 현재로 데려오는 연습을 꾸준히 해야 합니다.

그러면 현재에 있을 때 어떤 이득이 있느냐. 무엇보다도, 과거나 미래로 갔을 때 받는 영향에서 벗어나는 이득이 있습니다. 따라서 현재에 있는 것이 확고해지면 모든 괴로움이 없어질 수 있습니다. 그 다음으로, 현재에 있게 되면 현재 일어나는 것을 지켜보므로 분명한 앎이 생깁니다. 현재 일어나는 걸 정확하게 알 수 있습니다. 마음이 왔다 갔다 하지 않고 한곳에 집중될 뿐 아니라 (보통은) 탐욕, 성냄, 어리석음이 사라지면서 마음에 있는 아는 기능이 고도로 발휘되어 분명한 앎이 생기는 것입니다. 분명한 앎이 생기면 아는 것과 모르는 것이 분명해집니다. 그 결과 생활에 필요한 적절하고 분명한 지혜가 생깁니다. 아는 것과 모르는 것이 마구 뒤섞여 있으면, 모르는 것을 아는 것으로 착각하기도 하고 아는 것을 모르는 것으로 착각하기도 해서 틀린 길로 가기가 쉽거든요. 그런데 이 둘을 분명하게 구분할 수 있게 되니 확실하게 아는 쪽으로 갈 수 있게 되는 것입니다.

현재에 있게 되면 이 밖에도 여러 이득이 있습니다. 현재 하는 일에 충실하게 되어 좋은 일이 많이 축적이 됩니다. 잠도 잘 잘 수 있게 됩니다. 표정도 밝아지고 사람들과의 관계도 좋아지지요. 자신감도 생기고 진정한 힘이 생깁니다. 셀 수 없이 좋은 일이 생깁니다. 그래서 저는 현재를 보물로 여깁니다. 그에 비해 과거와 미래는 독이 섞인 꿀물입니다. 현재가 우리에게 주는 엄청난 이득을 알게 되면 추억을 떠올리거나 미래를 꿈꾸는 일 같은 걸 안 하게 됩니다. 현재의 이득을 아직 잘 모르기 때문에 과거와 미래로 가지만, 현재에 있는 연습을 꾸준히 하면 점점 바뀌어서 다시는 그리로 안 가게 됩니다.

몸과 마음은 우리 것이 아니다

○

우리는 몸과 마음이 우리 것이고 우리 마음대로 움직인다고 생각합니다. 하지만 몸과 마음은 그것들이 움직이는 원리, 다시 말해 원인과 결과의 법칙에 따라 움직일 뿐 우리의 소망은 그 과정에서 눈곱만큼도 작용할 수 없습니다. 그래서 몸과 마음은 우리 것이 아닙니다. 무아입니다. 무아는 몸과 마음이 없는 것이 아니라 내가 통제할 수 있는 몸과 마음이 없다는 것을 말합니다.

관찰을 통해 이 사실을 터득할 수 있습니다. 《상윳따 니까야》 〈무아의 특징 경〉에서 부처님이 첫 제자인 다섯 비구에게 이 가르침을 들려줍니다. 경전을 살펴보겠습니다.

무아의 특징 경

"비구들이여, 물질(色. 몸)은 무아다. 만일 물질이 자아라면 이 물질은 고통이 따르지 않을 것이다. 그리고 물질에 대해서 '나의 물질은 이와 같이 되기를. 나의 물질은 이와 같이 되지 않기를.'이라고 하면 그대로 될 수 있을 것이다.

비구들이여, 그러나 물질은 무아이기 때문에 물질은 고통이 따른다. 그리고 물질에 대해서 '나의 물질은 이와 같이 되기를. 나의 물질은 이와 같이 되지 않기를.'이라고 하더라도 그대로 되지 않는다.

비구들이여, 느낌(受)은…… 인식(想)은…… 심리현상(行)들은…… 알음알이(識)는 무아다. 만일 알음알이가 자아라면 이 알음알이는 고통이 따르지 않을 것이다. 그리고 알음알이에 대해서 '나의 알음알이는 이와 같이 되기를. 나의 알음알이는 이와 같이 되지 않기를.'이라고 하면 그대로 될 수 있을 것이다.

비구들이여, 그러나 알음알이는 무아이기 때문에 알음알이는 고통이 따른다. 그리고 알음알이에 대해서 '나의 알음알이는 이와 같이 되기를. 나의 알음알이는 이와 같이 되지 않기를.'이라고 하더라도 그대로 되지 않는다."

"비구들이여, 이를 어떻게 생각하는가? 물질은 항상한가 무상한가?"

"무상합니다, 세존이시여."

"그러면 무상한 것은 괴로움인가, 즐거움인가?"

"괴로움입니다, 세존이시여."

"그러면 무상하고 괴로움이고 변하기 마련인 것을 두고 '이것은 내 것이다. 이것은 나다. 이것은 나의 자아다.'라고 관찰하는 것이 타당하겠는가?"

"그렇지 않습니다, 세존이시여."

"비구들이여, 이를 어떻게 생각하는가? 느낌은…… 인식은…… 심리현상들은…… 알음알이는 항상한가 무상한가?"

"무상합니다, 세존이시여."

"그러면 무상한 것은 괴로움인가, 즐거움인가?"

"괴로움입니다, 세존이시여."

"그러면 무상하고 괴로움이고 변하기 마련인 것을 두고 '이것은 내 것이다. 이것은 나다. 이것은 나의 자아다.'라고 관찰하는 것이 타당하겠는가?"

"그렇지 않습니다, 세존이시여."

"비구들이여, 그러므로 그것이 어떠한 물질•이건, 그것이 과거의 것이건 미래의 것이건 현재의 것이건 안의 것이건 밖의 것이건 거칠건 미세하건 저열하건 수승하건 멀리 있건 가까이 있건 '이것은 내 것이 아니요. 이것은 내가 아니며, 이것은 나의 자아가 아니다.'라고 있는 그대로 바른 통찰지로 보아야 한다.

• 여기서 '물질'은 '몸'에 국한되지 않은 '물질 일반'을 일컫는다.

비구들이여, 그것이 어떠한 느낌이건…… 그것이 어떠한 인식이건…… 그것이 어떠한 심리현상들이건…… 그것이 어떠한 알음알이건, 그것이 과거의 것이건 미래의 것이건 현재의 것이건 안의 것이건 밖의 것이건 거칠건 미세하건 저열하건 수승하건 멀리 있건 가까이 있건 '이것은 내 것이 아니요. 이것은 내가 아니며, 이것은 나의 자아가 아니다.'라고 있는 그대로 바른 통찰지로 보아야 한다."

"비구들이여, 이와 같이 보는 잘 배운 성스러운 제자는 물질에 대해서도 염오하고 느낌에 대해서도 염오하고 인식에 대해서도 염오하고 심리현상들에 대해서도 염오하고 알음알이에 대해서도 염오한다.
염오하면서 탐욕이 빛바래고, 탐욕이 빛바래기 때문에 해탈한다. 해탈하면 해탈했다는 지혜가 있다. '태어남은 다했다. 청정범행은 성취되었다. 할 일을 다해 마쳤다. 다시는 어떤 존재로도 돌아오지 않을 것이다.'라고 꿰뚫어 안다."

세존께서는 이렇게 말씀하셨다. 다섯 비구는 흡족한 마음으로 세존의 말씀을 크게 기뻐하였다. 이 상세한 설명이 설해졌을 때 다섯 비구는 취착이 없어져서 번뇌들로부터 마음이 해탈하였다.

무상하고 무아니까 괴롭습니다. 나한테 고통만 주는 걸 내가 좋아할 이유가 어디 있습니까? 그래서 싫어하게 되고, 싫어하니까 그에 대한 탐욕이 없어지고, 탐욕이 없어지니까 해탈하는 것입니다. 부처님 가르침은 아주 심플한 구조입니다. 그리고 이 심플한 가르침에 몸과 마음이 완전히 계합하면 아라한이 됩니다.

〈무아의 특징 경〉에서 우리는 우선 몸이 내 것이 아니라는 걸 이해하고 깨쳐야 합니다. 내 것이 아니므로 내 맘대로 안 되고, 몸 자체의 변화 법칙에 따라 변하므로 고통이 생길 수 있다는 것을 관찰을 통해 알아야 합니다. 아침에 눈떠서 밤에 잠들 때까지 계속 관찰하면 이를 알게 됩니다. 몸이 무상하다는 걸 볼 수 있습니다. 무상하므로, 곧 조건에 따라 바뀌므로 내가 원하지 않는 것이 내게 일어나며, 따라서 몸은 내 마음대로 할 수 있는 내 것이 아니라는 걸 깨닫는 데까지 이르게 됩니다.

몸이 내 것이 아니라고 알면 몸이 아파도 이전보다 담담하게 받아들일 수 있게 됩니다. 몸의 고통으로 우울해지거나 하는 것이 줄어듭니다. 배가 고파도 짜증을 덜 내거나 안 내게 됩니다. 몸의 불편함에 따르는 우울이나 짜증 같은 부정적인 마음의 반응은 언젠가 시작되어 자동화된 것입니다. 그래서 쉽게 바뀌지 않습니다. 하지만 몸이 무상하고 무아인 걸 알고 몸의 변화에 담담해지면 그에 따르는 마음의 반응도 점점 담담해집니다. 몸이 내 것이 아니니 몸의 변화에 덜 집착하게 되고, 집착을 덜 하게 되니 몸의 변화를 불편이나 고통으로 해석하는 게 아니라 자연스러운 것으로 수용하게 되기 때문입니다. 처음에는 잘되지 않아 억지로 해야 하지만 반복하면 마음에 길이 납니다.

이렇게 몸의 무상과 무아를 깨달으면 그 다음 단계로 몸의 변화에 대해 반응하는 마음의 무상과 무아를 깨닫기에 이르고, 더 나아가 마음이 어떤 경우에도 무상하고 무아라는 것을 깨닫게 됩니다. 예를 들어 남에게 험담을 듣고 기분이 나빠졌다고 칩시다. 그때 '내가 지금 마음을 가지고 있으면 이런 걸 느낄 수밖에 없다.'고 담담하게 받아들이게 됩니다. 이렇게 몸과 마음에 대해 애착이 없는 상태가 되면 순리대로 살아가는 것입니다. 순리대로 살아가면서 지혜가 많아지면 자기 속의 불건전한 것들이 해결되어 점점 더 진리에 가까워지는 삶을 살게 됩니다.

여기서 주의할 것은 이런 과정을 단계적으로 밟아야 한다는 것입니다. 준비가 안 되어 있는 상황에서 이전의 (한계가 있지만) 도움이 되는 방법들을 마구 버리면 곤란합니다. '음악을 들으면 기분이 좋아지지만 이제는 듣지 않을 거야. 맛있는 음식을 먹으면 몸과 마음에 활력이 붙지만 더 이상 그런 방법에 기대지 않을 거야.'라고 무턱대고 끊어버리면 안 됩니다. 기분을 좋게 하고 몸과 마음에 활력을 주는 것도 하고 몸·마음 관찰 같은 수행도 함께 하면서 집착도 떨어지고 좀 덜 먹어도 관계없게 되는 단계에 이르러야 합니다. 탈 배도 없고 수영도 못하는데 물로 뛰어들면 아주 골치 아프겠지요. 그렇게 되면 자기도 괴롭고 주위 사람들도 괴로워집니다.

몸이 아플 때 마음이 아프지 않는 법

○

《상윳따 니까야》〈나꿀라삐따 경〉에 몸이 아플 때 마음이 아프지 않는 법에 대해서 잘 설명되어 있습니다. 먼저 경전을 살펴보겠습니다.

나꿀라삐따 경

사리뿟따 존자는 이렇게 말했다.

"장자여, 그러면 어떤 것이 몸도 병들고 마음도 병든 것입니까?
장자여, 여기 배우지 못한 범부는 성자들을 친견하지 못하고 성스러운 법에 능숙하지 못하고 성스러운 법에 인도되지 못하고 참된 사람들을 친견하지 못하고 참된 사람의 법에 능숙하지 못하여 물질을 자아라고 관찰하고, 물질을 가진 것이 자아라고 관찰하고, 물질이 자아 안에 있다고 관찰하고, 물질 안에 자아가 있다고 관찰합니다. 그는 '나는 물질이다. 물질은 내 것이다.'라는 〔견해에〕 사로잡힙니다.
그러나 이처럼 '나는 물질이다. 물질은 내 것이다.'라는 〔견해에〕 사로잡힌 자의 물질(몸)은 변하고 다른 상태로 되어가기 때문에 그에게는 근심·탄식·육체적 고통·정신적 고통·절망이 일어납니다."

"그는 느낌을 자아라고 관찰하고, 느낌을 가진 것이 자아라고 관찰하고, 느낌이 자아 안에 있다고 관찰하고, 느낌 안에 자아가 있다고 관찰합니다. 그는 '나는 느낌이다. 느낌은 내 것이다.'라는 〔견해에〕 사로잡힙니다.
그러나 이처럼 '나는 느낌이다. 느낌은 내 것이다.'라는 〔견해에〕 사로잡힌 자의 느낌은 변하고 다른 상태로 되어가기 때문에 그에게는 근심·탄식·육체적 고통·정신적 고통·절망이 일어납니다."

"그는 인식을 자아라고 관찰하고, 인식을 가진 것이 자아라고 관찰하고, 인식이 자아 안에 있다고 관찰하고, 인식 안에 자아가 있다고 관찰합니다. 그는 '나는 인식이다. 인식은 내 것이다.'라는 〔견해에〕 사로잡힙니다.
그러나 이처럼 '나는 인식이다. 인식은 내 것이다.'라는 〔견해에〕 사로잡힌 자의 인식은 변하고 다른 상태로 되어가기 때문에 그에게는 근심·탄식·육체적 고통·정신적 고통·절망이 일어납니다."

"그는 심리현상들을 자아라고 관찰하고, 심리현상들을 가진 것이 자아라고 관찰하고, 심리현상들이 자아 안에 있다고 관찰하고, 심리현상들 안에 자아가 있다고 관찰합니다. 그는 '나는 심리현상들이다. 심리현상들은 내 것이다.'라는 〔견해에〕 사로잡힙니다.
그러나 이처럼 '나는 심리현상들이다. 심리현상들은 내 것이다.'라는 〔견해에〕 사로잡힌 자의 심리현상들은 변하고 다른 상태로 되어가기 때문에 그에게는 근심·탄식·육체적 고통·정신적 고통·절망이 일어납니다."

"그는 알음알이를 자아라고 관찰하고, 알음알이를 가진 것이 자아라고 관찰하고, 알음알이가 자아 안에 있다고 관찰하고, 알음알이 안에 자아가 있다고 관찰합니다. 그는 '나는 알음알이다. 알음알이는 내 것이다.'라는 〔견해에〕 사로잡힙니다.
그러나 이처럼 '나는 알음알이다. 알음알이는 내 것이다.'라는 〔견해에〕 사로잡힌 자의 알음알이는 변하고 다른 상태로 되어가기 때문에 그에게는 근심·탄식·육체적 고통·정신적 고통·절망이 일어납니다.
장자여, 이것이 몸도 병들고 마음도 병든 것입니다."

"장자여, 그러면 어떤 것이 몸은 병들었지만 마음은 병들지 않은 것입니까?
장자여, 여기 잘 배운 성스러운 제자는 성자들을 친견하고 성스러운 법에 능숙하고 성스러운 법에 인도되고 참된 사람들을 친견하고 참된 사람의 법에 능숙하여 물질을 자아라고 관찰하지 않고, 물질을 가진 것이 자아라고 관찰하지 않고, 물질이 자아 안에 있다고 관찰하지 않고, 물질 안에 자아가 있다고 관찰하지 않습니다. 그는 '나는 물질이다. 물질은 내 것이다.'라는 〔견해에〕 사로잡히지 않습니다.
이처럼 '나는 물질이다. 물질은 내 것이다.'라는 〔견해에〕 사로잡히지 않은 자의 물질은 변하고 다른 상태로 되어가지만 그에게는 근심·탄식·육체적 고통·정신적 고통·절망이 일어나지 않습니다.

"그는 느낌을 자아라고 관찰하지 않고, 느낌을 가진 것이 자아라고 관찰하지 않고, 느낌이 자아 안에 있다고 관찰하지 않고, 느낌 안에 자아가 있다고 관찰하지 않습니다. 그는 '나는 느낌이다. 느낌은 내 것이다.'라는 〔견해에〕 사로잡히지 않습니다.
이처럼 '나는 느낌이다. 느낌은 내 것이다.'라는 〔견해에〕 사로잡히지 않은 자의 느낌은 변하고 다른 상태로 되어가지만 그에게는 근심·탄식·육체적 고통·정신적 고통·절망이 일어나지 않습니다."

"그는 인식을 자아라고 관찰하지 않고, 인식을 가진 것이 자아라고 관찰하지 않고, 인식이 자아 안에 있다고 관찰하지 않고, 인식 안에 자아가 있다고 관찰하지 않습니다. 그는 '나는 인식이다. 인식은 내 것이다.'라는 〔견해에〕 사로잡히지 않습니다.
이처럼 '나는 인식이다. 인식은 내 것이다.'라는 〔견해에〕 사로잡히지 않은 자의 인식은 변하고 다른 상태로 되어가지만 그에게는 근심·탄식·육체적 고통·정신적 고통·절망이 일어나지 않습니다."

"그는 심리현상들을 자아라고 관찰하지 않고, 심리현상들을 가진 것이 자아라고 관찰하지 않고, 심리현상들이 자아 안에 있다고 관찰하지 않고, 심리현상들 안에 자아가 있다고 관찰하지 않습니다. 그는 '나는 심리현상들이다. 심리현상들은 내 것이다.'라는 〔견해에〕 사로잡히지 않습니다.
이처럼 '나는 심리현상들이다. 심리현상들은 내 것이다.'라는 〔견해에〕 사로잡히지 않은 자의 심리현상들은 변하고 다른 상태로 되어가지만 그에게는 근심·탄식·육체적 고통·정신적 고통·절망이 일어나지 않습니다."

"그는 알음알이를 자아라고 관찰하지 않고, 알음알이를 가진 것이 자아라고 관찰하지 않고, 알음알이가 자아 안에 있다고 관찰하지 않고, 알음알이 안에 자아가 있다고 관찰하지 않습니다. 그는 '나는 알음알이다. 알음알이는 내 것이다.'라는 〔견해에〕 사로잡히지 않습니다.

이처럼 '나는 알음알이다. 알음알이는 내 것이다.'라는 〔견해에〕 사로잡히지 않은 자의 알음알이는 변하고 다른 상태로 되어가지만 그에게는 근심·탄식·육체적 고통·정신적 고통·절망이 일어나지 않습니다.

장자여, 이것이 몸은 병들었지만 마음은 병들지 않은 것입니다."

사리뿟따 존자는 이렇게 말했다. 나꿀라삐따 장자는 마음이 흡족해져서 사리뿟따 존자의 말을 크게 기뻐하였다.

몸이 아플 때 마음이 안 아파야 합니다. 사리뿟따 존자가 그 방법을 잘 설명했습니다. 몸을 잘 관찰하고서 '아, 이것은 내 말도 안 듣고 자기가 처한 조건에 따라서 변하고 내가 원하지 않는 괴로움도 안겨준다. 이것은 내 것이 아니다.'라고 알고, 이 앎을 항상 잊지 않는 것입니다. 그러면 몸에서 어떤 변화가 올 때, 예를 들어 감기로 몸이 아플 때 '몸은 원래 그런 거야.' 하고 수긍하게 됩니다. 어디가 찢어져서 피가 흐르면 '찢어지면 쓰라리고 피가 나는 거야.' 하고 그대로 아는 거예요. 있는 그대로, 몸은 원래 그런 거야 하면서 전혀 동요가 없는 상태가 몸이 아플 때 마음이 안 아픈 것입니다.

마음이 아플 때 마음이 또 아프지 않는 법

○

우리는 마음이 아플 때 마음이 또 아프게 되곤 합니다. 마음이 아플 때 마음이 또 아픈 게 무엇일까요? 예를 들어 아주 친한 친구가 나를 배신한다면 큰 충격을 받을 것입니다. 이것이 마음이 아픈 것입니다. 대부분은 여기서 그치지 않고 배신감에 치를 떤다든가, 다시는 사람을 믿지 말아야겠다고 생각한다든가 하는 단계로 넘어갑니다. 어떤 사람은 가까운 사람이 세상을 떠났을 때 그 슬픔을 이기지 못하고 스스로 목숨을 끊기도 합니다. 이렇게 2차로 마음이 괴로운 것이 마음이 아플 때 또 아픈 것입니다. 마음이 또 아플 때 2차, 3차, 4차 그리고 더 연쇄적으로 마음이 아플 수 있습니다. 이럴 때 우리는 심각하게 마음이 아프게 됩니다.

따라서 마음이 아플 때 마음이 또 아프지 않게 되는 것이 중요합니다. 마음이 2차로 아픈 것은 피할 수 있습니다. 어떻게 그럴 수 있을까요? 몸이 아플 때 마음이 아파지는 것을 피하는 것과 원리가 같습니다.

마음은 느낌, 인식, 의도, 아는 기능, 이렇게 네 가지로 되어 있습니다. 몸을 관찰할 때처럼 이 네 가지를 자세히 관찰해보면 마음도 몸처럼 주어진 조건에 맞춰 자체 변화의 법칙에 따라서 변하는 걸 알게 됩니다. 우리가 개입해서 좌지우지할 수 있는 게 아닙니다. 마음은 내 마음대로 할 수 있는 게 아닙니다. 그렇게 작동하는 마음은 우리가 원하지 않는 괴로움도 안겨줍니다. 몸처럼 마음 역시 무상하고 무아이며, 우리가 집착할 때 괴로움을 줍니다. 이 사실을 잘 알고서 삶에 적용하는 것입니다.

예를 들어 화가 나거나 슬플 때 우리는 보통 '내가 화를 낸다' '내가 슬프다'라고 생각하는데 그게 아닙니다. 화가 날 만한 조건이 되면 화가 나는 거고, 슬플 만한 조건이 되면 슬퍼지는 것입니다. 관찰을 통해 이를 보는 능력이 생기면 그때부터 마음이 2차로 아파지는 데서 벗어날 수 있게 됩니다. '나'라는 잣대가 떨어져 나가서, '내 마음'이 그냥 '마음'으로 되기 때문입니다. 몸처럼 마음도 언제나 그냥 있는 겁니다. 그냥 제 법칙에 따라 변화하는 것일 뿐입니다. 하지만 마음을 내 것이라고 생각하기 때문에 이런 변화를 못 받아들이고 괴로워하게 되는 것입니다. 이걸 잘 알고 있는 사람은 어떤 정신 현상과 함께 괴로움이 일어나면 그 순간 '정신이란 원래 그런 거야.' 하면서 딱 멈춥니다. 멈춰서 흔들리지 않고 관찰하게 됩니다. 그러면 그것이 또 조건에 따라 다른 걸로 변하는 걸 보고 있는 그대로 수용하게 됩니다. 스스로를 괴롭히는 단계로 안 넘어가는 거예요.

인과의 법칙에 따라 어떤 현상이 생겨났을 때 거기에만 머무르고 더 이상 진전되지 않도록 하는 노력을 꾸준히 해야 합니다. 몸과 마음 모두에서 그렇습니다.

몸과 마음이 내 것이 아니라는 것을 알면 오는 변화

○

지금까지 살펴보았듯이, 몸과 마음이 내 것이 아니라는 것을 분명하게 알면 몸과 마음에서 일어나는 현상에 대해서 좀 담담해집니다. '몸이 아프네. 이렇다가 죽는 거 아냐?'에서 '몸이 아플 만한 이유가 있겠지.'로, '화가 나서 미치겠다.'에서 '화가 날 만한 조건이 있나 보다.'로 바뀌면서 스스로에게 끼치는 부정적인 영향이 줄어듭니다. 이렇게 화가 덜 나고 덜 부정적으로 되는 것이, 몸과 마음이 내 것이 아님을 아는 데서 오는 정신치료적 효과입니다.

이런 변화는 실제의 인간관계도 바꿔놓습니다. 자기뿐 아니라 남도 그렇게 보게 되기 때문입니다. 누군가가 나를 공격하면 '저 사람이 나를 공격할 만한 조건이 있나 보다.' 하고 보는 것이지요. 나를 공격하고 무시하는 사람에게 당한 것을 되갚을 생각을 하지 않고 그의 처지를 헤아리게 되는 것입니다. 상대가 지금 어떤 상황 속에 있으며, 그 상황을 바꾸지 못하면 그의 괴로움들이 계속될 거라는 것, 그리고 그런 반응이 일어날 수 있는 정신적인 구조를 자신 역시 지니고 있다는 사실을 늘 놓치지 않는 것입니다. 그 결과 가족, 직장, 친구 사이에서 생겨나는 인간관계 문제를 있는 그대로 보고 받아들이게 됩니다. 분노가 줄고, 상황을 근본적으로 개선하기 위해서 노력하게 됩니다.

제 삶 속에서 관찰을 해보니, 몸이 아플 때 마음이 동요되지 않고 편안하게 있을 때는 마음이 동요되어 불안해하고 초조해하고 화낼 때보다 몸이 훨씬 빨리 회복되었습니다. 마음이 아플 때 마음이 2차로 아파지는 걸 멈추면, 마음은 아주 빨리 원상태로 돌아옵니다. 금방 맑고 편안한 마음이 됩니다. 일단 이런 경험을 하면, 다음에 비슷한 상황이 벌어졌을 때 선택이 달라집니다. 당연히 마음이 건강해지는 쪽을 선택하게 됩니다.

몸이 안 아플 수 없습니다. 하지만 마음의 아픔은 우리의 노력 여하에 따라 있을 수도 있고 없을 수도 있습니다. 아라한도 몸이 아픕니다. 그렇지만 정신적인 괴로움은 없습니다.

몸과 마음이 아플 때는 몸과 마음의 실체를 정확히 아는 깨달음의 순간으로 전환될 수 있습니다. 일상이 곧 수행입니다. 그건 그렇게 어려운 일이 아닙니다. 그 시작은 아침에 눈떠서 밤에 잠들 때까지 잘 관찰하는 것입니다. 머리로만 생각하는 건 한계가 있습니다.

생각의 속성

○

마음은 여러 가지 작용을 합니다. 생각, 감정, 인식, 의지, 의식이 전부 마음 작용입니다. 우리는 이러한 마음 작용의 영향 아래 있습니다. 이들의 속성을 정확히 알아야 합니다. 그러면 괴로움과 정신적 문제를 해결하는 데 도움을 얻을 수 있습니다.

마음 작용들의 속성은 똑같습니다. 전부 조건에 따라 떠오르는 것이지 내가 하는 게 아닙니다. 다만 내용이 다르니까 '생각'이라 이름 붙이고 '감정'이라 이름 붙이고 '의지'라고 이름 붙일 뿐입니다.

우리에게 영향을 주는 마음 작용들 가운데 대표는 생각입니다. 사실 생각만 정확하게 알고 잘 다스려도 정신적 문제가 많이 사라집니다. 따라서 우리는 생각 전문가가 되어야 합니다. 자기의 생각에 대해서 잘 알고 생각을 잘 다스리는 사람이 된 다음 다른 사람을 도와줄 수 있어야 합니다.

우리는 머릿속에 떠오르는 것의 영향을 받습니다. 생각이 떠오르면 생각의 영향을 받지요. 이미 언급했듯이 생각은 과거나 미래로 가 있는 건데, 과거가 생각난다면 과거에 일어난 일이 한 번 더 내 앞에서 재현되는 것과 마찬가지 영향을 받습니다. 심리의 변화와 뇌의 화학적인 변화로 영향을 받는 겁니다. 저는 여태껏 진료실에서 만난 환자 가운데 생각이 적은 사람을 보지 못했습니다. 거의 다 상상을 초월할 정도로 생각이 많은 분들이었습니다. 저와 마주하고 있으면서도 딴 생각에 빠져 있습니다. 생각을 멈출 수 없다는 분도 많습니다.

생각을 우리는 통제하지 못합니다. 그런데 대체로 우리는 자기 생각을 스스로 통제할 수 있다고 생각합니다. 자기가 어떤 생각을 할지 결정할 수 있을 뿐 아니라 생각하고 안 하고를 선택할 수 있다고 여깁니다. 왜 그럴까요? 첫째, 생각이 굉장히 빨리 일어나기 때문입니다. 그래서 웬만큼 관찰력이 뛰어나지 않으면 생각이 어떻게 일어나는지를 관찰하지 못합니다. 둘째, 우리가 쓰는 언어 습관 때문입니다. "너도 생각 좀 해봐라." "네 생각은 어때?" "생각 없이 살면 안 된다." "생각해서 말해라." 등 우리는 말을 하면서 생각을 하는 주체를 거의 늘 상정합니다. 이런 언어 습관의 영향을 받을 수밖에 없겠지요. 마지막으로 셋째, 생각을 할 때 보통은 연관된 생각들이 꼬리에 꼬리를 무는데 자기가 이 연쇄 속에서 생각을 했다고 느낍니다. 사실은 앞 생각이 선행 조건이 되어 뒤 생각을 부른 건데 말이지요.

눈을 감고 어떤 생각을 만들어서 한번 해보세요. 내가 이 생각을 해야겠다고 의도해서 생각을 해보세요. 어떤 생각이 떠오릅니까? (수강생) "강의 끝나면 집에 가야겠다는 생각이요." 그 생각이 떠오르기 전에 그 생각을 해야겠다고 맘을 먹었습니까, 아니면 그 생각이 그냥 떠올랐습니까? 그 생각이 떠오를지 예측이 가능했습니까? (수강생) "예측 못했습니다. 생각을 해보라는 말을 듣고 그 생각이 그냥 떠올랐습니다."

우리는 어떤 생각이 떠오를지 예측할 수 없습니다. 어떤 생각을 해야겠다고 의도할 수도 없습니다. 생각은 그냥 탁 하고 떠오릅니다. 내일 계획을 잡아볼까 하는 생각에 이런저런 생각들이 꼬리를 물고 일어나는데, 뒤 이어 일어난 생각들은 내가 의도한 것입니까? 내일 계획을 잡겠다고 그냥 탁 떠오른 생각이 그 생각들을 불러낸 것이지 내가 그 생각들을 불러낸 것이 아닙니다. 우리는 그 과정에 개입할 수 없습니다. 그런데 우리가 오랜 습성에 따라서 자기가 생각을 했다고 착각하고 있는 것입니다. 사실은 그 생각들이 일어날 수 있는 조건이 자기 안에서 형성된 것입니다. 뇌가 엄청나게 빠른 속도로 움직이는 가운데 순식간에 자동으로 그렇게 되는 것입니다. 알파고가 바둑을 둘 때 다음 수를 순식간에 처리하는 것과 비슷합니다. 자기를 꾸준히 잘 관찰하면 이 사실을 보게 됩니다.

부처님도 이런 말씀을 했습니다. "'생각해보라', 이건 관습적으로 한 말이다." 우리가 관습적으로 '생각해보라'고 하는 것이지, 사실은 그게 아니라는 뜻입니다. 빠알리어로는 etad ahosi, '이것이 있었다' '이 생각이 났다'입니다. 영어에서도 It occurred to me, '그것이 나에게 떠올랐다'입니다. '미국 심리학의 아버지'라고 불리는 윌리엄 제임스는 '비가 온다(It rains)', '바람이 분다(It blows)' 하듯이 '생각이 난다(It thinks)'라고 해야 한다고 말했습니다. '내가 생각한다(I think)' '네가 생각한다(You think)'라고 하면 안 된다는 것입니다. 비가 오고 바람이 부는 것이 조건에 따라 이뤄지듯이 조건에 따라서 생각이 올라오기 때문입니다.

무엇이 올라오느냐? 우리에게 입력되어 있던 것이 떠오릅니다. '입력된 것이 나'라고 봐도 무방합니다. 그래서 입력할 때 굉장히 조심해야 합니다. 피부에 상처가 난 사람이 균을 피해 다니듯 그렇게 조심해야 합니다. 무언가가 들어와서 내게 영향을 주고 내가 될 뿐만 아니라 심지어 나를 파괴할 수도 있기 때문입니다.

참고로 불교에서는 존재를 유지하도록 돕는 음식에 네 가지가 있다고 봅니다. 첫째는 우리가 입으로 먹는 음식입니다. 둘째는 접촉입니다. 대상에 접촉이 안 되면 우리는 존재할 수가 없습니다. 접촉을 통해서 무언가가 입력됩니다. 누구를 만나고 무언가를 보고 하는 것이 존재에 양분을 공급하는 것입니다. 셋째는 의도입니다. 의도가 있어야 업(業)이 되고 업이 있어야 존재할 수 있습니다. 넷째는 식(識)입니다. 식은 마음입니다. 마음이 없으면 우리는 존재할 수 없습니다.

화 안 내는 마음 시스템 만들기

○

있는 그대로 자세히 보면, 외부 세계는 결코 우리에게 직접 영향을 주지 못합니다. 외부 세계에 대한 우리의 반응이 우리에게 영향을 줍니다. 사람들은 보통 외부에서 일어난 일이 우리에게 바로 영향을 준다고 생각합니다. 그래서 그것이 없어지지 않으면 괴로움에서 벗어날 수 없다고 봅니다. 하지만 그렇지 않습니다. 외부 세계가 그대로 있더라도 그에 대한 우리의 반응이 바뀌면 우리가 받는 영향도 달라질 수 있습니다.

물론 외부 세계가 있기 때문에 우리 머릿속에 외부 세계와 관련된 생각이 들기는 합니다. 그렇지만 실제로 우리를 움직이는 것은 우리 머릿속에 든 생각입니다. 그 머릿속에 든 생각이 긍정적이면 긍정적인 영향을 받고, 부정적이면 부정적인 영향을 받습니다. 사실은 긍정적인 것 자체가 긍정적인 반응입니다.

운전 중에 옆 차선에 있던 자동차가 갑자기 내 차 앞으로 끼어들어 화가 났다고 가정해볼까요. 보통 우리는 이럴 때 끼어든 차가 우리의 화를 직접 유발했다고 생각합니다. 그런데 이 상황을 가만히 분석해서 보면 그 사이에 하나가 더 있습니다. 끼어드는 차가 있고, 그 사건에 대한 나의 판단이나 반응이 있고, 그 결과인 화가 있습니다. 이 구조에서 결과인 화가 없으려면 무엇이 바뀌어야 합니까? 첫째, 끼어드는 차가 없으면 화가 날 게 없습니다. 시작이 안 되니까요. 둘째, 끼어든 차가 있더라도 화를 유발하지 않는 판단이나 반응을 하면 화가 안 납니다. 예를 들어 이렇게 생각하는 것입니다. '사정이 급한 모양이다. 나도 저랬을 때가 있었지.' 바로 이 둘째 지점에 주목해야 합니다. 외부 사건에 대한 판단과 반응을 바꾸어서 화가 나지 않게 되면, 밖에 무엇이 있든 간에 화를 내지 않는 사람이 될 수 있습니다. 초점을 여기에 두는 게 불교입니다. 그러지 않고 외부의 조건을 바꾸는 데만 집중한다면 우리는 끝없이 화낼 수밖에 없게 됩니다. 우리를 화나게 할 수 있는 요인은 산더미처럼 많고, 우리는 그것들의 극히 일부만을 바꿀 수 있기 때문입니다. 관찰을 해보면 반응이 성숙하지 못한 사람들은 계속 화를 냅니다. 이럴 때도 화를 내고 저럴 때도 화를 냅니다.

우리가 통제할 수 있는 것은 자기의 내면 상황입니다. 외부 상황은 통제가 가능하지 않습니다. 따라서 어떤 현상이 일어나면 즉시 그 현상을 정확하게 파악하고 어떻게 하는 것이 최선인가를 볼 수 있도록 연습해야 합니다. 화는 순간적으로 일어나기 때문에, 그런 훈련이 부족하여 화 안 내는 시스템이 마련되어 있지 않으면 화를 피하기란 쉽지 않습니다.

유태계 정신과 의사인 빅토르 프랑클은 제2차 세계대전 당시 유태인 수용소로 끌려갑니다. 조금 전까지만 해도 함께 밥을 먹던 사람이 한순간 시체로 돌변하는 극한 상황에서 그는 독특한 현상을 관찰합니다. 생존을 위해 자기를 챙기기에도 바쁜 그곳에서도 음식을 나누고 타인을 위로하는 등 의미 있는 행동을 하는 사람이 있었던 것입니다. 빅토르 프랑클 역시 그러한 부류였는지 한 줌의 자유도 허락되지 않던 그곳에서 의미 있는 삶을 일구어나갔고, 결국 살아남았습니다. 외부 상황이 자기의 모든 걸 빼앗아 간다 해도 스스로 판단하고 태도를 취하는 내면의 자유는 건드릴 수 없다는 걸 깨달은 그는 로고테라피(Logotherapy)를 창시하여 많은 이에게 도움을 줍니다. 빅토르 프랑클은 자신의 수용소 체험을 통해서 마음에 대해 알고는 다음과 같이 말했다고 합니다. "남이 나에게 무슨 짓을 할 수 있어도 내 마음은 나만이 어떻게 할 수 있다."

무엇이 생각을 일으키는가

○

《앙굿따라 니까야》〈더러움 경〉을 보면 부처님은 나쁘고 불건전한 생각을 파리 떼에 비유했습니다. 파리가 더럽고 비린 것이 있는 장소에 몰려들듯이 나쁘고 불건전한 생각은 탐욕과 악의를 따라다닌다고 말씀합니다. "비구여, 탐욕이 더러움이고 악의가 비린내며 악하고 해로운 생각이 파리이다. 비구여, 참으로 자신을 더럽게 하여 비린내를 풍기면 파리들이 그대에게 몰려들지 않을 것이고 공격하지 않을 것이라는 그런 경우는 없다. '눈과 귀 보호하지 않고 감각기능들 제어하지 않는 자에게 욕망을 의지하는 나쁜 생각이라는 파리 떼가 몰려드나니 더러움을 만들어 비린내를 풍기는 비구는 열반으로부터 멀리 있고 오직 괴로움을 겪으리.'"

탐욕과 악의, 조금 더 확장시키면 탐욕, 성냄, 어리석음이 있을 때 생각이 든다고 보시면 됩니다. 왜 그럴까요? 예외는 있겠지만, 우리는 대부분 모르기 때문에 생각을 합니다. 지혜가 있고 잘 아는 사람들은 절대로 생각을 안 합니다. 이미 알고 있으니 생각을 할 필요가 없는 것입니다. 모르고, 욕심이 있고, 화가 있기 때문에 어떻게 해보려고 자꾸 생각하는 것입니다.

그래서 우리 속에서 탐욕, 성냄, 어리석음이 없어지면 안 좋은 생각이 사라지고, 마음이 하나의 대상에 집중된 선정 상태에는 모든 생각이 끊어지게 됩니다. 비구와 비구니 들의 깨달은 삶을 담은 〈장로게〉와 〈장로니게〉를 보면 사리불을 비롯한 아라한들이 "나는 생각이 끊어진 경지에 도달했다. 나는 성스러운 침묵 속에 있다." 이렇게 읊는 장면이 나옵니다. 선정에 들었을 때 생각 자체가 완전히 없어져 아무것도 떠오르지 않되 생생하게 깨어 있는 경지가 이렇게 표현된 것 같습니다.

생각을 다스리면 욕망도 다스릴 수 있다

○

생각을 알아차리는 것은 쉽지 않습니다. 왜냐하면 생각은 자동으로 이뤄지고 굉장히 빨리 미세하게 일어나기 때문입니다. 관찰력이 좋지 않으면 생각이 일어나는 순간을 잡을 수가 없어요. 그 순간을 못 잡으니 처음 일어난 생각에 이어 연쇄적으로 일어나는 것들을 통제하기 어렵습니다.

생각하고 있다는 걸 자각하는 게 보통 명상입니다. 명상을 해보면 처음 깨닫는 것이 '내가 이렇게 생각을 많이 하나!'입니다. 이전에도 생각을 그렇게 많이 하긴 했지만 자각하지 못하던 것을 명상을 하면 알아차리기 시작하는 겁니다.

자기한테 무엇이 일어나는지를 보기 시작하는 건 엄청나게 큰 수확입니다. 생각을 하는 도중에 '아 내가 생각하고 있었구나.' 하고 알아차리든, 생각이 미세하게 일어나려고 할 때 탁 알아차리든, 이렇게 생각을 계속해서 알아차리면 발전이 이뤄집니다. 제일 좋은 것은 첫 생각이 일어날 때 탁 알아차리는 것입니다. 그러면 생각이 나자마자 바로 사라져 없어집니다. 이게 불꽃놀이를 구경하는 것과 비슷합니다. 불꽃놀이에서 불꽃을 쏘아 올리면 팡 하고 터지고 바로 꺼지거든요. 그 다음엔 흔적도 없이 사라지지요. 생각이 날 때 알아차리면 바로 그런 느낌이 듭니다. 생각이 나자마자 탁 사라지는 느낌입니다.

생각 다스리는 게 잘되면 욕망도 다스릴 수 있게 됩니다. 생각이든 욕망이든 마음에서 일어나는 것인데 원리는 동일하거든요. 그러니 첫 생각을 바로 알아차려서 생각의 연쇄를 잡듯이, 첫 욕망을 바로 알아차리면 욕망의 연쇄 및 그에 따른 부작용을 다스릴 수 있습니다.

요즘 폭식이나 과식 같이 먹는 일을 잘 다스리지 못하는 사람들이 있습니다. 먹고자 하는 욕망을 관찰해보면, 처음에 미세하게 일어나는 것을 자각할 수 있습니다. 그때 탁 알아차리면, 먹고자 하는 욕망이 사라져서 어렵지 않게 안 먹을 수 있습니다. 성욕을 잘 처리하지 못해서 사회적인 문제가 일어나는 일도 종종 있는데, 이 역시 마음을 잘 관찰하여 미세한 성욕이 일어났을 때 바로 알아차려서 다스릴 수 있습니다. 처음에 일어나는 미세한 어떤 것을 알아차리고 내려놓을 수 있으면 그게 그렇게 어렵지 않습니다.

그렇게 되려면 몸이 움직이는 걸 먼저 관찰하는 훈련을 해야 합니다. 몸은 마음보다 둔하기 때문에 몸 관찰은 마음 관찰보다 좀 쉽습니다. 관찰하기 쉬운 몸을 충분히 관찰하는 사이 알아차리는 힘이 커져서 미세한 마음도 관찰할 수 있게 됩니다. 몸 관찰의 또 하나의 장점은 대비입니다. 같은 종류의 것 사이에서 차이를 알아차리는 것은 사실 좀 어렵습니다. 마음만 관찰하면 마음의 미세한 움직임 같은 게 잘 안 보일 수가 있어요. 그런데 몸을 관찰하는 중에 생각이나 욕망이 일어나면,

몸과 마음의 대비 때문에 그게 선명하게 보입니다.

그렇다면 어느 정도로 몸 관찰을 해야 할까요? 아침에 눈떠서부터 밤에 잠들 때까지 계속 관찰해야 합니다. 그렇게 관찰하면 얼마 만에 마음의 미세한 움직임을 파악할 수 있을까요? 그건 사람마다 다릅니다. 이른 사람도 있고 시간이 많이 걸리는 사람도 있습니다.

명상이란 현재에 머무는 것

○

그런데 제가 경험을 해보니까 환자들에게는 생각 다스리는 일이 무척 어렵습니다. 불안이 엄청나게 강하기 때문입니다. 환자들은 생각을 알아차리고 현재로 돌아왔다가도 금방 다시 생각으로 갑니다. 그렇게 다시 생각으로 가기를 반복하다가 결국은 생각에 머물게 됩니다. 그래서 적지 않은 환자들이 생각 다스리는 연습을 조금 하다가 효과가 없다 생각하고 그만둡니다.

하지만 그렇지 않습니다. 부정적인 생각이 들 때 현재로 돌아오면 그만큼 그 생각에서 받는 영향이 줄어든 것입니다. 그렇기 때문에, 절대로 안 떨어질 것 같은 생각도, 생각이 날 때마다 현재로 돌아오는 연습을 하면 어느 순간 스윽 사라집니다. 전화를 받다가 스윽, 세수를 하다가 스윽, 길을 걷다가 스윽 사라집니다. 그래서 저는 환자들에게 이야기합니다. 생각이 나면 현재로 돌아오고, 또 나면 또 돌아오라고. 수천 번을 돌아오더라도 잘하고 있는 것이니 너무 신경 쓰지도, 조급해하지도, 안 없어진다고 불안해하지도 말고 계속하시라고 말이지요. 아무리 노력을 하고 어느 정도 집중을 잘해도 환자들에게는 안 좋은 생각이 미세하게 남아 있기 마련입니다. 그쪽 생각을 워낙 많이 했기 때문이지요. 환자들의 이런 고충을 잘 헤아리고 그들을 격려할 필요가 있습니다.

생각은, 마음이 어느 한곳에 머물지 않을 때 일어납니다. 따라서 생각이 일어나지 않으려면 마음이 생각 아닌 다른 곳에 확고하게 가 있어야 합니다. 마음이 늘 한곳에 가 있으면 생각이 일어날 확률이 훨씬 줄어듭니다. 다시 말해 생각이란 마음이 과거나 미래에 간 것이기 때문에, 우리가 현재에 굳건히 있으면 마음이 과거나 미래로 갈 수 없어 생각도 일어나지 않습니다. 그래서 명상이 생각을 다스리는 훌륭한 방법인 것입니다.

안타깝게도 많은 사람들이 명상을 깊숙한 동굴에 들어가 있는 것처럼 여기지만, 명상이란 본질적으로 현재에 집중하는 것입니다. 현재에 집중하되 몸과 마음의 본질을 알기 위해서 현재에 집중한다면 훌륭한 명상이 되지요. 현재에 집중하는 속에서 뭔가 깨닫게 됩니다. 물론 정신이 불안정한 상태에서 극도로 집중하면 좋지 않습니다. 이상한 현상이 일어날 수 있어요. 하지만 안정된 상태에서 현재에 적절하게 집중하는 것은 정신 건강에 굉장히 좋습니다.

명상은 현재에 집중해서 현재에 일어나는 것을 그대로 아는 것이기 때문에, 현재에 집중하는 만큼 생각이 줄고 또 현재를 있는 그대로 아는 지혜가 생기게 돼 있습니다. 우리 마음에는 아는 기능이 있는데, 그것을 몸과 마음에 집중하면 몸과 마음의 속성이 어떤지를 알 수 있습니다.

항상 이렇게 생각하시면 됩니다. '명상의 반대편에는 생각이 있다. 명상을 제대로 하면 생각이 줄고, 생각이 줄면 과거와 미래로 가는 것이 줄고 현재에 있는 시간이 늘어난다. 현재에 있는 시간이 늘어나면 정신이 건강해진다.' 현재에서 멀어진 만큼 정신이 건강하지 않은 것입니다. 현재에서 조금 멀어진 게 신경증이고, 아주 멀어져서 현실과 맞지 않는 자기만의 세계에서 사는 게 정신병이라고 볼 수 있습니다.

이제 선택을 해야 합니다. 생각을 할 것인지 현재에 집중할 것인지, 과거와 미래에 살 것인지 현재에 살 것인지를.

생각을 다스리는 방법들

○

우리는 보통 좋은 생각은 하고 부정적이고 힘든 생각은 안 하려고 하는데, 사실 어떤 생각이라도 내려놓는 게 필요합니다. 저는 환자에게 이르기를, 좋은 생각이 일어나더라도 내려놓되 그게 꼭 필요한 생각이라면 그 내용을 기록하라고 합니다. 보통은 그렇지만 수험생에게는 예외를 둡니다. 공부와 관계되는 생각은 무방하다고 이야기하지요. 수험생은 공부 삼매에 들어 있어야 되니까요.

좋은 생각을 하는 사람은 그러는 동안에는 별 문제가 없습니다. 좋은 생각을 하는 것이 현재에 집중하는 것만큼은 못하고 한계도 있지만 병으로까지 연결되지는 않습니다. 그런데 좋은 생각을 한다는 건 생각하는 시스템이 구축되어 있다는 뜻이고, 따라서 좋은 생각을 하는 사람은 안 좋은 일이 일어났을 때 바로 생각을 하게 되어 있습니다. 그래서 생각을 멈추어야 할 때 멈출 수가 없고, 나쁜 생각으로 이어지기도 합니다.

좋은 생각은 나쁜 생각 옆에 붙어 있습니다. 어떻게 보면 둘이 친구인 거지요. 이에 비해 생각 없음은 나쁜 생각과 한참 떨어져 있습니다. 선정 수행을 할 때도 보면, 초선정은 마음에 번뇌를 일으키고 지혜를 약하게 하는 '다섯 가지 덮개'〔오개(五蓋)〕하고 가깝습니다. 오개를 제거하고 초선정에 들기 때문입니다. 초선정에서 이선정으로 들어가기 위해 하는 숙고의 내용을 보면 이게 분명하게 드러납니다. '초선정은 오개와 가깝다. 일으킨 생각과 지속적 고찰은 거친 선정 요소다. 일으킨 생각과 지속적 고찰을 제거하고 더 고요한 이선정에 들어가 머물겠다.' 이렇게 숙고하여 이선정에 들면 일으킨 생각과 지속적 고찰이 없어져 오개와 훨씬 멀어집니다.

생각 없음을 구축하려면 나쁜 생각이 일어날 때 바로 내려놓으면 됩니다. 좋은 생각이 일어나도 바로 내려놓고요. 어떤 생각이든지 일어나면 탁 내려놓습니다. 그러면 생각이 없어집니다. 생각이 발붙일 곳이 없어지기 때문입니다. 그런데 마음은 속성상 어디라도 가야 하는 것이므로, 생각을 내려놓고 갈 곳이 필요합니다. 그곳이 바로 현재입니다. 이에 대해서는 이미 앞에서 여러 번 말씀드렸습니다.

생각을 다스리는 방법으로는 여러 가지가 있는데, 몇 년 전 저는 생각이 일어날 때마다 체크를 해서 매일 자기 전에 달력에 그날의 생각 횟수를 적어봤습니다. 이 방법을 쓰시려면 첫 생각을 알아차릴 정도는 되어야 합니다. 집중하는 연습을 열심히 해서 하루 종일 현재에 머물 수 있게 되면 첫 생각이 일어날 때 탁 알아차릴 수 있습니다. 그러면 어떨 때 생각이 떠오르는지 알 수 있습니다.

저는 환자들이 자신의 생각을 다스릴 수 있게 하기 위해 다음의 방법을 씁니다. 저는 환자들에게 첫 생각을 놓치고 공연히 생각에 빠져 있는 걸 알아차리면 그때 현재로 돌아오면서 카드에 한 번씩 표시하라고 합니다. 그러니까 현재에 집중하고 있다가 첫 생각이 드는 걸 놓치고 다음 생각에 들었다가 '아, 지금 내가 생각에 빠져 있구나!' 하고 아는 순간에 표시를 하는 거죠. 그 표시한 카드를 다음 치료 시간에 가져오도록 합니다.

생각은 사람하고 관계된 게 굉장히 많습니다. 누군가와 있었던 과거의 일이나 어떤 사람을 향한 나의 바람이 생각으로 잘 이어집니다. 따라서 눈앞에 없는 사람을 마음에 담지 않는 훈련을 해도 생각을 다스리는 데 도움이 됩니다. 예를 들면 퇴근하여 혼자서 집으로 돌아오면서 지금 나와 같이 있지 않는 회사 상사를 생각하지 않는 것입니다.

하루 종일 소리를 안 내고 지내는 것도 생각을 줄이고 현재에 집중하는 데 도움이 됩니다. 물론 소리를 하나도 안 내고 지낼 수는 없습니다. 소리를 내는 여지를 최소한으로 줄이며 지내는 것입니다. 그렇게 하려면 현재 하는 일에 굉장히 집중해야 합니다. 그 상태에서는 다른 생각이 끼어들 틈이 없어집니다.

바르게 걷는 연습도 생각을 줄이는 데 도움이 됩니다. 바른 걸음의 세 가지 요소가 있습니다. 첫째, 발을 11자로 하여 걷되 발을 들 때 다리를 쭉 폅니다. 둘째, 걸을 때 배는 넣고 가슴은 폅니다. 셋째, 주먹을 살짝 쥐고 양팔을 쭉 펴 뒤로 흔들고 그 반동으로 앞으로 가게 합니다. 이 세 가지 요소가 제대로 되는지 몸을 잘 관찰하며 걸으면, 몸 관찰에 온통 주의를 기울이기 때문에 생각이 잘 일어나지 않습니다.

부처님은 생각을 하느니 차라리 자라고 말씀했습니다. 잠은 무익

하지만 생각하는 것보다는 낫다고 말씀했습니다. 따라서 생각이 많으면 잠깐 잠을 청해보는 것도 좋습니다. 잠을 자면 생각을 할 수 없기 때문입니다. 단, 밤에 잠자는 데 지장이 없을 정도만 자야 합니다. 밤에는 생각이 더 활개를 치곤 하니, 밤에 잘 때는 생각을 놓아두시기 바랍니다.

이 밖에도 생각이 날 때 산책을 한다든가, 체조를 한다든가, 장소를 바꾼다든가 하는 것이 생각을 줄이고 전환하는 데 도움이 됩니다.

이런 모든 시도가 처음부터 가능하지 않은 경우나, 노력했으나 실패했을 때는 약을 쓸 수도 있습니다. 그런 사람들은 부정적인 생각을 너무 많이 해와서 자신의 힘으로는 생각을 다스리는 건전한 노력을 할 수 없습니다. 불안한 생각 때문에 아주 힘들었던 어떤 환자는 약을 먹으면 생각이 나긴 나지만 둔하게 느껴진다고 했습니다. 약을 먹지 않을 때는 날카롭게 느껴지던 것이 둔하게 느껴지면서 영향을 적게 받는다는 것이지요. 그러니 약을 통해 부정적인 생각의 영향에서 어느 정도 벗어난 다음, 현재로 돌아오는 연습을 꾸준히 병행하면 좋습니다.

후회의 본질

○

후회에는 두 가지가 있습니다. 하나는 무언가를 했어야 했는데 안 했다고 하는 후회이고, 다른 하나는 무언가를 안 했어야 했는데 했다고 하는 후회입니다.

이 후회라는 걸 잘 보면 그 안에 탐욕, 성냄, 어리석음이 들어 있음을 알 수 있습니다. 먼저 어떤 어리석음이 들어 있느냐면, 후회가 일어날 때 일어난 그 현상을 정확하게 못 보는 어리석음입니다. 그리고 탐욕은, 내가 뭔가 하고 싶거나 하고 싶어 하지 않는 탐욕입니다. 마지막으로 성냄은, 하지 않은 것 또는 한 것에 대한 성냄입니다. 이 셋 가운데 어리석음에 대해 좀 더 자세히 살펴보겠습니다. 어리석음이 후회의 가장 근본이기 때문입니다.

후회하는 사람을 잘 보면, 후회하는 사건이 발생하는 그 순간에 두 가지 선택지가 모두 가능했다고 생각합니다. 하지 않은 일을 할 수도 있었고 한 일을 안 할 수도 있었는데 자기가 바보같이 그러지 못했다고 보는 것이죠. 그런 생각이 후회에 깔려 있습니다. 그런데 정확하게 그 순간을 보면 안 한 것은 없습니다. 한 것밖에 없어요. 그러니 실제로 한 것을 할 수밖에 없었습니다. 그 순간에는 그것을 할 수밖에 없는 과정 속에 있었던 것입니다. 이 사실을 보지 못하고 거듭 생각으로 스스로를 괴롭히고 있습니다.

그런데 만약 그때 다른 선택지가 있었던 게 아니고 그때 한 것을 할 수밖에 없었고, 그때 안 한 것을 안 할 수밖에 없었다는 걸 안다면 어떻게 됩니까? 그때 다른 길로 가는 것은 가능성조차 존재하지 않았다는 걸 안다면 어떻게 되는 것입니까? 후회가 일어날 수가 없겠지요. 실제로 정확하게 보면 사실이 그렇습니다. 그때 다른 길은 없었습니다. 이걸 보지 못하는 어리석음 때문에 후회가 일어납니다.

예를 들어 어떤 권투 선수가 경기에서 카운터펀치를 맞고 KO패를 당했습니다. 그리고 다음날, 전날 경기 비디오를 봅니다. KO패를 당한 장면을 보면서 '아, 이렇게 피했어야 했는데……' 하고 후회를 합니다. 그런데 그게 됩니까? 가능했다면 그때 피했을 겁니다. 그때는 그렇게 진행될 수밖에 없었던 거예요. 다음에 그렇게 빠른 사람하고 붙어서 KO패를 안 당하려면 피나는 훈련을 해야 합니다. 그 순간에 피할 수 있는 시스템을 만들어야 다음에 피할 수 있는 거예요.

후회를 안 하려면 정확하게 보는 연습을 계속 해야 합니다. 늘 현재에 집중하면서 미세한 정신 현상을 관찰하면, 후회라는 게 잘못된 거라는 걸 알게 됩니다. 정확하게 보면 후회를 하라고 해도 안 하게 됩니다.

진정한 반성

○

반성을 한다는 건 뭔가 잘못한 게 있다는 뜻입니다. 잘못을 해놓고 '내가 잘못했구나. 다시는 그러지 말아야지.' 하는 겁니다. 그런데 사람들을 보면 반성을 해놓고 똑같은 잘못을 또 저지르는 경우가 많습니다. 그러면 곤란합니다. 반성을 한다면 진정한 반성이 되도록 해야 합니다.

진정한 반성이란, 똑같은 잘못이 다시 일어나지 않을 수 있는 시스템을 구축하는 것입니다. 그러려면 할 일이 많습니다. 우선 정확하게 봐야 되고, 그 다음에 그에 따른 대책을 세워야 합니다. 그런데 제가 관찰을 해보면 사람들은 보통 그냥 반성만 하다가 힘이 쭉 빠집니다. 여러분, 힘 빠지게 하는 건 제대로 하는 게 아닙니다. 지혜롭지 못한 겁니다.

예를 들어 설명하겠습니다. 제가 어느 대학생과 오전 9시 10분에 상담 약속을 잡았습니다. 그런데 약속 시간이 되어도 이 학생이 안 오는 거예요. 간호사가 전화를 걸었더니 "지금 전화를 받고 일어났습니다." 이렇게 말하더래요.

이 경우 제대로 반성을 한다면 이 학생은 우선 이렇게 질문을 던져야 합니다. '내가 왜 이 시간에 못 일어났을까?' 그 다음, 잘 관찰해서 그 결과를 바탕으로 시스템을 정비해야 합니다. 아침에 일찍 일어날 수 있는 조건을 만드는 것입니다. 전날 밤에 일찍 자든지 밤에 과식을 안 하든지, 경험에 비추어 자기에게 맞는 조기 기상 조건을 만드는 거지요. 그러니까 질문에 대한 답으로 '다음부터 일찍 일어나려면 요거를 이렇게 해야겠다.' 하고 정하고서 실행하는 쪽으로 움직여야 합니다.

그런데 이 학생을 만나 이야기를 들어보니 생각이 여기에 가 있지 않았습니다. '아! 선생님이 얼마나 실망하실까?' 여기에만 초점이 맞춰져 힘들어하고 있었습니다. 그래서 제가 말했지요. "나는 실망하지 않았다. 그저 네가 왜 일찍 일어날 수 없는지, 어떻게 하면 시간에 맞춰 일어날 수 있는지를 함께 점검해야겠다고 생각했을 뿐이다."

삶을 바꾸는 데 무언가 거창한 게 필요한 건 아닙니다. 현재 일어나는 일 가운데 잘못된 것이 있다면 그것부터 바꿔나가야 합니다. 약속시간에 자꾸 늦는다면 늦지 않을 수 있도록 하는 무언가를 해야 합니다. 음식을 지나치게 많이 먹는다면 왜 그러는지를 잘 봐서 그 원인을 바꿔야 합니다. 그렇게 눈에 잘 보이는 것을 하나씩 고쳐서, 반성을 할 만한 일이 안 일어나도록 하면 됩니다. 반성만 자꾸 하면 그것도 길이 나서 습관이 될 수 있습니다. 그러니 자기 안에서 무엇이 일어나는지를 정확하게 볼 필요가 있습니다.

의지의 속성

○

마음 작용 중에서 우리한테 가장 많은 영향을 주는 게 생각이고, 그 다음이 의지입니다. 따라서 의지를 정확히 아는 게 매우 중요합니다. 의지에 대해서 정확히 알면 어떻게 살아가야 하는지, 또 어떻게 해야 문제가 해결되는지를 잘 알 수 있습니다.

의지와 관련해서 우리는 '자유의지'라는 말을 자주 씁니다. 남의 강요에 의하지 않고 자기 속에서 의지가 나서 행동이나 생각을 할 때 '자유의지로 한다'고 말하는 것입니다. 그런 것을 자유의지라고 한다면 우리에게는 분명 자유의지가 있습니다. 그걸 부인할 수는 없습니다.

그런데 어떤 조건에도 관계없이 자기가 원하는 대로 뭐든지 할 수 있다거나 무슨 의지든 낼 수 있다는 뜻에서 '자유의지'를 말한다면, 저는 자유의지가 없다고 봅니다. 조건에서 자유로운 의지는 없습니다. 제가 이해한 불교는 인과의 법칙입니다. 어떤 현상이 있을 때는 반드시 그 조건이 있다는 것이지요. 이와 관련해 불교 경전을 근거로 다음과 같은 대화를 그려볼 수 있습니다. 어떤 사람이 묻고 부처님이 답하는 가상 대화입니다.

"집이 있습니까?"

"아니다."

"집이 없습니까?"

"아니다."

"집이 있는 것도 아니고 없는 것도 아닙니까?"

"아니다."

"집이 있기도 하고 없기도 합니까?"

"아니다."

"그럼 뭡니까?"

"조건이 있어서 집이 있고, 조건이 있어서 집이 없다."

어떤 조건을 규정하지 않고 있다 없다 말하는 건 현상적으로 우리가 착각하는 겁니다. 저는 몸과 마음을 관찰하는 것만으로도 조건에서 자유로운 자유의지가 없다는 걸 알 수 있었습니다. 그리고 파욱 전통의 사마타와 위빠사나 수행을 하면서, 어떤 정신 현상이 일어날 때 그에 관계되는 조건들이 있으며 그 조건들 가운데 하나라도 없으면 그 정신 현상이 일어날 수 없다는 것을 볼 수 있었습니다. 이렇게 정확하게 보고서는 문자 그대로의 자유의지란 없다는 걸 알게 됐습니다. 이건 관찰에서 나온 이야기이기 때문에 관찰하지 않은 입장에서는 이해하기 어려울 수도 있습니다.

의지를 잘 관찰해보면, 의지도 생각이 그러는 것처럼 순간적으로 떠오른다는 것을 알 수 있습니다. 내가 떠올리는 게 아니라 의지가 조건에 따라 떠오르는 겁니다. 나 자신의 내부 상태에 영향을 받아 떠오르는 것입니다. 여러분 지금 눈을 감고 의지를 한번 내보세요. 뭐가 떠오르나요? 내고 싶은 의지를 내는 게 가능하던가요? 그런 분 있으면 손을 들어보세요.

제가 관찰해본 바에 의하면 의지는 생각과 마찬가지로 떠오르는 겁니다. 순간순간 몸과 마음에서 일어나는 것을 관찰하는 수행을 통해 내가 생각을 하는 게 아니라 생각이 조건에 따라 떠오른다는 걸 알게 되었지만, 그래도 의지는 내가 내는 게 아닐까 싶었습니다. 그래서 '내가 하루 종일 의지를 내면서 살아보자.'고 결심하고서 이 의지를 내고 저 의지를 내려 해보았지만 할 수가 없었습니다. 그리고 주의가 어떤 대상에 강하게 집중돼 있으면 의지는 떠오르지 않았습니다. 선정처럼 마음이 완전히 명상 대상에 가 있는 경우 의지를 낼 수 없습니다. 의지가 떠오를 수 있는 조건이 안 되기 때문입니다.

마음의 작용에는 여러 가지가 있습니다. 생각, 의지, 느낌, 감정, 인식, 의식 같은 것들이 마음의 작용인데, 제가 볼 때는 이런 것들의 속성은 똑같습니다. 속성은 똑같지만 내용이 다르니까 이름이 다른 거지요. 그 속성이란, 엄밀하게 보면 그 모두가 조건에 따라서 일어나는 정신 현상이라는 것입니다. 이걸 정확하게 알고 싶다면 꾸준하게 자신을 관찰해야 합니다. 그렇게 꾸준히 연습하면 관찰력이 배양되어서 정신 현상이 무엇인지 정확하게 볼 수 있게 됩니다.

우리는 보통 자기가 하고 싶은 생각이 들어야 무언가를 한다고 생각합니다. 그래서 "내가 그거 하고 싶은 마음이 안 들어. 하고 싶을 때

해야지." 이렇게 말하고 이렇게 살아갑니다. 그런데 제가 볼 때는 그런 마음이 안 드는 것도 안 들 만한 조건 속에 있기 때문입니다. 그 조건이 바뀌지 않으면 하고 싶은 마음이 계속 안 들 수 있고, 상황은 점점 더 악화될 수 있습니다. 의지의 이런 속성을 알고 보면, 하고 싶은 마음이 들 때까지 기다린다는 것은 굉장히 수동적인 태도입니다. 그리고 그런 마음이 들지 안 들지를 예측할 수도 없습니다. 따라서 무작정 기다리기보다는 자기가 필요한 일을 해서 조건을 바꾸는 게 필요합니다. 예를 들어 지금 공부가 하기 싫으니 공부하고 싶은 마음이 들 때까지 기다렸다가 그때 가서 공부하겠다는 태도보다는, 집에서 공부가 안 되면 공부가 될 만한 다른 곳으로 장소를 바꾸는 등 공부할 맘이 일어날 수 있는 여러 조건을 찾는 게 바람직합니다.

조건을 바꾸는 게 굉장히 중요합니다. 우울증으로 고생하는 환자가 저를 찾아왔다고 칩시다. 우울증에 걸리면 아무것도 하기 싫습니다. 그 사람에게 무언가를 하라고 하는 것은 굉장히 가혹한 요구입니다. 그럴뿐더러 그 환자를 '내가 이것도 못 하는구나!' 하는 자책으로 몰고 가는 것일 수도 있습니다. 그래서 저는 보통 우울증 환자에게 이렇게 말합니다. "너무 힘들면 하지 마세요. 그것은 하지 말되, 그래도 무언가 할 만한 것이 있으면 하는 게 좋습니다." 그렇게 무언가를 시작하면 새로운 조건이 만들어집니다. 대체로 우리는 많이 한 건 잘하게 돼 있습니다. 억지로라도 많이 하면 그 일에 좀 익숙해지는 겁니다.

의지에 대한 올바른 이해

○

의지란 우리 마음대로 할 수 없는 것이라고 이야기를 하면 대개 오해들을 합니다. 대표적인 오해가 바로 '숙명론'입니다. 조건에서 자유로운 의지가 없다는 이야기를 '인간은 고정된 조건에 따라 살 수밖에 없는 존재'라고 이해하고 반발하는 것이지요.

인간은 정말 고정된 조건에 따라 살 수밖에 없는 존재일까요? 불교를 안다면 그렇지 않다고 답할 것입니다. 불교에서는 조건이 계속 바뀐다고 말하기 때문입니다. 그것도 우리가 파악할 수 없을 만큼 원인과 결과가 굉장히 복잡하게 얽혀 있다고 봅니다. 그걸 '업(業)'이라고 하는데, 《앙굿따라 니까야》 〈생각할 수 없음 경〉을 보면 우리가 알 수 없는 네 가지 가운데 하나로 업을 꼽고 있습니다. 업에 대해서 알려하면 머리가 터지거나 돌아버리거나 한다는 것이지요. 불교는 숙명론이 아니라 인과의 법칙을 말합니다. 우리의 마음이, 마음의 본질이 그런 것입니다. 불교 세계관에서는 모든 것이 고정되어 있지 않고 변하고 무상(無常)하므로 숙명론이 들어설 자리는 없습니다.

이것을 잘 모르니까 사람들이 이렇게 묻습니다. "(조건에서 자유로운) 의지가 없으니 잘 살려고 노력할 필요가 없지 않느냐?" 그런데 역으로, '자유의지가 없기 때문에 엄청난 노력을 해야 한다'고 봐야 합니다.

예를 들어 어느 스님이 "선한 일을 하고, 수행 열심히 하세요."라고 누군가에게 말했을 때 그 말을 듣는 사람이 속으로 '자유의지가 없는데 내가 어떻게 그렇게 해?'라고 생각했다 칩시다. 그런데 이치를 잘 살펴보면, 우리에게 자유의지가 있다면 스님이 그런 말을 할 필요가 없습니다. 우리가 수행하고 선한 일 하겠다는 의지를 내서 그냥 하면 되는 거예요. 하지만 다들 경험으로 아시다시피 그게 그냥은 안 됩니다. 존경하는 스님의 그런 말이 새로운 조건이 되어 어떤 사람에게 영향을 주고, 거기에서 변화의 싹이 트는 것입니다.

그러니 잘 아셔야 합니다. 자유의지가 없다는 건 조건이 굉장히 중요하다는 뜻이며, 좋은 조건을 만들기 위해서 우리가 엄청난 노력을 기울여야 한다는 것을 말이지요. 이와 관련해서, 2006년에 파욱 사야도가 한국에 왔을 때 제가 이런 질문을 드린 적이 있습니다. "제가 관찰한 바에 의하면, 의지도 어떤 조건의 영향을 받습니다. 그렇다면 무엇을 하는 것이 우리 삶에 가장 이로운 조건이 됩니까? 어떻게 해야 삶을 잘 살 수 있습니까?" 그랬더니 파욱 사야도가 이렇게 답했습니다. "부처님 만나는 게 제일 좋다."

우리가 무엇을 한다면 자기의 한계 속에서 할 수밖에 없습니다. 다람쥐 쳇바퀴 도는 것이지요. 그래서 자기 한계를 뛰어넘을 수 있는 조건은 바깥에서 오는 경우가 많습니다. 뛰어난 사람, 우리에게 좋은 영향을 주는 사람을 만나거나 하는 것이 무엇보다 중요할 수 있다는 뜻입니다. 《상윳따 니까야》 〈아난다 경〉에도 '행(行. 의지, 의도)은 남으로부터 오지 나로부터 오지 않는다'는 내용이 나옵니다. '왕기사'라고 시를 최고로 잘 읊는 사람이 있었습니다. 그가 출가한 지 얼마 안 돼서 탁발을 나갔다가 여자를 보고서 감각적 욕망이 많이 일어남을 알았습니다. 그래서 아난다에게 욕망에서 벗어나게 해달라고 요청합니다. 그러자 아난다가 '행을 남이라 보고 괴로움이라고 보고 자아가 아니라고 보라.'고 말합니다. 그것은 '무언가 해보고 싶은 욕망을 너 자신이 만든 거라고 보지 마라. 어떤 조건에 의해서 일어난 것으로 보고 마음을 잘 단속하라.'는 뜻입니다.

자유의지에 대한 과학적 실험

○

《위험한 생각들》이라는 책에서 생물학자 에릭 캔들은 자유의지에 대한 과학자들의 연구 결과를 소개하고 있습니다. 그에 따르면 신경과학자 헤르만 헬름홀츠는 1860년대에 '무의식적 추론'이라는 개념을 주장합니다. 신경계에서 발생하는 전기 신호를 측정한 결과, 뇌에서 일어나는 활동 중 상당수가 사물에 대한 의식적인 지각보다 앞서서 무의식중에 일어나고 있다는 사실을 발견한 것입니다.

이보다 100년 정도 뒤인 1986년, 벤자민 리베트는 실험을 통해 헬름홀츠의 주장을 뒷받침하는 결과를 내놓습니다. 그는 피실험자들에게 자기들이 원할 때마다 아무 손가락이나 하나를 위로 올리도록 했습니다. 그리고 참가자들의 머리에 전극을 연결해 손가락이 올라갈 때와 뇌에서 전기 신호가 일어날 때 사이의 시간차를 측정했습니다. 그랬더니 손가락을 올리기 1초 전에 준비 전압이 일어나는 것이 측정되었습니다. 이어 그는 참가자가 손가락을 올리겠다고 결정한 시간과 준비 전압이 일어난 시간 사이의 간격을 비교했는데, 손가락을 올리겠다고 결정하기 0.5초 전에 준비 전압이 일어났습니다.

이걸 어떻게 해석해야겠습니까? 저는 이 실험이 의지에 대한 불교의 설명을 뒷받침하는 거라고 이해합니다. 어느 조건이 형성되어 손가락을 올리게 되었으며, 의식은 그것을 뒤늦게 파악한다는 것이지요. 우리는 자기가 자유롭게 의지를 내어 손가락을 올렸다고 생각하지만, 그건 이미 형성된 조건의 결과라는 뜻입니다.

《자유의지는 없다》라는 책도 참고할 필요가 있습니다. 샘 해리스라는 신경과학자가 쓴 책입니다. 그는 '인간에게 자유의지가 있다'라는 명제가 성립하려면, 인간은 스스로의 사고나 행동을 결정하는 모든 요인을 알고 그걸 다 통제할 수 있어야 한다고 말합니다. 하지만 그러지 못하고 있다는 건 우리 모두가 알고 있는 사실입니다. 그는 한 실험을 소개합니다. 실험실 안에는 물, 잡지 등 여러 가지가 있습니다. 피실험자는 머리에 fMRI(기능적 자기공명영상) 기기를 연결하고 있습니다. 연구자는 실험실 밖에서 fMRI를 통해 전송되는 피실험자의 뇌 영상을 관찰합니다. 그것만으로 연구자는 피실험자가 앞으로 하게 될 행동을 80퍼센트 이상의 확률로 맞힐 수 있다고 합니다. 말하자면 물 먹는 행위와 관련된 뇌 부위가 먼저 활성화되고 나서 참가자가 물을 마시고, 읽는 행위와 관련된 뇌 부위가 먼저 활성화된 다음에 참가자가 잡지를 읽는 식입니다. 우리에게 자유의지가 있다면 이런 뇌의 움직임을 모두 의식하고 통제할 수 있어야 하지만, 우리는 그러지 못합니다.

디크 스왑이라는 뇌 과학자가 쓴 《우리는 우리 뇌다》라는 책도 의지의 속성을 이해하는 데 참고가 됩니다. 저자는 이 책에서 찰스 다윈의 표현을 빌려서 "자유의지는 아름다운 환상"이라고 말합니다. 그는 최근의 fMRI 실험에서는 운동 행위를 의식하기 약 7~10초 전에 그 행위를 준비하는 대뇌 피질 부위가 존재함이 관찰되었다고 말합니다. 이어 한 가지 실험 결과를 소개하는데, 그 실험에서는 피실험자에게 컴퓨터 화면에서 불빛이 들어오는 지점을 빠르게 누르라는 과제를 내줍니다. 피실험자들이 그 과제를 실행하는 도중 연구자가 자기 자극을 이용해 피실험자의 시각피질에서의 처리를 방해하면, 행동은 실행되지만 피실험자는 화면에 들어온 불빛을 의식하지 못합니다. 의식 없이 행동이 수행되는 것입니다. 이 실험은 자유의지가 환상이라는 주장을 강력하게 뒷받침합니다.

심리학자 빅토르 라머는 우리가 자유의지를 갖고 있다고 생각하는 이유를 이렇게 설명합니다. 앞에서 살펴본 대로 우리는 뇌에서 먼저 활성화가 이뤄진 다음에 어떤 행동을 합니다. 그 행동을 하면 행동을 했다는 정보가 대뇌 피질로 가는데, 그 정보를 '자기'가 한 것으로 처리한다는 거예요. '내가 그 행동을 할 마음을 일으켜 행동을 했다. 따라서 자유의지는 있다.' 이렇게 여긴다는 거죠. 하지만 라머는 그 '나'란 여러 자극들을 통합하는 기능을 하는 것으로, 뇌 활동의 부산물이라고 파악하고 있습니다. 자유의지는커녕 '나'라는 것조차 실체가 아니라는 것이죠.

정신치료에서 의지를 어떻게 다룰 것인가

○

의지의 이러한 속성을 알게 된 이후 제가 환자를 치료하는 방식에서 큰 변화가 있었습니다. 그전에는 의지가 있으면 변화를 일으킬 수 있다는 생각에서 환자로 하여금 의지를 내게 하려고 시도했지만, 이제 그렇게 하지 않게 된 것이지요.

지금까지 언급했듯이 의지는 그 순간에 어떤 조건에 따라 떠오르는 것입니다. 따라서 의지를 한 번 냈다 해서 그게 지속된다는 보장이 없습니다. 그리고 환자로 하여금 현 상황을 개선하는 행동을 하게 할 의지를 내게 하는 것이 쉬운 일도 아닙니다. 또 어떻게 해서 의지를 내게 했다 해도, 환자가 그 의지대로 행동하느냐는 별개의 문제입니다. 물론 의지를 낸 것이 안 낸 것보다는 낫습니다.

환자가 경험하고 있는 어떤 문제를 해결하기 위해서는 그렇게 할 수 있는 시스템을 구축해줘야 합니다. 그 시스템 구축을 위해 환자가 할 수 있는 방법도 제시하고, 또 그렇게 작업을 해나가는 과정에서 시스템이 어느 정도 구축되었나를 살피며 환자가 어려워하는 것들을 잘 수행할 수 있도록 실제적으로 도와줘야 합니다.

저는 요즘 성욕 문제로 괴로워하는 어느 남성을 치료하고 있습니다. 성욕 문제를 해결하려면 그와 관계된 다양한 것을 포괄해서 다뤄야지 의지만 따로 떼어 다뤄서는 안 됩니다. 만약 그 환자가 섹스 상대가 없다면 성욕을 해결하기 위해 자위행위가 필요할 수도 있습니다. 남에게 피해 안 주는 범위에서 자기 하고 싶은 대로 자위행위를 하면 되는 것입니다. 그런데 자위행위를 하기 위해 눈으로 직접 여성을 봐야 한다면, 그때부터는 문제가 생겨납니다. 예를 들어 어스름할 때 다른 집의 열린 창문을 통해서 여성을 보며 자위행위를 하는 것은 법적인 문제를 유발할 수 있습니다. 누군가가 보고 경찰에 신고를 하면 법적인 문제가 생길 수 있습니다.

환자에게 이런 문제가 생겼다면 그걸 충분히 다룰 필요가 있습니다. 그가 그런 문제에 빠져들게 된 것이 스트레스 때문이라면 스트레스 요인도 다뤄야 하고, 성장 과정에서 문제가 있었던 거라면 그것도 다뤄야 합니다. 그런 것들을 모두 포함해서 그 문제와 관계되는 건 전부 다뤄야 합니다. 모든 요인을 정확히 하나하나 다뤄서 그에 대한 대책들이 서야 문제를 총체적으로 접근하는 것이 됩니다. 그러는 가운데 실제로 그 사람에게서 시스템 변화가 일어나야 하지요.

어떻게 보면 우리는 알파고 같은 존재입니다. 물론 알파고하고는 차원이 다르게 복잡한 존재지만, 조건의 영향을 받아 인과의 법칙을 따른다는 점에서는 기본적으로 같습니다. 이 관점에서 치료자란 조건 바꾸는 방법을 제시해 시스템을 바꾸도록 돕는 존재입니다. 그렇지만 치료자가 제시한 길로 환자가 가지 않는 것은 어쩔 수 없습니다. 불교정신치료가 아무리 탁월한 치료 방법이더라도 변화는 환자가 하는 만큼만 일어납니다.

부처님 역시 인연 없는 중생은 제도하기 어렵다고 했습니다. 그래서 적절한 타이밍에 적절한 가르침을 주셨지요. 불교 경전에 나오는 유명한 살인마 앙굴리말라는 사람을 죽인 다음 손가락을 잘라 실로 꿰어서 목걸이를 만듭니다. 목표는 1,000명의 손가락으로 목걸이를 완성하는 것이었지요. 앙굴리말라가 999명을 죽이고 마지막으로 자기 어머니를 죽이려고 발걸음을 옮기는 그 시점에 부처님이 앙굴리말라 앞에 나서서 그를 교화합니다. 그 타이밍에 뭔가를 하면 효과가 있을 거라고 보신 거지요. 의지가 조건에 따라 일어나는 현상임을 꿰뚫어 보신 겁니다.

치료실에서 환자와 이야기를 나눌 때 그 순간에 조성된 조건들 덕에 환자에게 무언가 긍정적인 변화를 일으킬 수 있는 것이 떠오를 수 있습니다. 예를 들면 그전에는 인지하지 못했던 가족의 고통이 떠오르는 것입니다. 치료자는 이런 것들을 잘 이용할 줄 알아야 합니다. 나아가 치료자는 환자가 치료실 밖에서 일상을 살아갈 때 머리에 무엇이 떠오르는지도 파악할 필요가 있습니다. 머릿속에서 떠오르는 것들이 그에게 영향을 주기 때문입니다. 또 환자가 처해 있는 구체적 상황들도 파악해야 하고, 환자에게 어떤 긍정적인 의지가 일어났을 때 그걸 실천할 수 있는 조건이 있는지 없는지도 면밀히 살펴야 합니다. 이를 바탕으로 적절한 길을 적절한 타이밍에 제시하여 변화가 올 수 있게끔 해야 합니다.

알코올 중독을 끊는 시스템 만들기

○

할 수 있다고 생각하는 것과 실제로 하는 것은 다릅니다. 중요한 건 생각에 그치지 않고 실제로 하게 되는 상태를 만드는 것입니다. 예를 들어 알코올 중독에서 빠져나오려면 술을 보고도 안 마실 수 있는 상태를 만들어야 합니다. 술은 안 좋으니 끊어야겠다고 백 번 다짐해도 술 앞에서 무너진다면 영원히 알코올에서 벗어날 수 없습니다.

제가 볼 때는 모든 중독은 그것을 많이 했기 때문에 생겨난 것입니다. 반복하는 과정에서 뇌에 회로가 형성되고 길이 나서 조건에 의해서 중독 상태가 됩니다. 그 중독에서 빠져나오려면 안 해야 합니다. 따라서 어떻게 하면 안 하게 할 수 있는지를 연구해야 합니다.

알코올 중독자를 병원에 입원시키는 것은 술을 강제로 못 마시게 하여 술과의 연결고리를 끊고 새로운 회로를 만들기 위함입니다. 하지만 입원을 하게 되면 일을 할 수 없으므로 생활에 지장이 올 수 있다는 단점이 있습니다. 예전에는 알코올 중독에 쓰는 '알코올 스톱'이라는 약이 있었습니다. 지금은 생산이 중단되어 구할 수 없는데, 그 약을 먹으면 알코올이 몸속에서 분해가 안 되기 때문에 술을 마시면 몸이 괴로워집니다. 속도 울렁거리고 얼굴도 붉어지고 호흡도 불편해지고 심장이 갑갑해서 굉장히 힘듭니다. 쉽게 말하면 술 잘 먹던 사람이 술 아주 못 먹는 사람으로 바뀌는 것입니다. 알코올 중독자에게 그 약을 처방해주면, 알코올 중독자들은 일단 약을 먹고 술을 마셔봅니다. 괜찮을 거라고 생각하는 거지요. 하지만 굉장히 괴로워지거든요. 그런 고통을 경험한 다음에는 그 약을 먹고 그 약이 작용하는 동안에는 술을 안 먹게 됩니다.

그렇다면 그렇게 술을 좋아하는 사람에게 그 약을 어떻게 먹게 하느냐? 사실 알코올 중독자도 술 안 먹고 싶은 때가 있습니다. 대개는 아침에 일어나면 그런 기분이 든다고 해요. 자는 사이 술이 좀 깨서 정신이 돌아오는 거지요. '이렇게 살아서야 되겠나.' '가족들에게 못할 짓을 하고 있구나.' 하는 자각이 드는 겁니다. 그런 상태일 때 알코올 중독자와 치료 동맹을 맺습니다. 알코올 중독으로 병원에 온 환자에게, 이 약을 먹으면 앞으로는 알코올 중독에서 벗어날 수 있으니 아침에 약을 드시라고 권하는 거지요. 환자의 건강한 부분과 치료자가 동맹을 맺어서 환자의 병적인 부분을 공략하는 겁니다. 그렇게 해서 알코올 중독을 수월하게 치료하고는 했습니다. 하지만 이런 건강한 부분까지 망가진 환자는 약 자체를 먹으려 하지 않기 때문에 이 방법이 가능하지 않습니다. 그런 분은 병원에 입원하는 수밖에 없습니다.

알코올 중독은 좀 심하게 말하면 알코올이 누군가를 접수한 상태입니다. 알코올 공화국에서 환자는 하수인이 돼 있는 거지요. '야, 술 넣어.' 하면 술 넣어야 합니다. 알코올은 강력한 거인과 같은 존재고 환자는 작고 약한 존재이므로 싸워서 해결할 수는 없습니다. 백전백패지요.

그래서 저는 알코올 중독 환자들에게 술을 보면 무조건 도망가라고 이야기해줍니다. 길을 걷다가 술집이 눈앞에 보이면 빙 돌아서 가라고도 하고, 집에 있는 술을 직접 치우기보다는 가족에게 대신 치우도록 하기도 합니다. 앞에서 말했듯 모든 중독은 많이 해서 이뤄진 거니까 안 하면 중독의 힘이 점점 약해집니다. 술 보고 도망치는 걸 계속하면 환자를 알코올로부터 보호할 수 있는 상태가 점점 만들어집니다.

그리고 집에 CCTV를 설치해서 술에 취했을 때 어떤 행동을 하는지 찍어서 직접 보라고도 합니다. 알코올 중독자들은 자기가 술에 취했을 때 어떤 사람이 되는지 모르기 때문에, 이렇게 직접 확인해서 알도록 하는 것도 효과가 있습니다. 중독은, 당사자가 그것을 하면 자기에게 막대한 손해가 온다고 절실히 깨달아야 끊을 수 있는 것이기 때문입니다.

알코올 중독자들을 보면 대체로 술 먹는 것 이외에 다른 취미가 없는 사람이 많습니다. 사는 데 재미거리가 술밖에 없는 거지요. 그리고 술을 안 먹으면 자기 의사를 자유롭게 표현하지 못하는 경우도 많습니다. 이런 사람은 일단 술을 마시면 부정적인 이야기를 쏟아내고는 합니다. 따라서 그들에게 술보다 더 좋은 무언가를 제시해줄 필요도 있습니다. 그 사람이 무엇에 흥미를 보이는지 자세히 관찰해서 그에 맞는 것을 권하는 것이지요. 의사 표현을 잘 못하는 사람에게는 의사 표현 기술을 가르치는 것도 좋습니다. 그러니까 알코올 중독이라 해서 술 하나만 다루지 말고, 환자의 삶을 총체적으로 꼼꼼하게 파악해서 다각도에서 구체적으로 접근해야 한다는 것이지요.

알코올 중독에서 벗어나는 방법을 정리하면, 일단 실제 술로부터 도망가고, 그 다음에는 술과 관계된 기억이나 생각, 정서로부터 철저히 도망가고, 마지막으로 삶을 근본적으로 바꿔줄 새로운 재미 혹은 방법을 계발해야 합니다.

제3장.
불교정신치료의 둘째 원리: 세상이 움직이는 원리

"우리는 몸과 마음이 작동하고 있는 한 거기에서 오는 괴로움을 피할 수 없습니다. 그렇더라도 우리 스스로 만드는 괴로움을 없앨 수는 있습니다. 이것이 불교정신치료에서 굉장히 중요한 관점입니다. 불교정신치료의 둘째 원리는 세상이 움직이는 원리에 맞게 무언가를 해서 괴로움을 덜어보자는 데 초점을 두고 있습니다. 세상이 움직이는 원리를 정확히 알면 살아가면서 부딪히는 것들에 대해 원망 같은 걸 전혀 안 하게 됩니다. 세상의 흐름을 타고 유연하고 적극적으로 살게 되는 것이지요."

삶이 괴로울 수밖에 없는 이유

○

살아가는 것이 힘들 수밖에 없는 이유들은 많습니다. 우선, 나는 하나인데 다른 것들은 무수하게 많기 때문입니다. 나 아닌 생명 가진 존재들도 무수하게 많고 자연 현상도 무수하게 많습니다. 그런데 이 다른 존재들과 자연 현상은 나를 위해서 존재하지 않습니다. 그 각각의 존재는 다 자기를 위해서 무언가를 하는데, 그 대상이 내가 되면 내가 힘들 수밖에 없습니다. 모기는 자신의 생존을 위해 나를 물 수밖에 없는데 모기에 물리면 간지러운 것처럼 말이지요. 그리고 또 거대한 자연의 영향을 받을 수밖에 없기 때문에 우리는 본질적으로 괴롭습니다. 그 다음으로, 불교정신치료 첫째 원리에서 살펴보았듯이 몸과 마음이 본질적으로 통제가 안 되기 때문입니다. 그래서 괴로움이 일어나는 것을 막을 수 없습니다.

덜 괴롭기 위해서는 우리가 사는 세상을 잘 봐야 합니다. 이 세상이 무엇으로 구성되어 있고 어떤 원리로 움직이는지를 보고 그에 맞게 사는 것이지요. 세상의 흐름에 맞지 않게 살면 괴로움뿐입니다. 나와 세상이 충돌하니 괴로운 것이지요. 사업하는 사람을 예로 들면, 대중이 지금 왼쪽으로 가는데 자기는 자꾸 오른쪽으로 가서 무언가를 만들거나 하면 아무도 그를 안 찾게 됩니다. 하면 할수록 망하는 길로 가게 되니 얼마나 괴롭겠습니까. 인간관계도 마찬가지입니다. 인간관계 원리에 맞게 살면 괜찮은데 그에 맞지 않게 하니까 계속 갈등하고 힘든 것입니다.

우리는 뭔가를 정확하게 알고 그에 맞게 살아가야 합니다. 그러지 못하면 힘든 것이 쌓여 점점 괴로워지고, 그러다 보면 정신적인 문제가 생깁니다.

세상의 구성

○

세상에는 많은 것이 존재하는데 그것들은 속성에 따라 크게 둘로 나뉩니다. 바로 생명 가지지 않은 존재와 생명 가진 존재입니다.

생명 가지지 않은 존재는 자연 법칙 또는 물리 법칙에 따라 주어진 조건에 맞게 질서 정연하게 움직입니다. 물론 생명 가지지 않은 존재가 새로운 조건을 만들기도 합니다. 화산이 폭발하면 그것이 영향을 주는 것처럼 말이지요. 그에 비해서 생명 가진 존재는 생명활동을 하고 자극에 반응을 합니다. 제가 여기서 여러분께 공을 던지면 공이 향하는 곳에 계신 분은 공을 피하거나 받거나 하실 겁니다. 다른 분들은 공이 어디로 날아가는지를 보실 거고요. 사람은 죽으면 생명 가지지 않은 존재가 됩니다. 살아 있을 때는 누가 발로 차려 하면 피하거나 막는 반응을 하지만 죽은 사람은 발로 차면 마치 공처럼 물리 법칙에 따라 움직일 뿐입니다. 그리고 생명 가진 존재들은 자기 자신을 가장 소중히 여깁니다. 그게 생명 가진 존재의 중요한 속성입니다. 그래서 생명 가진 존재는 나와 남으로 나눌 수 있습니다.

세상의 모습을 간단하게 묘사하면, 세상에서 가장 소중한 내가 생명 가지지 않은 것들과 (생명 가졌지만 내가 아닌) 남에 의해 둘러싸여 있는 그림이 됩니다. 세상에서 가장 소중한 건 '나'입니다. 이 자리에서 강의를 하고 있는 저를 중심으로 두면 여러분은 제 주위를 위성처럼 돌고 있는 존재입니다. 그리고 생명 가지지 않은 존재도 제 주위를 돌고 있습니다. 저뿐 아니라 여러분 모두, 그리고 세상에 생명 가진 모든 존재가 중심이 될 수 있으니 세상에는 무수한 중심들이 있습니다.

우리는 자기를 중심으로 생각하는 버릇이 있어서 '내가 가장 소중하다'고 생각합니다. 내가 중심일 땐 당연히 내가 가장 소중합니다. 그렇지만 그 중심이 다른 생명 가진 존재가 되면 그 존재가 가장 소중합니다. 그게 사람이든 개미든 모기든 간에 이 원칙은 변함이 없습니다. 이걸 인정해야 합니다. 다른 생명 가진 존재를 볼 때 이 원칙을 기억하고 그에 따라 생각하고 행동해야 합니다. 이것만 되어도 훌륭한 사람입니다.

이렇게 세상의 구성에 대해 살펴보았습니다. 준비가 되었으니 이제 생명 가진 존재와 생명 가지지 않은 존재 사이에서 무슨 일들이 벌어지고 어떤 원리로 그 일들이 일어나는지를 한번 보겠습니다.

나와 생명 가지지 않은 것 사이의 상호작용

○

먼저 나와 생명 가지지 않는 것 사이에 무슨 일이 일어나는지 보겠습니다. 생명 가지지 않은 것이 나에게 영향을 주고, 그 영향에 반응하여 내가 뭔가를 한다는 걸 우리는 경험으로 이미 알고 있습니다. 그 상호작용의 가짓수는 무수히 많은데 그중 기본은 호흡입니다. 물은 마시지 않아도 며칠 버틸 수 있지만 숨을 쉬지 않으면 우리는 금방 생명을 잃을 것이기 때문입니다. 우리는 공기를 쑤욱 빨아들여서 생명활동을 하고 난 뒤 바깥으로 내보냅니다. 그렇게 내보낸 것이 공기의 구성에 영향을 주어 변화를 일으키고, 그러한 변화는 또 다른 생명 가진 것에 영향을 줍니다.

그렇다면 나와 생명이 없는 것 사이의 상호작용은 무엇에 따라 일어날까요? 바로 자연 법칙이나 물리 법칙에 따라 일어납니다. 예를 들어 우리가 이 강의실에 들어왔을 때 강의실 온도가 우리에게 영향을 주었겠지요. 강의실 온도가 30℃였다면, 강사에게는 29℃만큼 영향을 주고 수강생에게는 30℃만큼 영향을 주는 식으로 서로 다른 영향을 줄 수는 없습니다. 자연 법칙에 따라 똑같이 영향을 줍니다. 생명 가진 존재인 우리는 이러한 영향을 받고 선택을 하게 됩니다. 가만히 있을 수도 있고, 에어컨을 켜거나 창문을 열 수도 있고, 겉옷을 벗을 수도 있습니다. 무엇을 선택하든, 같은 선택에는 같은 결과가 따릅니다. 에어컨을 켜고 설정 온도를 25℃로 맞추면 누가 켜는지와 상관없이 온도가 내려갑니다. 이렇게 생명 가진 존재와 생명 가지지 않은 존재 사이의 상호작용에 따른 결과는 자연 법칙에 따라 일어납니다. 생명 가진 존재의 선택이 동일하면 똑같은 결과가 일어나는 겁니다.

나와 남 사이의 상호작용

○

이제 생명 가진 것들 사이의 상호작용이 어떤 원리로 일어나는지를 보겠습니다. 편의상 나와 남 사이의 상호작용으로 설명하지만, 하나 대 여럿이든 여럿 대 여럿이든 생명 가진 존재 사이에 일어나는 상호작용의 원리는 같습니다.

자, 내가 남을 향해서 뭔가를 합니다. 왜 하겠습니까? 안 죽고 안 괴롭기 위해서 하는 것입니다. 이것이 출발점입니다. 예를 들어 아기는 배가 고프면 웁니다. 엄마가 자고 있든 화장실에 있든, 밤이든 새벽이든 사정을 봐주지 않고 웁니다. 스스로 먹을 것을 챙길 수 없기 때문에 울음으로 누군가에게 자기 배고픈 사정을 알리는 것입니다. 아기가 안 울면 어떻게 되겠습니까? 배가 고파서 괴로워지겠지요. 그래도 계속 안 울면 어떻겠습니까? 물론 때가 되면 엄마가 챙겨 먹이겠지만, 여기서는 일단 상호작용이 없다고 가정해봅시다. 결국 굶어 죽겠지요.

생명 가진 존재는 가만있으면 괴로워지고 그러다 죽습니다. 태어나서 죽는 날까지 생명을 유지하기 위해 뭔가를 할 수밖에 없는 존재인 것입니다. 이게 불교에서 말하는 고통[苦]이라고도 할 수 있습니다. 우리는 혼자서 자족할 수 없습니다. 말하자면 남을 필요로 합니다. 요즘에는 인터넷에서 클릭 몇 번만 하면 필요한 것들이 바로바로 오니까 남 도움 없이 살 수 있을 것처럼 보이지만, 본질적으로 우리는 남과 함께 살 수밖에 없는 존재입니다.

자기가 남을 향해서 하는 행동을 가만 살펴보세요. 그러면 자기의 행동들이 모두 자기를 위한 것임을 알 수 있습니다. 이건 불변의 출발점입니다. 다만 나의 행동이 남에게 좋아 보이거나 좋지 않게 보일 수는 있습니다. 제 이야기에 이런 의문이 드는 분이 계실 거예요. '물에 빠진 아이를 구하기 위해 물속으로 뛰어드는 부모의 행동은 자기를 위한 것이 아니라 아이를 위한 것 아닐까?' 하지만 그렇지 않습니다. 부모는 아이가 물에 빠져 죽는 걸 보고 있느니 자기 생명을 걸더라도 물속으로 뛰어드는 게 낫기 때문에 그러는 것입니다.

환자들을 상담하다보면, 어떤 환자는 "XX는 자기를 챙긴다"라는 식으로 말하면서 그를 안 좋게 생각합니다. 하지만 자기를 챙기는 게 잘못된 것은 아닙니다. 누구든지 자기를 챙기는 것은 괜찮습니다. 그러는 것에 상처를 받고 그런 행위를 비난한다면, 그건 본인이 어리석다는 증거입니다. 단, 그렇게 자기를 챙기더라도 지켜야 하는 것은 있습니다. 바로 남에게 피해를 주면서까지 자기를 챙겨서는 안 된다는 것입니다. 누군가가 자기를 위하는 행동을 하는데 지혜롭게 하느냐 어리석게 하느냐에 대해서는 우리가 말할 수 있는 겁니다.

나의 행위는 원인이 되어 그것에 대한 결과를 불러옵니다. 그리고 나의 행위가 좋은 원인이 되는지 나쁜 원인이 되는지는 전적으로 남의 판단에 달려 있습니다. 남의 판단에 따라 결과의 성질이 결정되는 것입니다. 나도 좋고 남도 좋은 행위에는 순조로운 결과가 따릅니다. 반대로 나는 좋은데 남에게는 안 좋은 행위에는 저항이 일어납니다. 이것이 생명 가진 존재들 사이의 법칙으로, 정리하면 나도 좋고 남도 좋은 건 선(善), 나는 좋은데 남에겐 안 좋은 건 악(惡)이라고 할 수 있습니다.

선악에는 작은 것에서 큰 것까지 스펙트럼이 있습니다. 그리고 그것 역시 남의 판단에 따라 결정됩니다. 예를 들어 내가 누군가의 결혼식에 갔다고 칩시다. 아무나의 결혼식에 가지는 않겠지만, 저를 반기는 혼주도 있고 저를 피하려는 혼주도 있다고 가정하면, 저를 반기는 결혼식에 간 행위는 선이고 저를 피하려는 결혼식에 간 행위는 악입니다. 그리고 혼주의 감정 크기에 따라 그 선악의 크기가 결정되겠지요. 그렇다면 우리가 저지를 수 있는 최고의 악은 무엇일까요? 바로 살인입니다. 존재는 죽기를 원하지 않습니다. 그래서 죽이는 것이 최고의 악입니다. 살인을 법에서 가장 엄중하게 다스리는 것도 이 때문입니다. 반대로, 같은 맥락에서 최고의 선은 죽어가는 사람을 살려주는 것입니다.

선한 행위는 순조로운 결과를 불러와 즐거움을 줍니다. 반대로 악한 행위는 저항을 불러와 고통을 줍니다. 이게 '선인낙과(善因樂果) 악인고과(惡因苦果)'라는 불교의 인과사상입니다. 생명 가진 것들은 사회를 이루어서 사니까, 불교의 인과사상은 자연스럽게 사회의 윤리 법칙으로 확장됩니다. 우리가 반드시 지켜야 하는 윤리 법칙이 아니라, 반드시 실현될 수밖에 없는 자연적인 윤리 법칙으로 그렇습니다.

남 속에 있는 내 모습이 내 인생을 결정한다

○

'선인낙과 악인고과'를 좀 더 실감 나게 설명해보겠습니다. 지금 여기 계신 분들 모두 지인이 많이 있을 겁니다. 모르긴 해도 한 수만 명씩은 아실 거예요. 얼굴을 아는 사람도 많고, 오래 못 봐서 얼굴은 잊었지만 기억을 더듬으면 떠오르는 사람도 많을 것입니다. 함께 학교에 다닌 동기들만 따져도 수천 명이 될 것입니다. 그렇게 나와 접촉했던 사람들 마음속에 다 내가 있다고 보시면 됩니다. 밤에 달이 뜨면 강이든 개울이든 물이 있으면 달그림자가 다 비치듯이, 우리를 본 사람 마음속에 다 우리가 있는 겁니다. 어떤 내가 있느냐? 그 사람들이 판단한 내가 있습니다.

그 사람들 마음속에 내가 좋게 들어 있으면 나한테 좋은 것이 오고 나쁘게 들어 있으면 나쁜 것이 옵니다. 예를 들어 제가 TV에 나왔다고 해봅시다. 그러면 제 병원으로 환자가 많이 올까요, 적게 올까요? 많이 올 수도 있고 적게 올 수도 있습니다. TV를 본 사람 마음속에 제가 '실력 있는 사람'으로 들어가게 되면, 지금 당장은 아니더라도 결국에는 환자가 많이 오게 될 것입니다. 자기에게 문제가 생기면 직접 올 테고, 가까운 사람에게 문제가 생기면 저를 추천할 테니까요. 반대로 '저 사람

실력 없네. 불교에 폭 빠져가지고 사리분별을 못 해.' 이렇게 제 모습이 새겨지면 환자가 올 리 없을 것입니다.

제가 개를 키우는데, 개 속에도 제가 있습니다. 개가 판단한 제가 개 마음에 들어 있는 것이지요. 밥 주는 사람으로 들어 있는지, 함께 산책하는 사람으로 들어 있는지, 그냥 '남자 사람'으로 들어 있는지는 모르지만, 개가 보는 제가 있을 겁니다.

우리는 자기가 남 속에 어떻게 들어가 있는지를 봐야 합니다. 그리고 남 속에 내가 좋게 들어갈 수 있도록 해야 합니다. 그럼 어떻게 해야 내가 좋게 들어갈 수 있을까요? "야, 너 나를 좋게 넣어." 이러면 될까요? 그러면 더 나쁘게 들어갈 겁니다. 그보다는, 남이 나를 보고 '아! 저 사람이 내 곁에 있으니까 좋다.' 이런 마음이 들어야 좋게 들어갈 겁니다. 예를 들어 제가 함께 일하는 간호사에게 "나를 존경해라." 이렇게 말하면 간호사가 저를 존경하지 않을 겁니다. 간호사가 저를 존경할 만한 무언가를 해야 존경하겠지요. 다른 사람 마음속에 내가 좋게 들어가 있으면 어딜 가도 안전합니다. 반대로 나쁘게 들어가 있으면 위험하겠지요. 저는 그걸 지뢰밭이라고 부릅니다. 언젠가 잘못 건드리면 꽝 하고 터지는 거예요.

예전에 〈태조 왕건〉이라는 드라마에서, 궁예가 처음에는 아픈 사람들 고름도 빨아주고 좋은 일을 하니까 사람들이 그를 많이 따랐습니다. 그런데 왕이 되고 난 뒤에는 술도 많이 마시고 관심법이니 뭐니 해가며 남을 괴롭혔습니다. 그러니까 나중에는 모두 그에게서 등을 돌렸습니다. 이처럼 우리가 정말 힘이 있으려면 남에게 도움을 줘야 합니다. 남을 도와서 자기 세력으로 주위를 가득 채워야 합니다. 내가 무언가를 말하면 사람들이 귀 기울여 듣고 해야지 아무런 호응이 없고 그러면 곤란합니다.

찾아보면 힘 안 들이고 남을 도울 수 있는 게 많습니다. 저는 누가 물어보면 대답을 잘해줍니다. 그러면 제 설명을 들은 사람들이 모두 고마워합니다. 길거리에서 누가 길 물어보면 잘 알려주는 것도 남을 돕는 쉬운 방법입니다. 남을 돕는 재미를 알아야 합니다. 우리는 공존하는 존재이므로 실은 서로 돕고 살 수밖에 없습니다. 그렇게 사는 것이 법칙과 이치에 맞게 흐름을 타는 것입니다. 이게 우리가 사는 실제 세계입니다. 이걸 잘 아셔야 합니다.

정리하면, 생명 가진 존재와 함께할 때는 나도 좋고 남도 좋은 게 무엇인지를 자꾸 찾아야 합니다. 부부 사이에서는 나도 좋고 배우자도 좋은 것을, 부모 자식 사이에서는 나도 좋고 자식도 좋은 것을 항상 찾아야 합니다. 이때 중요한 게 공감입니다. 공감에 대해서는 뒤에서 자세히 이야기하겠습니다.

나도 좋고 남도 좋은 것을 찾는다

○

나와 남이 바라는 것이 서로 충돌할 때, 지금까지는 기분이 좀 나빴거나 남에 대한 원망이 생기거나 인간관계가 깨지거나 했습니다. 하지만 제가 지금까지 말씀드린 세상의 이치를 이해하고 따른다면, 이제는 서로 바라는 바가 충돌할 때 어떻게 하는 것이 이치에 맞는지 연구를 하게 될 것입니다. 다시 말해 남의 마음을 정확하게 보고, 나와 남 둘 모두에게 좋은 일을 찾게 되는 것입니다. 이런 마음의 전환이 제일 중요합니다.

그럴 수 있기 위해서는 연습이 필요합니다. 불교에서 말하는 타심통(他心通. 남의 마음을 읽는 능력)을 얻으면 정확하게 볼 수 있지만, 그런 능력이 없는 우리는 남의 마음에 가까이 가는 연습을 오랫동안 해야 합니다. 예를 들어 좀 껄끄러운 사람이 있다면, 하루 중 조용하게 보낼 수 있는 자기만의 시간에 그의 최근 모습을 가만히 떠올려봅니다. 그때 자기 안에서 감정이 일어나기도 합니다. 그러면 그걸 멈추고 또 가만히 그의 모습을 바라봅니다. 어떤 생각이 일어날 수도 있는데, 그러면 그걸 멈추고 그를 다시 바라봅니다. 자기 안에서 어떤 반응이나 판단이 일어나면 무조건 멈추고, 오로지 그를 계속 바라보기만 하면 그에게 좀 가까워집니다.

우리가 남을 볼 때 가장 큰 장애는 자기 자신입니다. 우리는 오랜 습성 때문에 생각으로 다른 사람을 판단합니다. 그 생각의 습성을 내려놓고 상대방 마음속에 들어가는 게 필요합니다. 하지만 그러기란 좀처럼 쉽지 않습니다. 남이 말 안 해주고 가만히 있는데 그 사람 마음이 쉽게 알아지겠습니까. 생각으로 넘겨짚는 게 아니라 상대방 속에서 정말 무엇이 일어나고 있는지를 보려고 노력하다 보면 '아, 다른 사람 마음 알기 정말 어렵다.' 이런 결론에 도달합니다. 다른 사람의 마음은, 그가 순간순간 살아온 것들이 모두 쌓여서 형성된 거대한 세계입니다. 거기에 어떻게 내가 쉽게 들어갈 수 있겠습니까. 사실이 이러한데 우리는 그동안 너무 쉽게 이 사람은 이렇고 저 사람은 저렇다고 단정지어왔습니다. 섣부르게 판단하기를 멈추고 상대를 유심히 보기 시작하면 마음이 좀 겸손해집니다. 하다 보면 그렇게 됩니다.

사람을 볼 때 항상 '나에게는 나만큼 소중한 사람이 없다. 내가 무슨 생각을 하고 어떤 판단을 하든 그건 당연하다. 내가 살아온 과정에는 그럴 만한 이유가 있다. 똑같이 저 사람에게는 자신이 가장 소중하다. 저 사람이 무슨 생각과 무슨 판단을 하든 거기에는 그럴 만한 이유가 있다.' 이렇게 보고 대하면 그게 진정한 존중입니다. 나를 100퍼센트 받아들인 것처럼 상대방을 100퍼센트 받아들이는 것이 시작입니다. 그러면 살면서 충돌이 점점 없어집니다.

이렇게 되면 사는 게 당당해집니다. 나뿐 아니라 상대방의 입장에서도 생각하고 말하고 행동한 덕에 내가 꿀릴 일이 하나도 안 생기기 때문입니다. 또 내가 나를 위해서 뭘 하지만, 상대방 입장에서 충분히 생각한 다음 나에게도 좋고 그에게도 좋은 일만 선택했기 때문에 진정한 대화가 가능해집니다. 나만을 위한 것은 말을 꺼내기도 어렵고, 설사 말을 한다 해도 상대방에게 먹혀들지도 않습니다. 하지만 나도 좋고 남도 좋은 것에 대해서는 설사 처음에는 상대방이 받아들이기 어려워하더라도 충분하게 이야기하게 되며, 일도 수월하게 잘 진행됩니다. 마음 자체가 바뀌어서 오로지 공존의 마음만 있기 때문에, 어디서나 누구와도 충분한 대화가 가능한 상태로 있습니다. 진정 좋은 일을 모색하려면 그런 상태가 되어야 합니다.

모든 것은 '기브 앤 테이크(give & take)' 입니다. 거기에서 벗어나는 것은 없습니다. 남이 나를 싫어하고 내가 하는 일에 저항하는 건, 내가 남이 싫어할 만한 일을 했기 때문입니다. 남이 나를 좋아하고 내가 하는 일에 협력하는 건, 내가 남이 좋아할 만한 일을 했기 때문입니다. 이런 시각을 너무 이해 타산적인 거라고 보실 분도 계실 겁니다. 하지만 그런 게 아닙니다. 세상의 이치가 그런 겁니다. 선인락과 악인고과라는 걸 꼭 기억하십시오.

나도 좋고 남도 좋은 것에 대한 부처님의 가르침

○

누구나 자기가 좋은 일을 하고 싶어 하는 것은 당연하다고 말씀드렸습니다. 그렇다면 자기에게 좋은 일을 하면 행복해질까요? 이 문제를 한 번 살펴보겠습니다.

내가 좋아하는 건 당연히 내가 잘 알지만 그것이 나중에 바뀔 수가 있습니다. 그런데 이 생각이 바뀌면 나중에 그만큼 괴로움이 생깁니다. 내가 이게 좋아서 했는데 나중에는 그것 때문에 괴로운 겁니다. 예를 들어 지금 술이 마시고 싶어 많이 마셨는데, 다음날 아침 몸이 고통스러우니 생각이 바뀌어 어제 술 마신 일을 후회하는 것이지요. 비슷한 경험 다들 몇 번쯤 해보셨을 겁니다. 그래서 우리에게는 생각이 바뀌지 않는 게 굉장히 중요합니다.

생각이 안 바뀌려면 어떻게 해야 할까요? 정확하게 봐야 합니다. 잘못 본 것은 얼마든지 바뀔 소지가 있지만 정확하게 본 건 바뀌지 않습니다. 그래서 정확하게 보는 연습을 하는 게 괴로움을 없애는 길이 될 수 있습니다. 나도 좋고 남도 좋은 것도 넓은 시각으로 바라볼 필요가 있습니다. 예를 들어 내가 돈이 좀 필요하고 친구도 돈이 좀 필요합니다. 그래서 둘이 은행을 털자고 합의를 보고 감행했어요. 당장 돈을 손에 쥐고서 둘이는 기분 좋겠지만, 거기에 연루된 또 다른 '남'들이 있습니다. 그들은 거기에 저항하겠지요. 그 남들 가운데는 경찰도 있습니다. 돈을 털어 잠시는 좋았겠지만 결국 경찰에 잡혔다고 쳐봅시다. 그러면 이제 둘이 서로를 원망합니다. "네가 은행을 털자고 해서 이 꼴이 되었다. 왜 나를 꼬셨냐? 내 인생 책임져라."

나도 좋고 남도 좋은 것이란 장기적으로 볼 때 모두에게 도움이 되어야 합니다. 잠시는 도움이 되는데 나중에 바뀔 수 있는 것은 곤란합니다. 따라서 정확히 보는 데는 지혜가 많이 필요합니다.

경전을 보면 부처님께서 나도 좋고 남도 좋으며, 이생도 좋고 다음 생도 좋은 것이 무엇인지 말씀하는 장면이 나옵니다. 한번 살펴보겠습니다.

암발랏티까에서 라훌라를 교계한 경

"라훌라야, 이를 어떻게 생각하는가? 거울의 용도는 무엇인가?"
"비추어보는 것입니다, 세존이시여."
"라훌라야, 그와 같이 지속적으로 반조하면서 몸의 행위를 해야 하고, 지속적으로 반조하면서 말의 행위를 해야 하고, 지속적으로 반조하면서 마음의 행위를 해야 한다."

"라훌라야, 네가 몸으로 행위를 하고자 하면, 너는 그 몸의 행위를 이렇게 반조해야 한다.
'나는 이제 몸으로 행위를 하려고 한다. 나의 이런 몸의 행위가 나를 해치게 되고 다른 사람을 해치게 되고 둘 다를 해치게 되는 것은 아닐까? 이 몸의 행위가 해로운 것이어서 괴로움으로 귀결되고 괴로운 과보를 가져오게 되는 것은 아닐까?'
라훌라야, 만일 네가 그렇게 반조하여 '내가 이제 몸으로 행하고자 하는 이 몸의 행위는 나도 해치게 되고 다른 사람도 해치게 되고 둘 다를 해치게 될 것이다. 이 몸의 행위는 해로운 것이어서 괴로움으로 귀결되고 괴로운 과보를 가져올 것이다.' 라고 알게 되면, 너는 그와 같은 몸의 행위는 절대로 해서는 안 된다.
라훌라야, 만일 네가 반조하여 '내가 이제 몸으로 행하고자 하는 이 몸의 행위는 나를 해치지도 않을 것이고 다른 사람을 해치지도 않을 것이고 둘 다를 해치지도 않을 것이다. 이 몸의 행위는 유익한 것이어서 즐거움으로 귀결되고 즐거운 과보를 가져올 것이다.' 라고 알게 되면, 너는 그와 같은 몸의 행위를 해야 한다."

"라훌라야, 네가 몸으로 행위를 하고 있다면, 너는 그 몸의 행위를 이렇게 반조해야 한다.
'나는 지금 몸의 행위를 하고 있다. 나의 이런 몸의 행위가 나를 해치거나 다른 사람을 해치거나 둘 다를 해치고 있는 것은 아닐까? 이 몸의 행위가 해로운 것이어서 괴로움으로 귀결되고 괴로운 과보를 가져오는 것은 아닐까?'
라훌라야, 만일 네가 그렇게 반조하여 '내가 지금 몸으로 행하고 있는 이 몸의 행위는 나도 해치고 다른 사람도 해치고 둘 다를 해치고 있는 것이다. 이 몸의 행위는 해로운 것이어서 괴로움으로 귀결되고 괴로운 과보를 가져오는 것이다.'라고 알게 되면, 너는 그와 같은 몸의 행위는 중지해야 한다.
라훌라야, 만일 네가 반조하여 '내가 지금 몸으로 행하고 있는 이 몸의 행위는 나를 해치고 있는 것도 아니고 다른 사람을 해치고 있는 것도 아니고 둘 다를 해치고 있는 것도 아니다. 이 몸의 행위는 유익한 것이어서 즐거움으로 귀결되고 즐거운 과보를 가져오는 것이다.'라고 알게 되면, 너는 그와 같은 몸의 행위는 계속해도 좋다."

"라훌라야, 네가 몸으로 행위를 하고 난 뒤에도, 너는 그 몸의 행위를 이렇게 반조해야 한다.
'나는 지금 몸으로 행위를 했다. 나의 이런 몸의 행위가 나를 해친 것이거나 다른 사람을 해친 것이거나 둘 다를 해친 것은 아닐까? 이 몸의 행위가 해로운 것이어서 괴로움으로 귀결되고 괴로운 과보를 가져온 것은 아닐까?'
라훌라야, 만일 네가 그렇게 반조하여 '내가 지금 몸으로 행한 이 몸의 행위는 나도 해친 것이고 다른 사람도 해친 것이고 둘 다를 해친 것이다. 이 몸의 행위는 해로운 것이어서 괴로움으로 귀결되고 괴로운 과보를 가져온 것이다.'라고 알게 되면, 너는 그와 같은 몸의 행위를 스승이나 현명한 동료 수행자들에게 실토하고 드러내고 밝혀야 한다. 실토하고 드러내고 밝힌 뒤 미래를 위해 단속해야 한다.

라훌라야, 만일 네가 반조하며 '내가 지금 몸으로 행한 이 몸의 행위는 나를 해친 것도 아니고 다른 사람을 해친 것도 아니고 둘 다를 해친 것도 아니다. 이 몸의 행위는 유익한 것이어서 즐거움으로 귀결되고 즐거운 과보를 가져온 것이다.'라고 알게 되면, 너는 밤낮으로 유익한 법들을 공부 지으면서 희열과 환희로 머물게 될 것이다."

이 경에서 부처님은 라훌라에게 가르침을 폅니다. 라훌라가 일곱 살이었을 때 자꾸 거짓말을 했는지 부처님은 라훌라를 앉혀놓고 물그릇을 비유로 들어 말씀합니다. 거짓말하는 출가자의 수행은 뒤집어진 물그릇처럼 바닥나고 빈 것이 된다고 말이지요.

그 다음에 나오는 게 방금 살펴본 구절입니다. 이 구절에서 부처님은 라훌라에게 몸으로 하는 행위에 대해서 반조한 다음 그 행위가 나 또는 남 또는 둘 다를 해치게 될 것이거나(미래), 해치고 있거나(현재), 해쳤다면(과거) 그것은 해로운 것이어서 괴로운 과보를 가져오니 중지해야 한다고 말씀합니다. 반대로 그 행위가 나 또는 남 또는 둘 다를 해치지 않게 될 것이거나, 해치지 않고 있거나, 해치지 않았다면 그 것은 유익한 것이어서 즐거운 과보를 가져오니 계속해야 한다고 말씀합니다. 이때 과보는 이생과 다음 생 모두에 해당한다고 이해하시면 됩니다.

그리고 이미 지은 해로운 행위에 대해서는 특별히 "스승이나 현명한 동료 수행자들에게 실토하고 드러내고 밝혀야 한다. 실토하고 드러내고 밝힌 뒤 미래를 위해 단속해야 한다."고 말씀하고 있습니다. 그들에게 가서 내가 이러한 잘못된 행동을 했습니다, 하고 실토한 다음 잘 견책해달라고 부탁하라는 것입니다. 혼자는 어려울 수도 있으니 함께 살펴서 피하는 시스템을 만들라는 뜻입니다.

방금 살펴본 경에서, 뒤이어 부처님은 말과 뜻으로 짓는 행위에 대해서도 똑같이 말씀합니다. 우리는 보통 몸과 말로 짓는 행위에 대해서만 반조하고 있지만 부처님은 뜻으로 짓는 행위까지 철저하게 반조하라고 말씀합니다. 그래서 불교에서는 몸과 말과 뜻으로 짓는 세 가지 업〔身口意 三業〕을 잘 지으라고 가르치고 있습니다.

이 경전이 어떻게 마무리되는지 살펴볼까요.

> "라훌라야, 몸의 행위가 청정했고 말의 행위가 청정했고 마음의 행위가 청정했던 과거세의 사문들이나 바라문들은 모두 이와 같이 계속해서 반조함에 의해 몸의 행위가 청정했고, 이와 같이 계속해서 반조함에 의해 말의 행위가 청정했고, 이와 같이 계속해서 반조함에 의해 마음의 행위가 청정했다.

라훌라야, 몸의 행위가 청정할 것이고 말의 행위가 청정할 것이고 마음의 행위가 청정할 미래세의 사문들이나 바라문들도 모두 이와 같이 계속해서 반조함에 의해 몸의 행위가 청정할 것이고, 이와 같이 계속해서 반조함에 의해 말의 행위가 청정할 것이고, 이와 같이 계속해서 반조함에 의해 마음의 행위가 청정할 것이다.

라훌라야, 몸의 행위가 청정하고 말의 행위가 청정하고 마음의 행위가 청정한 지금의 사문들이나 바라문들도 모두 이와 같이 계속해서 반조함에 의해 몸의 행위가 청정하고, 이와 같이 계속해서 반조함에 의해 말의 행위가 청정하고, 이와 같이 계속해서 반조함에 의해 마음의 행위가 청정하다.

라훌라야, 그러므로 여기서 너는 '계속해서 반조함에 의해 몸의 행위를 청정하게 하리라. 계속해서 반조함에 의해 말의 행위를 청정하게 하리라. 계속해서 반조함에 의해 마음의 행위를 청정하게 하리라.'라고 공부지어야 한다."

세존께서는 이와 같이 설하셨다. 라훌라 존자는 흡족한 마음으로 세존의 말씀을 크게 기뻐하였다.

부처님의 이 가르침은 라훌라만을 위한 것이 아닙니다. 우리에게도 똑같이 도움이 됩니다. 이 가르침을 외우세요. 우리는 자기 머릿속에 들어 있는 것에 영향을 받는 존재입니다. 머릿속에 들어 있는 것이 바로 '나'입니다. 이 구절을 외워서, 누가 물었을 때 "라훌라가 일곱 살 때 거짓말을 자꾸 하니까 부처님이 찾아가서 이렇게 교화했다."라고 말할 수 있을 정도가 되면, 이전과 많이 달라져 있는 자신을 발견할 수 있을 것입니다.

이제 구체적인 행동의 예를 살펴보겠습니다. 이번에도 경전을 직접 참고하겠습니다. 부처님이 웰루드와라에 갔을 때 그곳에 사는 바라문 장자들이 부처님에게 다가가 묻고 부처님이 답하는 장면입니다.

웰루드와라에 사는 자들 경

"고따마 존자시여, 저희들은 '우리는 자식들이 북적거리는 집에서 살기를. 우리는 까시에서 산출된 전단향을 사용하기를. 화환과 향과 연고를 즐겨 사용하기를. 금은을 향유하기를. 몸이 무너져 죽은 뒤에 좋은 곳[善處], 천상에 태어나기를.'이라는 이러한 욕망과 이러한 바람과 이러한 기대를 가지고 있습니다.
고따마 존자시여, 이러한 욕망과 이러한 바람과 이러한 기대를 가지고 있는 저희들에게 법을 설해주십시오. 그래서 저희들이 자식들이 북적거리는 집에서 살고, 까시에서 산출된 전단향을 사용하고, 화환과 향과 연고를 즐겨 사용하고, 금은을 향유하고, 몸이 무너져 죽은 뒤에 좋은 곳, 천상에 태어나도록 해주십시오."

"장자들이여, 나는 그대들 자신에게 적용시킬 수 있는 법문을 설하리라. 이제 그것을 들어라. 듣고 마음에 잘 새겨라. 나는 설할 것이다."
"그렇게 하겠습니다."라고 웰루드와라에 사는 바라문 장자들은 세존께 대답했다. 세존께서는 이렇게 말씀하셨다.
"장자들이여, 어떤 것이 자신에게 적용시킬 수 있는 법문인가?"

"장자들이여, 여기 성스러운 제자는 이렇게 숙고한다.
'나는 살기를 바라고 죽기를 바라지 않으며 행복을 바라고 괴로움을 혐오한다. 이처럼 살기를 바라고 죽기를 바라지 않으며 행복을 바라고 괴로움을 혐오하는 나의 목숨을 누가 뺏어가려 하면 그것은 사랑스럽거나 소중하지 않다. 그런데 만일 내가, 살기를 바라고 죽기를 바라지 않으며 행복을 바라고 괴로움을 혐오하는 다른 사람의 목숨을 뺏으려 하면 그것은 그에게도 사랑스럽거나 소중하지 않다. 나에게 사랑스럽지 않고 소중하지 않은 법은 남에게도 역시 사랑스럽지 않고 소중하지 않다. 그러니 어떻게 나에게 사랑스럽지 않고 소중하지 않은 법을 다른 사람에게 적용할 수 있겠는가?' 라고.
그는 이렇게 숙고한 뒤에 자기 스스로 생명을 죽이는 것을 멀리 여의고 남으로 하여금 생명을 죽이는 것을 멀리 여의도록 하고 생명을 죽이는 것을 멀리 여의는 것을 칭송한다. 이와 같이 그는 몸의 행실을 세 가지로 청정하게 한다."

부처님은 이렇게 생명 죽이는 것을 멀리 여의는 것이 행복에 이르는 길이라 말씀한 다음, 주지 않는 것을 갖지 않고, 바람을 피우지 않고, 아내에게 성실하고, 진실만을 말하며, 중상모략을 하지 않고, 욕설을 하지 않고, 잡담을 하지 않는 것이 행복에 이르는 길이라고 같은 방식으로 말씀합니다.

'나와 남이 공존할 수 있는 길을 찾는 것이 행복에 이르는 길'이라는 원칙에 확고해야 합니다. 그 다음에 살아가면서 만나는 이런저런 상황에 맞게 응용을 하는 게 중요한데, 그것을 잘하려면 지혜가 많아져야 합니다. 지혜가 많아지는 길로 제가 추천하는 것은 불교 경전을 많이 읽는 것입니다. 부처님 가르침이라는 게 엄청나게 높고 묘하여 우리가 도저히 가늠할 수 없는 부분이 있긴 하지만, 지금 살펴본 경전들처럼 대단히 상식적인 것들도 많이 있습니다. 그도 그럴 것이, 부처님은 당신에게 도움을 청하는 이들에 맞춰 다양한 말씀을 하셨기 때문입니다. 경전에 가장 힘이 있습니다. 경전을 꾸준히 보아서 가만있어도 떠오르도록 하는 게 좋습니다.

말할 때 갖추어야 할 다섯 가지 요소

○

《디가 니까야》〈정신경〉을 보면, 우리가 말할 때 갖춰야 하는 요소에 대해 부처님이 설명합니다. 경전을 살펴보겠습니다.

정신경(淨信經)

"쭌다여, 만일 과거가 사실이 아니고 옳지 않고 이익을 줄 수 없다고 여기면 여래는 그것을 설명하지 않는다. 만일 과거가 사실이고 옳더라도 이익을 줄 수 없다고 여기면 여래는 그것을 설명하지 않는다. 만일 과거가 사실이고 옳고 이익을 줄 수 있다 하더라도 여래는 그 질문을 설명해줄 바른 시기를 안다. 쭌다여, 만일 미래가 사실이 아니고 옳지 않고 이익을 줄 수 없다고 여기면 여래는 그것을 설명하지 않는다. 만일 미래가 사실이고 옳더라도 이익을 줄 수 없다고 여기면 여래는 그것을 설명하지 않는다. 만일 미래가 사실이고 옳고 이익을 줄 수 있다 하더라도 여래는 그 질문을 설명해줄 바른 시기를 안다.

쭌다여, 만일 현재가 사실이 아니고 옳지 않고 이익을 줄 수 없다고 여기면 여래는 그것을 설명하지 않는다. 만일 현재가 사실이고 옳더라도 이익을 줄 수 없다고 여기면 여래는 그것을 설명하지 않는다. 만일 현재가 사실이고 옳고 이익을 줄 수 있다 하더라도 여래는 그 질문을 설명해줄 바른 시기를 안다. 쭌다여, 이처럼 과거와 미래와 현재의 법들에 대해서 여래는 시기에 맞는 말을 하고, 있는 것을 말하고, 유익한 것을 말하고, 법을 말하고, 율을 말하는 자이다. 그래서 여래라 부른다."

말에서는 '사실'이 시작점입니다. 거기에 바탕을 두고 다른 사람에게 진정으로 도움이 되는 길을 모색하는 것이 불교적 인간관계의 근본이라고 볼 수 있습니다. 그건 정신치료도 마찬가지입니다. 사실을 바탕으로 환자와 관계를 맺어야 합니다. 프로이트도 비슷한 뜻의 말을 했습니다. 치료자는 환자에 대해서 정확하게 파악한 다음, 그걸 그대로 던지지 말고 환자에게 도움이 되는 적절한 시기를 찾아야 한다고 말이지요. 부작용이 가장 적고 치료 효과가 극대화될 수 있는 타이밍을 찾아야 하는 겁니다.

그렇다면 사실이란 무엇일까요? 사실은 직접 보고 들은 것입니다. 보고 들은 만큼만 이야기해야 합니다. 그런데 그렇게 하기가 쉬운 일은 아닙니다. 일단 자기가 직접 보고 들은 것을 분명하게 구분하는 게 쉽지 않을뿐더러, 말을 하다보면 우리는 자기도 모르게 습관적으로 자기 생각을 사실인양 드러내곤 하기 때문입니다. 그러니까 말을 하면서도 자기가 무슨 말을 하고 있는지 스스로를 잘 관찰할 필요가 있습니다.

말이 갖춰야 하는 둘째 요소는 '옳음'입니다. 부처님은 '옳거나 옳지 않은 말'이라고 표현했지만 저는 그걸 '말할 만한 가치가 있나 없나'로 살짝 바꾸어도 무관하다고 봅니다.

말이 갖춰야 하는 셋째 요소는 '이익'입니다. 부처님은 내 말이 듣는 사람에게 도움이 될 때만 말을 하라고 했습니다.

말이 갖춰야 하는 넷째 요소는 '타이밍'입니다. 그렇다면 언제가 적절한 타이밍일까요? 듣는 사람 안에 '질문'이 생겼을 때, 그러니까 상대가 무언가를 물었을 때가 말하기 가장 좋은 타이밍입니다. 그럴 때 사람들은 엄청 듣고 싶어 하기 때문입니다. 물론 상대가 질문을 직접 하지 않더라도, 잘 관찰을 하다보면 '아, 이 사람이 지금 궁금해하는구나!'라고 알 수 있습니다. 그럴 때 필요한 이야기를 해줘야 합니다.

말이 갖춰야 하는 마지막 다섯째 요소는 '적절한 표현'입니다. 위 경전에는 직접 드러나지 않지만 적절한 표현도 빠뜨릴 수 없는 요소입니다. 아무리 사실에 입각해 있고 가치 있는 일이고 상대방에게 도움이 되고 적절한 타이밍이더라도, 표현을 이상하게 하면 상대는 거부감을 느끼게 됩니다. 되도록이면 부드러운 말, 온화한 말을 해서 상대방이 거부감을 안 느끼도록 해야 합니다.

공감 연습

○

앞에서 공감의 중요성과 공감 능력 기르는 법에 대해 잠깐 언급했습니다. 여기서 그에 대해 좀 더 알아보겠습니다.

공감은 다른 사람의 마음속에 있는 것을 정확히 알려고 노력하는 것입니다. 훌륭한 치료자가 되려면 공감 능력을 배양하는 게 무엇보다도 중요합니다. 마주하고 있는 사람의 마음을 파악하고 그에 맞춰서 무언가를 해야지, 그러지 않고 자기 하고 싶은 대로 하는 건 환자에게 별로 도움이 안 되기 때문입니다. 그리고 적절한 타이밍을 잡는 것도, 공감이 되어 상대를 정확하게 파악했을 때 비로소 가능해집니다. 항상 다른 사람 마음속에 들어가서 민감하게 파악하고 있어야 합니다. 그렇다고 너무 예민해서 피곤해지면 안 되겠지요.

영어권에서는 공감을 '다른 사람의 신발을 신고 1마일을 걷기(walk a mile in another's shoes)'라고 말하기도 합니다. 자기 발에 맞지도 않는 다른 사람 신발을 신고 걷는 걸 상상해보세요. 인내와 노력이 필요한 쉽지 않은 일입니다. 앞에서도 말했듯 우리는 타심통을 얻기 전에는 다른 사람 마음을 정확히 알 수 없습니다. 다만 다른 사람의 마음을 있는 그대로 알려고 노력할 뿐입니다.

공감을 잘하려면 평소 사람 관찰을 많이 해야 합니다. 아이, 어른 할 것 없이 누구를 보든 세밀하게 관찰해야 합니다. 잘 사는 사람은 왜 잘 살고 못 사는 사람은 왜 못 사는지, 이혼을 한 사람은 왜 이혼을 했고 행복하게 사는 사람은 왜 행복한지, 내가 갖지 못한 능력을 갖고 있는 사람은 어떻게 해서 그렇게 되었는지 등등을 잘 관찰하다보면 공감하는 능력이 커집니다.

이게 처음엔 잘 안 되는데 오랜 세월 동안 하면 어느 정도는 상대의 마음에 가까워지게 됩니다. 누군가를 보면 내 생각을 스톱하고 상대방 속으로 들어가는 것입니다. 남이 진정으로 뭘 바라는지 알게 되어 나도 좋고 남도 좋은 걸 할 수 있게 되는 기반이 마련됩니다.

저는 공감 능력을 갖춰야겠다는 목표를 세워놓고 공감 연습을 오랫동안 해오고 있습니다. 한창 하던 때에는 지하철에 타면 맞은편 사람을 슬며시 관찰하며 그의 마음이 어떤지 보려고 많이 노력하기도 했습니다. 그가 입고 있는 옷, 신고 있는 신발, 들고 있는 물건 등을 유심히 살피며 '저 사람이 어떤 마음으로 저걸 선택했을까? 저 사람 현재 마음은 어떤가?'를 파악해보곤 했습니다.

1990년도에 병원 문을 연 뒤로 지금까지 저는 환자가 오면 저를 딱 스톱하고 환자 마음에 들어가려고 노력합니다. 저를 멈추고 환자하고 함께 움직이는 겁니다. 그러면서 환자에게 코멘트를 합니다. 이렇게 할 때 상당한 효과가 있습니다. 왜 그렇겠습니까? 환자들이 가끔 제게 하는 말 속에 힌트가 있습니다. "이상하게도 밖에서는 남들 말을 잘 안 듣게 되는

데, 여기서 선생님이 말하는 건 듣게 됩니다." 제가 그 사람 마음에서 그 사람이 돼서 그 사람 속에서 내면의 소리를 들려주는 거니까 마음을 열고 듣는 것입니다. 자기에게 이익이 된다는 걸 아니까 듣게 되는 것이지요.

사실 내가 상대에게 공감이 되었는지 아닌지는 상대가 확인해줍니다. 상대의 마음은 그만이 알 수 있기 때문입니다. 상대가 아무런 반응 없이 가만히 있으면 알 길이 막막합니다. 그보다는 상대가 화를 내고 욕을 하는 게 낫습니다. 그 마음을 그대로 알 수 있기 때문입니다.

공감하려는 노력을 하다보면 몇 가지 부수적 결과가 생겨납니다. 첫째는, 앞에서도 살펴보았듯이, 남의 마음을 알기란 어려운 일이라는 걸 깨닫는 것입니다. 다른 사람 마음은 내가 들어가기 어려운 거대한 세계입니다. 이걸 깨닫게 되면, 남의 마음을 섣불리 넘겨짚는 걸 그만두고 상대에게 진실하게 다가가려고 노력하게 됩니다. 따라서 이 깨달음이 가장 큰 소득입니다.

둘째는, 고마워하는 마음이 생겨나는 것입니다. 사람의 마음을 알려주는 건 결국 말입니다. 상대가 말로 자신의 마음을 이야기해주면, 공감하고자 하는 사람에게는 그만큼 고마운 일이 또 없습니다. 그 말이 설사 나를 비난하는 말이더라도, '아, 저 사람 마음이 그렇구나.' 하고 알게 되니 그것도 고마운 일로 받아들이게 됩니다.

셋째는, 내가 남에게 좋은 사람으로 받아들여진다는 것입니다. 남의 마음을 알려고 하면 남의 말을 잘 들어야 합니다. 그러면 상대방 눈에 내가 어떻게 비치겠어요. '야, 저 사람은 내 말을 진짜 경청하고 있구나. 나를 정말 존중하는구나.' 이렇게 생각하지 않겠습니까.

공감의 신경생물학

○

공감에 관계하는 신경세포가 있습니다. 바로 거울신경(mirror neuron)입니다. 1990년대 후반 무렵 이탈리아의 지아코모 리촐라티와 동료들이 거울신경을 발견했습니다. 연구진은 원숭이의 뇌에 전극을 설치한 다음, 원숭이가 물체를 집을 때 뇌의 어느 부위에서 반응이 일어나는지 관찰하는 연구를 했습니다. 연구 결과 집는 행동과 연결된 뇌의 특정 부위를 발견했는데, 직접 물체를 집을 때뿐 아니라 다른 원숭이가 물체를 집는 것을 보았을 때도 그 부위에서 반응이 일어나는 것이 관찰되었습니다. 거울신경이 발견된 것입니다. 이 발견 이후 후속 연구들이 진행되어 인간에게도 거울신경이 존재함이 밝혀졌습니다.

거울신경은 특정한 기능을 하는 뇌 세포입니다. 예를 들어 제가 상대방의 어떤 행동을 볼 때 거울신경에서 그 행동이 그대로 재연됩니다. 그 결과 상대방이 무얼 하고 있는지를 정확하게 알게 됩니다. 거울신경에서 상대방의 행동에 대한 가상현실 시뮬레이션이 일어나 그 행동을 직접 했을 때처럼 생생하게 경험하며 그 행동에 담긴 의도를 파악하게 되는 것입니다. 이를 통해 우리는 타인의 행동을 모방할 수 있게 됩니다. 저명한 뇌 과학자인 라마찬드란 박사는 저서 《명령하는 뇌, 착각하는 뇌》에서 인간의 언어와 문화가 거울신경의 기능에서 왔을 거라고 이야기합니다. 타인의 입술과 혀의 운동을 흉내 내면서 언어가 진화되었고, 이에 따라 문화적 축적이 가능해졌다는 것입니다.

하지만 거울신경을 통한 경험이 상대방의 경험과 똑같지는 않습니다. 전두엽에 있는 억제회로가 작동하기 때문입니다. 예를 들어 끓는 물이 손에 튀어 뜨거움을 느끼는 상대방을 보고 있을 때, 우리는 상대방이 어떤 경험을 하고 있는지를 알기는 하지만 뜨거운 감각까지 똑같이 느끼지는 못합니다. 뜨거운 것을 경험하려면 손에서 뜨겁다는 신호가 뇌까지 전달되어야 하는데, 그냥 바라만 보고 있는 사람의 손에서는 그 신호가 뇌로 전달되지 않습니다. 바꿔 말하면, 뜨거운 게 실제 상황이 아니라는 신호가 뇌로 전달되는 것입니다. 거울신경은 활성화되었는데 감촉 신호는 없는 이런 상황은, 라마찬드란 박사의 표현을 따르면 뇌에서 이렇게 해석된다고 합니다. "무슨 수를 쓰더라도 공감하라. 그러나 다른 사람의 감각들을 글자 그대로 느끼지는 마라."

그러니까 우리는 거울신경의 기능을 통해 타인이 경험하는 것을 이해하고 공감하게 됩니다. 그리고 뇌는 고정된 것이 아니라 계속 변화하는 것입니다. 어느 연구에 따르면 유아기나 소아기에서와 마찬가지로 성인기에서도 경험이 기억, 감정, 자기 인식 등의 과정을 담당하는 신경회로를 변형시키고 있음이 관찰되었습니다. 이 말은 우리가 남을 잘 이해하려고 자세히 관찰하다보면 거울신경이 자꾸 활성화되어 남에게 더 잘 공감할 수 있는 뇌가 형성된다는 뜻입니다. 반대로 남에게 무관심하게 살면 거울신경이 활성화되는 횟수가 줄어들어 그만큼 공감 능력이 떨어지게 됩니다. 참고로 최근 연구에 따르면, 자폐증이 있는 사람은 거울신경이 잘 발달되어 있지 않다고 합니다.

마음이 하나 되는 길

○

이동식 선생님은 '부부는 일심동체'라는 말에 빗대어 '부부는 이심이체(二心異體)'라고 말씀했습니다. 몸과 마음이 서로 다르다는 걸 인정하고 상대의 처지에 공감하는 것이 화합하는 길이라고 본 것이죠.

그런데 우리가 할 수 있는 건 공감이 최선일까요? 공감을 넘어서 남과 마음이 하나가 될 수 있다면 어떻겠습니까? 마음이 둘이었을 때 오는 갈등과 힘든 것이 아예 사라지겠지요. 남과 몸이 하나 되기는 불가능하지만 마음이 하나가 되는 것은 가능합니다. 그 예가 불교 경전에 나옵니다. 한번 살펴보겠습니다.

고싱가살라 짧은 경

아누룻다 존자와 난디야 존자와 낌빌라 존자는 세존을 영접하고는 한 사람은 세존의 발우와 가사를 받아들고 한 사람은 자리를 준비하고 한 사람은 발 씻을 물을 가져왔다. 세존께서는 마련된 자리에 앉으시고 발을 씻으셨다. 세 존자들은 세존께

절을 올리고 한 곁에 앉았다. 세존께서는 한 곁에 앉은 아누룻다 존자에게 이렇게 말씀하셨다.
"아누룻다들이여, 그대들은 견딜 만한가? 잘 지내는가? 탁발하는 데 어려움은 없는가?"
"저희들은 견딜 만합니다, 세존이시여. 잘 지냅니다, 세존이시여. 탁발하는 데 어려움이 없습니다, 세존이시여."

"아누룻다들이여, 그런데 그대들은 사이좋게 화합하고 정중하고 다투지 않고 물과 우유가 잘 섞이듯이 서로를 우정 어린 눈으로 보면서 머무는가?"
"참으로 그러합니다. 세존이시여, 저희들은 사이좋게 화합하여 다투지 않고 물과 우유가 잘 섞이듯이 서로를 우정 어린 눈으로 보면서 머뭅니다."
"아누룻다들이여, 그러면 그대들은 어떻게 사이좋게 화합하여 다투지 않고 물과 우유가 잘 섞이듯이 서로를 우정 어린 눈으로 보면서 머무는가?"

"세존이시여, 여기서 저희들에게 이런 생각이 듭니다. '내가 이러한 동료 수행자들과 함께 머문다는 것은 참으로 나에게 이익이고, 참으로 나에게 축복이다.'라고. 그래서 제게는 이 스님들이 눈앞에 있건 없건 항상 그들에 대해 자애로운 몸의 업〔身業〕을 유지하고, 제게는 이 스님들이 눈앞에 있건 없건 항상 그들에 대해 자애로운 말의 업〔口業〕을 유지하고, 제게는 이 스님들이 눈앞에 있건 없건 항상 그들에 대해 자애로운 마음의 업〔意業〕을 유지합니다. 그러면 제게 이런 생각이 듭니다. '이제 나는 나 자신의 마음은 제쳐두고 이 스님들의 마음에 따라야겠다.'라고. 세존이시여, 그러면 저는 제 자신의 마음은 제쳐두고 이 스님들의 마음에 따릅니다. 세존이시여, 참으로 저희는 몸은 다르지만 마음은 하나라고 생각합니다."

난디야 존자도 역시…… 낌빌라 존자도 역시 세존께 이렇게 말씀드렸다.

"세존이시여, 여기서 저희들에게 이런 생각이 듭니다. …… 세존이시여, 참으로 저희는 몸은 다르지만 마음은 하나라고 생각합니다.

세존이시여, 이와 같이 저희들은 사이좋게 화합하고 정중하고 다투지 않고 물과 우유가 잘 섞이듯이 서로를 우정 어린 눈으로 보면서 머뭅니다."

부처님이 아누룻다, 난디야, 낌빌라 존자에게 묻습니다. 어떻게 사이좋게 화합하여 다투지 않고 물과 우유가 잘 섞이듯이 서로를 우정 어린 눈으로 보면서 머무느냐고. 세 존자는 말합니다. 이러한 동료들과 함께 머무는 것이 나에게 이익이고 축복이다, 그래서 자연스럽게 상대방에 대해 몸과 말과 마음을 자애롭게 유지하게 되고, 그리하면 자신의 마음은 제쳐두고 상대의 마음을 따르게 된다고 말입니다. 몸은 다르더라도 그렇게 마음은 하나가 된다고 말합니다.

누군가와 함께하는 것이 자기에게 유익하다는 것을 볼 수 있는 지혜가 있다면, 자애와 '마음의 하나 됨'에 이르는 것이 상대적으로 수월하겠지요. 하지만 우리는 수시로 타인과 크고 작은 갈등 관계에 처하게 되고, 해로운 마음을 내어 스스로 마음을 괴롭히는 단계로 넘어가고는 합니다. 그런데 그때 상대를 자애롭게 보고 대하는 마음이 먼저 있다면 어떠하겠습니까? 화를 내거나 하는 대신 문제를 풀어내 조화를 이뤄내려는 노력을 하게 될 것입니다. 따라서 유익함을 볼 수 있는 지혜 못지않게, 상대를 자애롭게 보고 대할 수 있는 마음을 기르는 것도 현실적으로 필요합니다. 그렇다면 어떻게 해야 자애로운 마음이 길러지고 유지될 수 있을까요.

네 가지 넓은 마음 기르기

○

불교 수행 가운데 사무량심 수행이 있습니다. 타인을 대상으로 해서 가장 넓고 큰 네 가지 마음인 자애, 연민, 같이 기뻐함, 평온을 기르는 수행입니다. 이 네 가지 마음이 되면 세상 살아가는 데 아무 어려움이 없습니다.

우리는 좁은 마음 때문에 자꾸 남과 부딪힙니다. 그런데 마음이 좁아도 생존을 위해서는 남하고 계속 접촉해야 되거든요. 그러니 괴로울 수밖에 없는 것입니다. 하지만 마음이 넓으면 누구와 접촉해도 하나도 어렵지 않습니다. 부딪힐 만한 일이 생겨도 다 이해되고 그냥 넘어가지기 때문에 세상살이가 편해집니다. 어느 면에서 보면 불교정신치료란, 힘들게 사는 마음 시스템을 편하게 사는 마음 시스템으로 바꾸는 과정입니다. 따라서 불교정신치료에서 사무량심을 계발하는 것이 중요한 요소입니다.

사무량심은 사마타 수행에서 선정을 닦는 40가지 주제에 들어가는 4가지입니다. 저는 사마타 수행 중에 사무량심을 닦을 때, 누구를 봐도 자애, 연민, 같이 기뻐함, 평온의 마음이 되어 아무런 장애가 일어나지 않는 것을 직접 경험했습니다. 그래서 환자들이 사무량심을 기를 수 있다면 치료에 큰 도움이 될 거라고 생각했습니다. 사무량심 수행은 공감으로부터 출발해서 자애, 연민, 같이 기뻐함을 먼저 닦은 다음, 그 세 가지 마음의 토대 위에 평온을 닦는 순서로 진행됩니다. 먼저 선정 수행을 한 다음에 사무량심 수행을 하는 것이 정석이고 더 큰 이익을 가져다주지만, 호흡 관찰 명상을 잠시 하여 마음을 안정시킨 다음에 해도 어느 정도 효과를 볼 수 있습니다.

사무량심 수행은 우선 네 부류의 사람을 대상으로 진행합니다. 우선 자기 자신에 대해서 하고, 그 다음으로 좋아하거나 존경하는 사람에 대해서 하고, 세 번째로는 중립적인 감정을 느끼는 사람에 대해서, 마지막 네 번째로는 싫어하는 사람에 대해서 합니다. 나를 뺀 나머지 대상은 각 부류마다 열 명씩 떠올리며 합니다. 이게 잘되어 어느 대상을 떠올려도 어느 대상도 선호하지 않고 공평한 마음이 되면, 이제는 모든 존재를 대상으로 하는 단계로 넘어갑니다.

사무량심 수행 가운데 첫째, 자애 명상은 다음 네 가지 문구와 함께 합니다. '○○이 위험에서 벗어나기를' '○○에게서 정신적 고통이 없어지기를' '○○에게서 신체적 고통이 없어지기를' '○○이 편안하고 행복하기를'. 이 네 가지 문구를 속으로 읊조리며 먼저 나에게 자애를 보냅니다. '내가 위험에서 벗어나기를' 하고 읊조리며 내가 어떤 위험에서 벗어나는 상황을 그려보기만 해도 마음이 많이 달라집니다. 그 다음에 '내게서 정신적 고통이 없어지기를' 하고 읊조리며 정신적 고통이 없어진 뒤의 편안한 상태에 이른 것을 그려봅니다. 세 번째로 '내게서 신체적인 고통이 없어지기를' 하고 읊조리며 신체적 고통이 없어진 뒤의 편안한 상태에 이른 것을 그려보고, 마지막으로 이런 것들이 다 없어져 '내가 편안하고 행복하기를' 하고 읊조리며 내게 자애를 보냅니다. 이렇게 나를 대상으로 자애 명상을 한 다음, 내가 좋아하는 사람이나 존경하는 사람을 대상으로 자애 명상을 하고, 그 다음에 중립적인 감정을 느끼는 사람, 마지막으로 싫어하는 사람을 대상으로 자애 명상을 합니다.

자애 명상에서는 죽은 사람을 대상으로 하지는 않습니다. 죽은 사람은 자애를 받을 수 없기 때문입니다. 그리고 처음엔 이성을 대상으로도 하지 않습니다. 나중에 마음이 어느 대상에 치우치지 않고 공평한 상태가 되어 모든 존재를 향해 자애 명상을 할 때는 이성을 대상으로 해도 관계가 없습니다.

둘째, 연민 명상은 '○○에게서 고통이 없어지기를'이라는 문구 하나로 합니다. 자애 명상과 마찬가지로 나, 좋아하거나 존경하는 사람, 중립적인 감정을 느끼는 사람, 싫어하는 사람 순으로 연민 명상을 진행합니다. 어떤 분들은 연민 명상을 하라고 하면 대상이 되는 누구에겐 고통이 없을 거라서 연민 명상을 하기 어렵다고 말씀하기도 합니다. 하지만 세상에 고통 없는 사람은 없습니다. 상대에게 물어보면 바로 알 수 있겠지만 그게 여의치 않을 때는 그를 떠올리고 잘 헤아려보십시오. 그러면 그가 어떤 고통을 느끼고 있는지 보이기 시작할 것입니다.

셋째, 같이 기뻐함 명상 역시 문구가 하나입니다. '○○이 얻은 것을 잃지 않기를' 하고 명상하는 것이지요. 명상 대상이 무엇을 소중히 여기는지를 잘 헤아린 다음 그가 그것을 잃지 않기를 바라는 것입니다. 만약 명상 대상이 명예를 소중히 여긴다면 '○○이 얻은 명예를 잃지 않기를' 하고 명상합니다. 같이 기뻐함 명상 역시 나, 내가 좋아하거나 존경하는 사람, 중립적인 감정을 느끼는 사람, 싫어하는 사람 순서로 진행합니다.

마지막 평온 명상은 앞의 세 가지 명상이 잘 되어 내가 어떤 대상에 대해서 자애와 연민과 같이 기뻐함을 갖게 된 바탕 위에서 합니다. 평온 명상은 '내가 이렇게 이 사람이 좋기를 바라지만, 그래도 이 사람에게 업(業)이 주인이다. 업에 따라서 살 수밖에 없다.' 하는 마음을 가지는 겁니다. 지금까지는 그가 잘되기를 바랐지만 이제는 그 마음의 바탕 위에서 담담하게 보는 것입니다. 평온 명상은 앞의 세 가지 명상과 달리 중립적인 감정을 느끼는 사람, 나, 좋아하거나 존경하는 사람, 싫어하는 사람 순서로 진행합니다.

평온 명상을 선정 수행 관점에서 좀 더 설명하겠습니다. 평온 명상을 통해 들어가는 사선정에는 특별한 것이 있기 때문입니다. 자애 명상으로 초선정, 이선정, 삼선정을 닦고, 연민 명상으로 초선정, 이선정, 삼선정을 닦고, 같이 기뻐함 명상으로 초선정, 이선정, 삼선정을 닦습니다. 그런 뒤에 중립적인 감정을 느끼는 사람을 대상으로 초선정, 이선정, 삼선정을 닦습니다. 그 다음 '이 사람은 업의 주인이다. 업에 따라 살 수밖에 없다.'는 마음을 먹는 순간에 사선정에 듭니다. 이때 드는 사선정은 이전 수행들을 통해 들어가는 사선정과 차원이 다릅니다. 이전 수행들에서는 삼선정에 든 상태에서, 삼선정의 두 가지 선정 요소인 행복과 집중 가운데 행복이 없어지면서 사선정에 들어갑니다. 그러니까 행복을 없애는 정도로 사선정에 들어가는 것입니다. 이에 비해 평온 명상에서 드는 사선정은 자애, 연민, 같이 기뻐함의 바탕 위에서 이뤄집니다. 괴로움뿐만 아니라 자애, 연민, 같이 기뻐함까지 사라지고, 모든 존재에 대해 치우치지 않은 균형 있는 마음만이 있는 상태가 되는 것이어서, '진정한 평온이란 이런 것이구나!' 하고 느끼게 됩니다.

누구를 미워하는 것은 우리에게 도움이 안 됩니다. 또 고통 가진 사람이 많은 것도 우리에게 도움이 안 됩니다. 주위의 모든 사람이 행복할 때 나도 비로소 진정 행복해질 수 있습니다. 그러므로 남이 잘될 때 기뻐하는 것이 순리입니다. 그런 마음으로 살 때 세상에서 장애가 사라집니다. 그래서 이 사무량심 수행이 중요합니다. 지금까지 다른 마음으로 살아왔다면 사무량심 수행을 하는 것이 익숙하지 않을 것입니다. 하지만 이 수행을 꾸준히 하다보면 마음 자체가 달라져서 미워하는 사람이 하나도 없게 됩니다. 편하게 사는 시스템으로 마음이 바뀌는 것입니다.

제4장.
불교정신치료의 셋째 원리:
지혜로 살아가기

"불교에서 '지혜'란 실제를 있는 그대로 아는 것입니다. 그래서 저는 불교정신치료를 지혜치료(wisdom therapy)라고도 부릅니다. 불교에서 지혜를 가장 중시하기 때문이기도 하고, 세상을 있는 그대로 정확하게 보는 지혜를 갖고서 그에 맞게끔 살면 마음에 문제가 생기지 않는데 그것이 불교의 기본 입장과 일치하기 때문이기도 합니다."

만족은 지혜가 주는 선물

○

저는 불교가 지혜의 종교라고 생각합니다. 우리는 지금 석가모니 부처님 시대에 살고 있습니다. 석가모니 부처님은 4아승지 10만 겁이라는 엄청나게 긴 시간 동안 열 가지 보살행(10바라밀)을 닦은 끝에 지금의 불교를 만드셨습니다. 초기불교에서는 부처님이 닦으신 10바라밀을 보시(나누고 베풂), 지계(계율을 지킴), 출리(세속을 추구하지 않음), 지혜, 정진(수행에 매진함), 인욕(참고 견딤), 진실, 결정(무언가를 하겠다고 마음먹고 그대로 하는 것), 자애, 평온(담담하게 보기)으로 보고 있습니다. 이 열 가지 보살행 가운데 지혜가 가장 중요합니다. 부처님의 전생 이야기를 담고 있는 경전인 《자따까》를 보면, 부처님은 전생에 지혜를 닦기 위해 모든 걸 바칩니다. 보시를 하든 인욕을 하든 모두 지혜를 바탕으로 합니다. 지혜로워야 비로소 그렇게 할 수 있는 겁니다.

불교에서는 만족도 굉장히 중시합니다. 경전을 보면 부처님도 만족에 대해 자주 말씀합니다. 여기서 의문이 하나 듭니다. '만족'이나 '불만족'은 속세에 사는 우리들의 차원에서 이야기하는 것인데, 왜 부처님은 수행자들이 갖춰야 하는 덕목으로 만족을 말씀하셨을까요? 그건 만족이 지혜로울 때 일어나는 것이기 때문입니다. 어떤 현상을 있는 그대로 정확하게 인과의 법칙에 따라 보면, 내가 가진 것은 그것이 그렇게 될 수밖에 없는 필연적 과정을 거쳐서 이루어진 것입니다. 그것이 그렇게 된 것은 '기적'이라고 부를 수밖에 없는 엄청난 일들이 일어난 덕분입니다. 지혜가 있는 사람들은 실상이 그러함을 알고 자기가 가진 것을 소중하게 여기며 만족 속에 살아갑니다. 반면 그렇다는 걸 못 보는 사람들은 그것이 얼마나 소중한지 모릅니다. 자기 삶에 대해 만족하지 않는 사람을 보면, 대체로 그는 자신이 가진 것을 당연하다고 생각합니다. 그리고 자기가 갖지 못한 것에 목을 매답니다. 그러니 불만족에 둘러싸여 있을 수밖에 없는 것이지요.

불교에서 '지혜'란 실제를 있는 그대로 아는 것입니다. 그래서 이미 말씀드렸듯이 저는 불교정신치료를 지혜치료라고도 부릅니다. 불교에서 지혜를 가장 중시하기 때문이기도 하고, 세상을 있는 그대로 정확하게 보는 지혜를 갖고서 그에 맞게끔 살면 마음에 문제가 생기지 않는데 그것이 불교의 기본 입장과 일치하기 때문이기도 합니다. 우리는 자기 생각과 실제 세상의 차이만큼 괴로움을 느낍니다. 이 괴로움을 해결하는 과정이 잘못되면 정신 건강에 문제가 생겨납니다. 이런 문제로 고통을 받는 이들에게 지혜의 눈을 뜨게 하여 순리에 맞게 살아가도록 도와주는 것이 불교정신치료의 근본입니다.

실제를 못 보게 막는 세 가지 장막

○

생각과 실제는 다를 수 있습니다. 그러니 생각을 내려놓고 실제를 보는 연습을 계속해야 합니다. 행동의 결과를 보고서, 결과가 좋으면 실제에 가깝게 본 거고 결과가 나쁘면 실제를 보지 못한 거라고 여기면 거의 틀림이 없습니다.

무언가를 본다는 게 성립되려면, 보는 주체가 있고 보이는 대상이 있어야 합니다. 그런데 주체와 대상 사이에 끼어서 우리가 대상을 정확히 못 보게 가로막는 세 가지 장막이 있습니다. 그 장막을 제거하지 않고서는 실제를 제대로 볼 수 없습니다.

첫째 장막은 개인이 살아온 역사입니다. 내가 경험하고 살아온 내력이 내 눈을 왜곡해서 실제를 못 보게 할 수 있습니다. 예를 들어 우리는 마음에 응어리진 것이 있으면 그것을 중심으로 세상을 보게 되어 있습니다. 학력 콤플렉스가 있는 사람은 학력을 중심에 두고 세상을 바라보고, 돈에 한이 맺힌 사람은 돈을 중심으로 세상을 보는 것이지요. 그 결과 학력이나 돈을 중심으로 왜곡된 세상을 보게 됩니다. 이렇게 강한 응어리가 아닌 어떤 작은 의도 같은 것도 왜곡을 일으킬 수 있습니다.

예를 들어 내 안에 어떤 의문이 늘 떠나지 않는다면 그것이 또 실제를 있는 그대로 못 보게 가로막을 수 있습니다. 따라서 우리 안에 맺힌 게 없어야 됩니다. 그것이 어떤 왜곡이 일어날 수 있는 이유가 되기 때문입니다. 우리는 자신이 살아온 내력에 걸리지 않아야 합니다.

둘째 장막은 문화입니다. 사람에게 성격이 있듯이 지역에 따라 그에 속한 사람들이 공통적으로 가지고 있는 것이 있는데, 그것이 문화입니다. 자연 환경이나 선조들이 남긴 것이 문화인데, 우리는 그것의 영향을 받으며 세상을 보게 됩니다. 예를 들어 혼전순결이라는 문화를 갖고 있는 사회가 있다고 칩시다. 그 사회에 사는 사람들은 혼전순결을 중심으로 사람을 봅니다. 혼전순결과 관계된 일이 벌어졌을 때 당사자의 마음이나 괴로움을 보기보다는 혼전순결이라는 잣대로 그를 재단하게 됩니다.

셋째 장막은 인간 존재 자체가 가진 한계입니다. 우리는 몸과 마음을 가졌습니다. 그리고 몸에는 눈을 비롯한 감각기관도 있고 뇌도 있습니다. 그것을 통해서 세상을 보는데, 그 과정에서 왜곡이 일어날 수 있습니다. 감각기관의 대상 감지 능력 자체에 한계가 있을 수도 있고, 감각기관과 뇌의 상태에 따라 기능에 제한을 받을 수도 있습니다. 또 인간이라면 누구나 즐겁기를 바라지 괴롭기를 바라지는 않습니다. 자기가 좋아하는 걸 원하지 싫어하는 걸 원하지는 않습니다. 살기를 바라지 죽기를 바라지는 않습니다. 이런 바람들이 왜곡을 일으킬 수 있습니다.

하지만 이 세 가지 장막을 걷어낼 수 있는 희망이 있습니다. 이 장막들은 우리의 생각이나 감정, 가치관 등 정신작용으로 일어나는데, 그것들이 올라올 때 탁 알아차리고 스톱하면 됩니다. 자신의 정신작용을 관찰하는 훈련을 꾸준히 해서 보는 힘이 강해지면 그렇게 할 수 있습니다. 정신 속에서 장막이 쳐지려고 할 때 바로 멈추고 실제를 보려고 노력할 수 있습니다. 그런 노력을 통해 점점 실제에 가까워질 수 있습니다. 그러니 이제 자기 속에서 일어나는 것들을 잘 살펴야 합니다. 그리하여 생각이나 감정, 가치관의 영향에서 벗어나도록 해야 합니다.

현재에 집중하기

○

그래서 현재에 집중하는 것이 굉장히 중요합니다. 우리 몸과 마음에 집중하여 순간순간 일어나는 것을 알아차리는 노력을 해야 합니다. 제가 볼 때는 그것이 최고의 수행이자 최고의 정신 건강법입니다.

환자들 가운데, 특히 정신병이나 양극성 장애를 가진 분들이 어떻게 하면 약을 끊을 수 있는지 묻는 경우가 있습니다. 그러면 저는 이렇게 말을 해줍니다. "끊을 수 있는 길은 있습니다. 나중에 많이많이 좋아져서 순간순간 자기 마음에서 일어나는 현상을 바로 알아차리고, 그 가운데 당신에게 도움이 되지 않는 것이 있을 때 내려놓는 것을 종일 할 수 있으면 약을 안 먹어도 살 수 있습니다." 사실이 그렇습니다.

그러니까 우리는 순간순간 자기 자신을 보지 못하기 때문에 정신 건강에 도움이 되지 않는 걸 막 하는 것입니다. 순간순간은 비록 힘이 약하더라도 그것이 하루나 이틀이 아니라 몇 달이나 몇 년 동안 축적되면 엄청난 힘을 갖게 됩니다. 그런데 정신 건강에 도움이 되지 않는 것들이 올라오는 순간순간에 그것들을 다스리면 그것들의 힘이 약해서 다스리기 쉽습니다.

그러니 여러분도 아침에 눈떠서부터 밤에 잠에 떨어질 때까지 자기 몸과 마음에 집중해서 어떤 현상이 올라오면 그걸 바로 알아차리고 자신에게 해가 되는 것은 멈출 수 있는 능력을 갖추셔야 합니다. 그게 충분히 된 다음에, 내담자나 환자가 오면 그렇게 할 수 있게끔 도와주시면 됩니다.

마음에 독이 되는 세 가지

○

누차 강조했듯이, 살아가면서 자신을 지키고 자기에게 진정으로 도움이 되는 것을 하려면 지혜가 필요합니다. 지혜가 없으면 자기한테 손해가 되는 걸 계속하게 됩니다. 그러면 무엇이 손해가 되는 것이냐? 바로 불교에서 말하는 세 가지 독〔삼독(三毒)〕인 탐욕, 성냄, 어리석음에 바탕을 두었거나 그것들을 일으키는 건 다 손해가 되는 것입니다.

서양의 정신분석에 대해 제가 좀 안타깝게 생각하는 게 있습니다. 그쪽에서는 불교에서 다루는 '정신인식과정'을 알지 못하거든요. 그래서 세 가지 독이 되는 마음이 일어났을 때, 그것이 우리 정신에 어떤 영향을 끼치는지를 정확하게 보지 못합니다. 정신분석에서는 '억압'을 중요하게 봅니다. 그래서, 예를 들면 화가 났을 때 그것이 억압되면 나중에 크게 폭발할 수 있으니 적절하게 표현하라고 조언합니다. 물론 화를 계속 가지고 있는 것보다는 화를 한 번 내고 털어버리는 게 훨씬 낫기는 합니다. 그렇지만 그 화가 자신에게 엄청난 영향을 준다는 사실만은 알고 있어야 합니다. 그걸 모르는 건 좀 곤란합니다.

정신인식과정에 '속행'이라는 게 있습니다. 대상이 무엇이라고 결정된 뒤 일어나는 마음으로, 일곱 번 일어납니다. 우리가 화를 내게 되면, 아주 잠깐 화를 낸 것이더라도 일련의 정신인식과정이 1초에 몇 천만 번 일어납니다. 그렇게 일어난 정신인식과정 중의 하나인 속행은 온몸에 영향을 주고 모두 과보하고 연결됩니다. 그런 미세한 걸 본다면 화가 얼마나 위험한 것인지 확실히 알게 됩니다. 그래서 부처님은 화에 대해 이야기할 때 극단적인 말씀을 합니다. 화를 내면 당신의 제자가 아니라고 말이지요. 심지어 남이 나를 톱으로 썰더라도 화를 내지 말라고 말씀합니다.

우리는 화에 대해서 이야기할 때, 보통은 겉으로 드러난 것만 가지고 화라고 봅니다. 하지만 그것이 화의 전부는 아닙니다. 실은 참고 있는 것도 화내는 것입니다. 거부하는 것은 다 화입니다. 이해하고 받아들여서 마음이 편안하지 않으면 화내는 것입니다. 물론 화에도 정도가 있습니다. 화가 나서 인상을 쓰고 소리를 지르는 것과 참으면서 있는 것은 화의 정도가 다릅니다.

여기서 잠깐, 삼독에 대해 좀 더 자세히 말하자면, 먼저 어리석음은 업(業)의 법칙도 인과의 법칙도 모르는 것입니다. 어떤 사람이 잘못을 저지르잖아요, 그러면 그 과보를 그 사람이 다 받습니다. 남에게 해를 끼치면 훨씬 많은 것을 되받는다고 보시면 됩니다. 마찬가지로 우리가 남을 도울 때도 하나 줄 때 적어도 그 백 배 이상을 받습니다. 그런 원리를 정확하게 보면 어리석음이 없는 것입니다. 그런데 그것을 못 보기 때문에 그 어리석음을 바탕으로 해서 탐욕과 화가 일어납니다. 탐욕은 인과의 법칙에 따라 있는 것을 당기는 거고, 화는 인과의 법칙에 따라 있는 것을 밀어내는 것입니다. 정확하게 보면 모든 일이 일어날 만해서 일어나는 건데 그것을 모르고 밀고 당기는 것이지요.

이렇게 이야기를 하면 늘 들어오는 반론이 있습니다. 세상 돌아가는 걸 보니 나쁜 짓을 하고도 잘 사는 사람이 있더라는 것이지요. 분명 겉으로는 그렇게 보일 수 있습니다. 하지만 실제는 그렇지 않습니다. 나쁜 짓을 하나 하면 분명 그 만 배 정도 안 좋은 걸 받게 됩니다. 그런데 이 업의 실상은 부처님 수준이 아니면 제대로 보기 어렵습니다. 세상을 구성하고 있는 것들이 서로 너무도 복잡하게 연결되어 있기 때문입니다.

《앙굿따라 니까야》 〈생각할 수 없음 경〉에서 부처님은, 생각하면 미치거나 곤혹스럽게 되는 네 가지를 말씀합니다. 첫째는 부처님의 경지, 둘째는 선정의 깊이, 셋째는 업의 과보, 넷째는 세상에 대한 사색('나무가 어떻게 생겨났을까?' 같은 사색)입니다. 업의 과보를 생각으로 알려 하다가는 머리만 아프다는 말씀입니다. 그래서 업의 과보에 대해서는 믿음으로 접근합니다. 저도 수행하면서 업에 대해 조금 보기는 했지만, 업에 대해서는 부처님의 가르침에 의지하고 있습니다. 보통 사람은 업에 대해서 믿음으로 접근하는 수밖에 없습니다.

탐욕, 성냄, 어리석음은 굉장히 조심해야 합니다. 그것들이 축적되어 정신 불건강의 토대가 되고, 그 토대에서 여러 정신적인 문제가 터져 나오기 때문입니다. 따라서 진정한 치료, 근본적인 치료가 되려면 탐욕, 성냄, 어리석음이 없이 정신이 작동하도록 해야 합니다. 그렇게 되기 위해 엄청난 지혜가 꼭 필요한 것은 아닙니다. 그저 현재에 집중하면 그 순간은 탐욕, 성냄, 어리석음이 없는 것입니다. 하루 종일 현재에 집중하면 아주 유익한 마음 작용이 계속 일어난다고 보시면 됩니다.

정확히 보는 것이 중요하다

○

정확하게 볼 수 있어야 합니다. 어떤 일이 일어나면 그것이 나에게 정말 어떤 영향을 주는지를 정확하게 봐야 합니다. 그런데 그렇게 하지 않는 사람들이 적잖이 있는 것 같습니다. 예를 들어 주식투자를 안 하는 사람 가운데 주가가 떨어지면 좋아하는 사람이 있습니다. 그런데 주가가 떨어지면 경제가 안 돌아갈 수 있거든요. 그 영향이 자기한테까지 와서 자기가 하는 일도 사정이 나빠질 수 있습니다.

이와 관련해 제가 자주 들려드리는 이야기가 있습니다. 우리나라 최고의 기타리스트 A가 있다고 칩시다. A가 공연을 하면 사람들이 구름처럼 몰려들고, 여기저기서 A를 찾습니다. 그런데 어느 날 기타 연주를 기가 막히게 하는 슈퍼스타 B가 나타납니다. 사람들이 모두 B에게 환호해요. 그러자 A가 이렇게 생각합니다. '아, 내 시대는 이제 끝났구나. 앞으로 힘든 시기가 오겠지.' 하지만 실제는 A의 생각과 다를 수 있습니다. B의 등장으로 기타 관련 시장이 확 넓어질 수도 있고, A의 음악을 좋아하는 사람들은 또 그대로 남아 있을 테니까요. 또 B가 어떻게 해서 저런 실력을 갖게 되었는지를 연구하다보면 자기 음악이 더 발전할 수도 있습니다. 어떤 경우엔 B가 자기 문제로 금세 사라지고 A가 다시 부각될 수도 있습니다. 어떤 일이 어떻게 벌어질지는 아무도 모릅니다. 그러니 감정적으로 반응하지 말고, 무슨 일이 벌어진 것인지를 정확하게 보고, 자기 앞에 주어진 일들을 해나가야 합니다.

"사촌이 땅을 사면 배가 아프다"는 속담이 있습니다. 그런데 실제를 보면 사촌이 땅을 사면 밥이라도 한 끼 생깁니다. 남이 잘 되면 내가 좋아집니다. 제 고등학교 동창 가운데는 어떤 친구가 잘되면 자기 일처럼 기뻐하는 친구가 있습니다. 정확하게 보고 있는 거지요. 동창이 잘되면 자기한테 좋은 일이 생길 테니까 말입니다. 하다못해 술이라도 한 잔 생기고, 그 친구가 동창회에 기부금을 많이 낸다면 동창회비에 여유가 생겨 여행이라도 갈 수 있게 되겠지요.

전에도 이야기했듯이 사무량심으로 사는 게 우리한테 가장 이득입니다. 자애의 마음, 연민의 마음, 같이 기뻐하는 마음, 평온의 마음을 갖고 살면 마음에 장애가 없어져서 사는 게 순조롭습니다. 저는 불교 수행들 가운데 사무량심 수행을 할 때 가장 행복했습니다. 마음이 넓어져 어떤 것에도 걸리지 않는 경험은 대단한 것입니다.

뷰티풀 마인드

○

〈뷰티풀 마인드〉라는 영화가 있습니다. 천재적인 수학자이지만 조현병 때문에 삶이 망가진 존 내시가 정신 장애를 극복하고 노벨 경제학상을 수상하기까지의 이야기를 담은 영화입니다.

대학생 시절부터 조현병을 앓고 있던 존 내시는 병세가 점점 심해져서 나중에는 나라의 극비 프로젝트를 수행하다 목숨이 위협받는 상황에 처했다고 생각하는 지경에 이릅니다. 하지만 자기가 보고 있는 것들을 현실이라 여긴 나머지 치료를 거부하고, 망상은 점점 심해집니다. 극도의 불안과 공포 속에서 살던 어느 날, 그는 자신이 망상 속에 살고 있음을 깨닫습니다. 오래전부터 알고 지내던 친한 친구의 조카가, 사실은 이 친구도 존의 망상 속에 있는 허구인데요, 나이를 먹지 않는다는 사실을 알아차린 것입니다. 이후 존은 적극적으로 치료를 받아 거의 정상적인 생활이 가능한 수준까지 회복됩니다.

존 내시의 삶에서 반전 포인트는 그가 실제를 직시하고 자기가 보고 있는 것이 사실이 아닐 수 있음을 알게 되는 사건입니다. 나이가 들지 않는 아이란 현실에 존재할 수 없으니까요. 영화 후반부에 가서는,

강의를 마친 존이 자신을 찾아온 낯선 사람을 가리키며 "저 사람이 보이나?"라고 옆 사람에게 묻는 장면이 나옵니다. 이 정도가 되면 다시 병적인 상태 속으로 들어가지 않게 되었다고 볼 수 있습니다. 자기를 병으로부터 보호하는 방법을 터득하여 실행하고 있는 것이니까요.

저는 병원에 오는 정신병 환자에게 이 영화 이야기를 항상 들려줍니다. 치료에 굉장히 도움이 되기 때문입니다.

실제를 보는 훈련

○

건강한 정신으로 살려면 생각과 실제가 다를 수 있다는 것을 알고서 생각을 내려놓고 실제를 보는 훈련을 해야 합니다. 실제를 보는 훈련 가운데 가장 좋은 것은, 아침에 눈떠서부터 밤에 잠들 때까지 몸과 마음에서 일어나는 것을 잘 관찰하는 것입니다. 잘 관찰해보면 생각하는 것과 실제로 일어나는 것이 다름을 알 수 있습니다.

예를 들어 밥을 먹을 때 실제로 어떤 일이 일어나는지 한번 보겠습니다. 보통 우리는 밥을 먹을 때 어떤 일들이 일어나는지 잘 모른 채 그저 '밥을 먹는다'라고 생각합니다. 하지만 밥 먹는 걸 잘 살펴보면, 그 안에 여러 과정이 일어나고 있음을 알 수 있습니다. 일단 밥을 보고, 숟가락을 들고, 숟가락을 밥으로 가져가서 밥을 푸고, 이번에는 숟가락을 입으로 가져오고, 그러는 사이 입을 벌리고, 밥을 입 속에 넣고, 밥을 씹고, 밥을 씹는 동안 침이 나오고, 밥알이 잘게 부서지고, 그러면서 죽처럼 된 밥이 목구멍으로 넘어가 식도를 타고 위에 도달합니다. 밥 먹을 때 일어나는 과정은 이보다도 훨씬 더 세세하게 살펴볼 수도 있습니다.

우리 안에는 아는 것과 모르는 것이 뒤섞여 있습니다. 세상에서 일어나는 복잡한 현실을 효과적으로 처리하기 위해서 단순화하다보니 그렇게 뒤섞이는 경향이 나타나는 것 같습니다. 그리고 세상살이를 하다 보면 실제를 찬찬히 볼 여유를 찾기가 어려운 것도 사실입니다. 그래서 우리에게 입력되는 정보들을 어떤 패턴에 따라 자동으로 막 처리하는 것입니다.

하지만 관찰하는 연습을 꾸준히 하면 아는 것과 모르는 것이 점점 분명해집니다. 아는 것은 더 분명하게 알게 되고, 모르는 것이 있으면 그것을 정확하게 알 수 있는 방법이 있는지 없는지를 또 알게 됩니다. 만약 모르는 것을 알 수 있는 방법이 보이지 않으면 그걸 멈추게 됩니다. 사실, 모르는 걸 모른다고 아는 것이 굉장한 지혜입니다.

마음에는 '아는 기능'이 있는데 생각, 감정, 선입견 같은 것들이 머릿속에 너무 많이 들어 있으면 이 아는 기능이 충분히 발휘되지 않습니다. 마음의 아는 기능은 선정에 들었을 때, 특히 사선정에 들었을 때 완전하게 작동합니다. 초선정 상태에서는 일으킨 생각, 지속적 고찰, 희열, 행복이 남아 있어서 마음의 아는 기능이 온전히 작동하기 힘듭니다. 이선정 상태에서는 희열과 행복이 남아 있어서, 삼선정 상태에서는 행복이 남아 있어서 역시 마음의 아는 기능이 온전히 작동하지 않습니다. 사선정에 들어가 비로소 평온과 집중만이 남았을 때, 마음이 어떤 흔들림도 없이 뭐든지 정확히 보게 됩니다. 이걸 일상생활의 언어로 표현하면, 생각이나 감정이나 선입견 같은 것에서 빠져나와 마음을 평온하게 하고 대상을 순수하게 바라볼 때 우리가 무언가를 정확히 볼 수 있다, 이렇게 말할 수 있습니다.

그래서 현재에 집중하는 것이 중요합니다. 현재에 계속 집중하다 보면 다른 것들이 끼어들 틈이 점점 없어져 대상을 오롯하게 알게 됩니다. 그렇게 하루 종일 내가 하는 일들과 그에 따라 일어나는 것들을 관찰하다보면, 몸과 마음이 내 것이 아니라는 걸 알게 됩니다. 내 것이라면 내 마음대로 할 수 있어야 하는데, 이전에도 이야기했듯이 생각이나 의도 같은 것은 어떤 조건들이 마련되어야 일어나는 것이지 내가 일으키고 싶다고 일어나는 게 아니기 때문입니다. 생각이나 의도의 내용을 우리가 자유롭게 고를 수 없는데, 하루 종일 내가 하는 일들에는 생각이나 의도 같은 마음 작용이 늘 들어 있습니다. 그러니 몸과 마음이 어떻게 내 것이겠습니까.

경전을 보면 부처님은 사띠(sati)와 삼빠자나(sampajañña)를 자주 말씀합니다. 마음을 집중하고(사띠) 일어나는 일을 정확히 안다(삼빠자나)는 것입니다. 밥을 먹을 때 밥 먹는 데 집중하여 그러는 동안 무엇이 일어나는지를 정확히 아는 것이 사띠와 삼빠자나입니다. 그러기 위해서는 역시 현재에 집중하는 수밖에 없습니다. 현재에 집중하여 일어나는 것을 100퍼센트 보고 알면, 그것이 실제입니다.

부처님의 단계적 가르침

○

《맛지마 니까야》 <가나까 목갈라나 경>을 보면 수행자가 밟아야 하는 수행의 단계가 나옵니다. 회계사인 가나까 목갈라나가 부처님과 환담을 나누다가 묻습니다. 강당을 짓는 데도 순서가 있고, 활쏘기를 배우는 데도 순서가 있고, 회계를 배우는 데도 순서가 있는데, 당신의 가르침에도 순서가 있느냐고 말이지요. 이에 부처님은, 능숙한 말 조련사가 혈통 좋은 말을 얻으면 가장 먼저 입에 재갈을 물리는 일부터 익숙하게 한 뒤 나머지 일을 하듯이 수행자를 인도하는 순서가 있다고 말씀합니다. 그 순서는 다음과 같습니다.

첫째는 계율을 지키는 것입니다. 그것이 토대가 되어야 합니다. 계율이란 우리 몸과 마음에 해가 되는 것은 하지 말고 도움이 되는 것은 하라고 정해놓은 규칙입니다. 우리를 억압하는 게 아니라 보호하는 것이지요. 무엇이 몸과 마음에 좋고 나쁜지를 모르는 사람은 자기도 모르는 사이 스스로에게 해가 되는 일을 합니다. 그러고서는 그것을 해결한다고 수행도 못하게 됩니다. 계율을 지킨다는 것은 길들여지지 않은 마음이 우리한테 손해를 주지 못하도록 우리를 잘 보호하는 것입니다.

둘째는 감각의 문을 잘 지키는 것입니다. 감각의 문을 잘 지킨다는 것은 무언가를 마주했을 때 그것의 전체 모습도 취하지 않고 부분 모습도 취하지 않는 것입니다. 예를 들어 이성과 마주하여 '남자구나' 또는 '여자구나' 하고 아는 것은 전체를 취하는 것이고, 그의 옷이나 장신구 따위를 보는 것은 부분을 취하는 것입니다. 전체도 부분도 취하지 않는다는 것은 그 대상을 본질적으로 있는 그대로 보거나(정신적 현상과 물질적 현상으로 보는 것), 100퍼센트 보는 것입니다. 100퍼센트 보는 것은 생각이나 감정 등을 스톱하고 오로지 대상에 집중하는 것입니다. 그러면 대상을 100퍼센트 알게 됩니다. 반면에 그렇게 하지 못하면 탐욕과 성냄 같은 좋지 않은 것들이 물밀듯이 밀려옵니다.

셋째는 제대로 먹는 것입니다. 제대로 먹는다는 것은 적당한 양을 알고 지혜롭게 숙고하면서 음식을 받아들이는 것입니다. 맛을 즐기기 위해서도 아니고 살을 찌우거나 멋있게 보이기 위해서도 아니라, 몸을 지탱하고 마음을 가라앉혀 청정한 삶을 사는 데 적당하게 먹는 것입니다. 많이 먹거나 하면 괴롭지 않습니까? 그런 것을 피하자는 뜻입니다.

넷째는 항상 깨어 있는 것입니다. 걷기 명상이나 좌선을 할 때 의식을 또렷하게 하여 마음에 장애가 되는 것들로부터 자기를 보호하는 것입니다.

다섯째는 마음챙김(사띠)과 분명한 앎(삼빠자냐)을 늘 유지하는 것입니다. 먹을 때와 옷을 입을 때뿐 아니라 화장실에 가서 일을 볼 때까지도, 하루 종일 현재에 집중하여 무엇이 일어나고 있는지 분명하게 아는 것입니다.

마지막 여섯째는 선정에 드는 것입니다. 앞의 다섯 가지를 바탕으로 초선정부터 사선정까지 드는 것입니다. 부처님은 가나까 목갈라나에게는 여기까지 말하는 것이 적절하다고 생각하여 여기서 말씀을 그친 것 같습니다. 그런데 사실 그 다음 단계가 있습니다. 선정을 닦은 후 숙명통, 천안통, 누진통과 같은 탁월한 지혜를 얻는 것입니다.

조건적 자유와 행복 vs 무조건적 자유와 행복

○

불교 경전을 매일 읽다보면 조건적인 자유와 행복을 추구하지 않고 무조건적인 자유와 행복을 추구해야겠다는 생각이 절로 듭니다. 무조건적인 자유와 행복을 얻으면 어떤 조건에서도 자유롭고 행복할 수 있습니다. 불교가 바로 그 길을 추구하고 있습니다.

우리는 보통 조건적인 자유와 행복을 누리고 있습니다. 돈이 있으면 행복하고 건강하면 행복하고 하는 식입니다. 그런 자유와 행복은 조건이 사라지면 함께 없어집니다. 돈이 없어지고 건강이 나빠지면 불행해지는 거지요. 사실, 이 조건적인 자유와 행복은 조건만 갖춰지면 그냥 옵니다. 조건을 갖추는 데 노력이 들긴 하겠지만, 어찌 보면 좀 소극적인 것이고 누구나 쉽게 할 수 있습니다.

반면 무조건적인 자유와 행복은 적극적인 노력을 기울여야 가능하고 지혜도 필요합니다. 제가 이런 이야기를 가족 모임에서 했더니 다들 이해를 못했습니다. 말이 안 되는 소리라는 이야기도 나왔는데, 말이 됩니다.

제가 왜 무조건적인 자유와 행복에 대해 이야기를 하느냐면, 정신치료자가 그것을 알고 있으면 사람들한테 도움을 줄 수 있기 때문입니다. 치료자가 무조건적인 자유와 행복을 터득하여 사람들에게 가르쳐 주면 사람들이 세상을 보는 눈이 좀 달라질 수 있습니다. 사람들은 늘 고정관념 속에 있어서 돈이 없거나 하면 힘들어하는데, 돈이 없더라도 힘이 들지 않을 수 있습니다. 그런 가능성을 치료자가 열어줄 수 있는 것입니다.

저는 무조건적인 자유와 행복이 가능하다는 것을 경전을 읽으면서 알게 되었습니다. 경전을 보면 부처님이 어떤 조건에서 힘들었다는 이야기가 없습니다. 그건 아라한들도 마찬가지입니다. 아라한이 되면 몸의 고통은 있어도 정신의 고통은 없다고 합니다. 어떤 경우에도 고통 없이 살았기 때문에 무조건적인 자유와 행복을 말할 수 있는 것입니다.

《앙굿따라 니까야》〈알라와까 경〉을 보면 부처님이 잠 잘 자는 법에 대해서 말씀합니다. 거기에 무조건적인 자유와 행복에 대한 힌트가 들어 있습니다. 그럼 어떻게 하면 늘 잠을 잘 잘 수 있는지 한번 살펴보겠습니다.

알라와까 경

이와 같이 나는 들었다. 한때 세존께서는 알라위의 고막가에 있는 심사빠 숲속에 〔떨어진〕 나뭇잎 더미 위에서 머무셨다. 그때 알라위의 핫타까 왕자가 이리저리 경행하다가 세존께서 고막가에 있는 심사빠 숲의 〔떨어진〕 나뭇잎 더미 위에 앉아

계시는 것을 보고 세존께 다가갔다. 가서는 세존께 절을 올리고 한 곁에 앉았다. 한 곁에 앉은 핫타까는 세존께 이렇게 말씀드렸다.

"세존이시여, 안녕히 주무셨습니까?"

"왕자여, 잘 잤노라. 나는 세상에서 잠을 잘 자는 사람들 가운데 한 사람이니라."

"세존이시여, 겨울밤은 춥고 더군다나 지금이 달 사이에 끼어 있는 8일인 눈 내리는 계절이고 땅은 소 발자국 때문에 울퉁불퉁하고 나뭇잎 더미는 얕고 나뭇잎들은 드문드문하고 당신의 가사는 춥고 웨람바 바람이 차게 붑니다. 그럼에도 불구하고 세존께서는 '왕자여, 잘 잤노라. 나는 세상에서 잠을 잘 자는 사람들 가운데 한 사람이니라.'라고 말씀하십니다."

"왕자여, 그렇다면 이제 그대에게 다시 물어 보리니 그대가 옳다고 생각하는 대로 설명하라. 왕자여, 이것을 어떻게 생각하는가? 여기 장자나 장자의 아들이 누각을 가진 저택을 갖고 있다. 그것은 안팎이 회반죽으로 잘 칠해졌고 바람막이가 잘 되었으며 빗장이 채워졌고 여닫이 창문이 부착되었고, 그곳에 있는 긴 의자에는 긴 양털의 덮개가 펴져 있고 꽃무늬가 새겨져 있는 흰색의 모직 천이 펴져 있고 깔개는 사슴의 가죽으로 만들어졌고 침상에는 천개(天蓋)가 있고 양쪽에 받침이 있으며, 그 집은 기름등불이 잘 켜져 있고 네 명의 부인 마음이 흡족하도록 시중을 들고 있다. 왕자여, 이를 어떻게 생각하는가? 그는 잠을 잘 자겠는가? 혹은 그렇지 않겠는가?"
"세존이시여, 그는 잠을 잘 잘 것입니다. 그는 세상에서 잠을 잘 자는 사람들 가운데 한 사람일 것입니다."

"왕자여, 그러면 이것은 어떻게 생각하는가? 장자나 장자의 아들에게 탐욕으로 인한 육체적인 열기와 정신적인 열기가 생겨 그러한 탐욕에서 생긴 열기로 불탈 때 그는 잠을 잘 못 잘 것이다. 그렇지 않겠는가?"
"그렇습니다. 세존이시여."
"왕자여, 그러하다. 장자나 장자의 아들이 탐욕의 열기로 불탈 때 잠을 잘 못 잘 것이다. 그러나 여래는 그러한 탐욕을 버렸고 그 뿌리를 잘랐고 줄기만 남은 야자수처럼 만들었고 멸절시켰고 미래에 다시 일어나지 않게끔 하였다. 그러므로 나는 잠을 잘 자노라.
왕자여, 이를 어떻게 생각하는가? 장자나 장자의 아들에게 성냄에서 생긴 육체적인 열기와 정신적인 열기가 생겨 그 성냄에서 생긴 열기로 불탈 때…… 어리석음에서 생긴 육체적인 열기와 정신적인 열기가 생겨 그 어리석음에서 생긴 열기로 불탈 때 그는 잠을 잘 못 잘 것이다. 그렇지 않겠는가?"
"그렇습니다, 세존이시여."
"왕자여, 그러하다. 장자나 장자의 아들이 성냄의 열기로 불탈 때…… 어리석음의 열기로 불탈 때 잠을 잘 못 잘 것이다. 그러나 여래는 그러한 성냄을…… 어리석음을 버렸고 그 뿌리를 잘랐고 줄기만 남은 야자수처럼 만들었고 멸절시켰고 미래에 다시는 일어나지 않게끔 하였다. 그러므로 나는 잠을 잘 자노라."

불교 교단이 정착되기 전의 일로 보입니다. 부처님이 길거리에서 쉬고 계셨던 모양입니다. 요새로 치면 노숙자에 가까웠을 것입니다. 그때 그 지역의 왕자가 와서 부처님께 안녕히 주무셨느냐고 문안 인사를 드립니다. 그랬더니 부처님이 당신은 세상에서 잠을 잘 자는 사람들 가운데 하나라고 답을 합니다.

왕자는 부처님의 이 말을 이해할 수 없습니다. 잠을 잘 자려면 좋은 침구도 필요하고 온도도 적당해야 하며 시끄럽지도 않아야 하는데, 길거리에서 주무시는 부처님이 본인을 잠을 잘 자는 사람이라고 소개하니까 말이지요.

그래서 되묻는 왕자에게 부처님은 잠을 잘 자기 위해서는 외부 조건보다는 내면 조건이 더 중요함을 깨우쳐줍니다. 아무리 잠자리를 편안하게 마련해놓았더라도 몸과 마음에 탐욕과 성냄과 어리석음의 열기가 들끓으면 잠을 잘 잘 수 없지만, 탐욕과 성냄과 어리석음을 끊어내 불이 꺼지면 외부 조건과 상관없이 잠을 잘 수 있다는 것입니다.

이 구절을 읽고서, 정신을 강화하면 어떤 것도 우리를 괴롭힐 수 없을 거라는 생각을 하게 되었습니다. 이를 계기로 저는 무조건적인 자유와 행복을 추구하게 되었습니다. 부처님과 그 제자들이 얻을 수 있는 거라면 우리도 얻을 수 있습니다. 이게 꼭 부처님이나 출가자만 되는 게 아닙니다. 바르게 노력만 하면 누구나 가능합니다.

그럼 어떻게 하면 무조건적인 자유와 행복을 얻을 수 있을까요? 제가 생활에서 실천할 수 있는 방법들을 한번 생각해봤습니다.

무조건적 자유와 행복을 얻는 법: 몸 건강에 대하여

○

먼저 몸의 건강을 예로 들어서 무조건적인 자유와 행복을 얻는 방법을 살펴보겠습니다.

건강할 때 좋은 점은 자유롭고 행복하다는 것입니다. 그래서 건강할 때는 그냥 건강한 대로 살아도 큰 문제 없습니다.

문제는 건강하지 않을 때입니다. 사람들은 대개 건강하지 않은 것을 부자유 혹은 불행과 같은 것으로 봅니다. 물론 건강하지 않을 때 오는 불편이 있는 건 사실입니다. 하지만 그렇다고 해서 자유롭지도 행복하지도 않은 것은 아닙니다. 그럴 때도 자유롭고 행복하게 살 수 있습니다. 어떻게 하면 그럴 수 있을까요? 저 나름대로 찾은 방법은, 건강하지 않을 때 좋은 점을 찾는 것입니다. 그것을 찾아서 즐기면 건강에도 좋습니다. 건강하지 않을 때 좋은 점은 사람마다 다를 겁니다. 저는 여섯 가지 좋은 점을 찾았습니다.

첫째는 결과를 받아들이는 훈련의 기회가 된다는 것입니다. 불교가 인과의 법칙을 말하고 있다고 여러 번 말씀드렸지요. 그 시각으로 보면 건강하지 못할 때에는 다 그럴 만한 이유가 있는 것입니다. 원인이 있어서 결과가 온 거예요. 따라서 건강하지 않을 때 '아, 이것은 원인과 결과의 법칙에 따라서 일어난 현상이다. 일어날 만한 이유가 있어서 일어난 일이다.' 하고 받아들여야 합니다. 불건강이라는 현상을 거부하지 않고 그대로 받아들이는 훈련을 하는 겁니다. 이 연습을 통해서 건강하지 않을 때 있는 그대로 볼 수 있는 마음이 되면, 다른 현상을 볼 때도 다 그렇게 받아들이며 있는 그대로 볼 수 있게 됩니다.

둘째는 몸을 아프게 하는 잘못된 습관을 발견하여 고칠 수 있는 기회가 된다는 것입니다. 금연 최면을 할 때 쓰는, 슈피겔이라는 사람이 만든 최면 유도문을 보면 이렇게 되어 있습니다. "몸은 애완동물과 같다. 애완동물은 주인이 주는 건 뭐라도 먹는다. 그처럼 우리 몸도 뭐라도 주면 먹는다. 이제부터 몸을 아끼자. 몸에 나쁜 것은 주지 말자. 나쁜 것은 담배다." 몸은 내가 준 대로 받고, 내가 행동하는 대로 따라갑니다. 음식을 잘못 먹으면 복통이 오고, 찬바람을 잘못 쐬면 감기에 걸릴 수 있는 것입니다. 몸은 그런 겁니다. 몸이 아픈 것은 내가 잘못한 것의 결과입니다. 따라서 아프다는 것은 이제 더 이상 잘못을 계속하면 곤란하다는 신호이자 그것을 고치라는 신호일 수 있습니다. 그 신호에 따라 무엇이 잘못된 것인지 세밀히 살피고 그걸 찾아내 잘 고치면 더 이상 안 아플 수 있습니다. 어떤 사람을 보면 평소 굉장히 정력적으로 활동하다가 어느 순간 갑자기 쓰러지기도 합니다. 타고난 몸이 워낙 튼튼하니까 잘못을 저질러도 몸이 안 아프다가 그것이 계속 쌓여 꽝 터지는 거지요. 어쩌면 조금씩 자주 아픈 것이 우리에게 더 좋을 수도 있습니다.

셋째는 휴식과 나만을 위한 시간을 갖는 기회가 된다는 것입니다. 몸이 아프면 쉬어야 되지 않습니까. 그리고 쉬게 되면 나만을 위한 시간을 가질 수 있습니다. 대개 병은 무리해서 일하고 활동하다가 오고는 합니다. 거기에 문제의식을 못 느끼다가 아픈 일을 계기로 잠시 쉬며 자기를 천천히 돌아보는 것이지요. 이를 계기로 삶의 방식이 바뀔 수도 있습니다.

넷째는 몸이 내 것이 아니라는 것을, 다시 말해 불교의 무아(無我)를 깨치는 계기가 된다는 것입니다. 제가 보기에는 이게 가장 중요합니다. 몸이 건강할 때 우리는 몸이 우리 말을 잘 듣는다고 생각합니다. 마음에 대해서도 같은 생각을 갖고 있는데, 마음이 건강하면 우리는 마음이 우리 말을 잘 듣는 줄 압니다. 하지만 그렇지 않습니다. 저를 찾아오는 환자들은 적어도 마음이 자기 것이 아니라는 것은 잘 알고 있습니다. 진료실에서 제가 몸과 마음이 내 것이 아니라고 말하면 "아, 마음이 내 꺼 아닌 건 압니다." 이렇게 얘기하는 분이 많습니다. 우울하고 싶지 않은데 우울해지고 불안한 생각 안 하고 싶은데 계속 불안한 생각이 드는 경험을 환자들은 늘 하기 때문입니다. 마찬가지 원리로, 몸이 아픈 사람들은 몸이 자기 말을 안 듣는다는 걸 알고 있습니다.

몸은 아플 때뿐 아니라 건강할 때도 우리 말을 안 듣습니다. 그저 몸 자체의 법칙에 따라 인과의 원리로 작동합니다. 과거와 현재 조건들이 계속 몸을 이끌고 갑니다. 건강이 안 좋을 때는 이 사실이 잘 보입니다. 그걸 깨닫고, 건강할 때도 이 앎을 항상 유지하면 무아를 확실히 체득한 것입니다. 몸의 고통은 진리를 보게끔 하는 기회입니다. 아플 때 그걸 열심히 찾으세요.

다섯째는 우리가 가진 것을 소중히 여기고 그것에 만족하는 삶을 사는 기회가 된다는 것입니다. 우리는 아플 때 건강이 소중하다는 것을 깨닫습니다. 몸이 아파서, 평소 쉽게 하던 것들도 힘겹게 겨우겨우 하게 되거나 아예 할 엄두도 못 내게 되면, 몸이 움직이는 것 자체의 소중함을 절감하게 됩니다. 그냥 걷는 일, 그냥 먹는 일, 그냥 잠자는 일도 사실 기적입니다. 배탈이 나서 설사를 하고 그러면 나다니기 어렵지 않습니까. 화장실 걱정 없이 그냥 다니는 것만도 굉장한 것이지요. 이런 것을 정확히 볼 수 있어야 합니다. 몸이 아플 때뿐 아니라 몸이 아프지 않을 때도 이 사실을 늘 알고 있다면, 그에게는 어느 정도 실제를 보는 눈이 생긴 것입니다.

건강하면서도 건강이 소중하다는 걸 진실로 아는 사람은 대단한 사람입니다. 우리는 대체로 자신이 갖고 있는 몸의 기능을 당연한 것으로 여기고 부족하다고 생각되는 것에만 초점을 맞춰 불만족한 상태로 지내곤 합니다. 이전에도 언급했지만 만족이란 지혜를 바탕으로 하고 있습니다. 만족은 실제를 정확히 볼 때 일어나는 것이기 때문입니다. 부처님도 수행자의 덕목으로 만족을 꼽을 정도입니다.

여섯째는 삶의 유한성, 즉 언젠가 죽는다는 것을 아는 계기가 된다는 것입니다. 우리는 아프지 않으면 죽음에 대해 잘 떠올리지 못합니다. 아플 때 비로소, 내가 원하지 않는 아픔이 찾아오듯 원하지 않는 죽음이 찾아올 수 있다는 걸 절감하게 됩니다. 그리고 정말 많이 아프면 아프지 않을 때 가졌던 욕심들이 다 떨어집니다. 그럴 때, 언제 죽을지 모른다는 자각이 들어 시간을 굉장히 소중히 쓰는 마음이 될 수 있습니다.

저는 이렇게 여섯 가지 좋은 점을 찾았습니다만 사람마다 찾을 수 있는 건 다를 겁니다. 아플 때의 좋은 점을 자기 나름으로 찾아서 아플 때는 그걸 누리고 건강할 때는 또 건강하게 활동한다면, 몸의 건강과 관련한 어떤 것도 우리를 괴롭힐 수 없게 됩니다. 이렇게 발상을 전환하여 삶 속에서 이 앎을 충분히 실현하며 산다면, 남들에게도 비슷한 맥락에서 도움을 줄 수 있습니다.

무조건적 자유와 행복을 얻는 법: 돈에 대하여

○

이번에는 돈에 대해서 살펴보겠습니다. 돈도 건강과 마찬가지입니다. 돈이 있을 때는 돈을 잘 이용해서 인생이 자유롭고 행복하고 의미가 있게 하면 되고, 돈이 적을 때는 그럴 때의 좋은 점을 찾아 누리면 됩니다. 제가 볼 때는, 돈 한 푼 없어도 마음이 편안한 게 불교적으로 제대로 된 것입니다. 부처님과 제자들이 모두 그랬습니다.

돈이 적을 때의 좋은 점을 저 나름대로 찾아보았습니다. 제가 찾은 건 두 가지 정도입니다. 첫째는 시간이 많다는 겁니다. 돈을 벌려면 남에게 뭔가를 해야 됩니다. 남에게 무언가를 주고 대가로 받는 것이 돈이기 때문입니다. 남에게 무언가를 하려면 시간이 필요하니, 돈을 많이 벌려면 그만큼 많은 시간을 들여야 합니다. 같은 원리로 보면, 돈이 별로 없다는 것은 그만큼 남에게 무언가를 하지 않았으며 그만큼 자기 시간이 많다는 뜻이 됩니다. 사람마다 처지가 다르므로 언제나 이러지는 않겠지만, 대체로 보면 많은 이들의 경우에 잘 들어맞습니다.

인생에서 가장 중요한 건 시간입니다. 우리는 시간을 쓰다 가는 존재이고, 시간이 모든 것을 가능하게 합니다. 그 소중한 시간이 많다는 것은 좋은 일입니다. 물론 시간을 잘 활용하지 못한다면 얘기는 달라집니다. 어떤 사람은 시간이 얼른 지나가지 않아 권태 속에서 괴로워하기도 하니까요. 환자 가운데 시간이 정말 많은 사람들이 있는데, 저는 그들에게 가끔 이렇게 이야기합니다. "당신은 시간 부자입니다. 재벌급이에요. 반대로 나는 시간 가난뱅이입니다." 개인적으로 시간을 좀 살 수 있으면 좋겠는데 시간을 살 수 있는 길이 지금으로서는 없어 아쉬울 따름입니다. 그래도 저는 이렇게 생각합니다. '환자가 오면 좋다. 환자를 도와주고 돈을 벌 수 있으니까. 환자가 안 오면 그것도 좋다. 내 시간에 내가 하고 싶은 것을 할 수 있으니까. 병원 문을 닫을 정도만 아니면 된다.'

아무튼 돈이 적으면 대체로 시간이 많으니 시간 활용법을 찾아 그 시간을 잘 쓰도록 해야 합니다. 평소 가족과 함께하는 시간이 적었다면 그 시간을 늘려도 좋고, 지혜로워지고 싶다면 독서와 사색과 명상에 노력을 기울이고, 몸이 건강해지고 싶다면 매일 적당한 운동을 꾸준히 하면 되고, 돈을 벌고 싶다면 돈 버는 방법을 연구해서 실천하면 됩니다.

둘째는, 돈이 많을 때 잃는 것을 돈이 적으면 잃지 않을 수 있다는 점입니다. 돈이 많을 때 우리가 잃는 것이 있습니다. 예를 들어 돈이 많아 풍족해지면 살면서 재미가 떨어지는 경우가 많습니다. 저는 중학교 1학년 때인가 먹었던 자장면 맛이 지금도 생생하게 기억납니다. 엄청 맛있었거든요. 그때는 돈이 적으니 먹는 게 요즘처럼 풍족하지도 다양하지도 않았습니다. 그래서인지 뭘 먹어도 맛있었습니다. 그런데 요즘엔 사람들이 늘 맛있는 걸 찾아다니지만 예전만큼 맛있게 먹지는 못하는 것 같습니다. 여행도 비슷합니다. 예전에는 해외여행을 나가는 게 대단한 일이었습니다. 나라의 제도 때문이기도 했지만 돈이 모자라서이기도 했습니다. 저와 가까운 사람이 무역을 해서 해외를 많이 다녔는데, 저는 그 사람 가방 안에 들어가서 같이 가면 좋겠다는 생각도 해봤습니다. 요새도 돈이 없어 해외여행 못 가는 사람이 있지만 대개는 시간이 없어서 못 갑니다. 물론 주머니 사정에 따라 여행지의 차이는 있겠지만, 해외여행도 마음대로 가는 시대이다 보니 갔다가 만족 못 할 때도 종종 있습니다. 자주 가면 별 재미가 없는 거지요.

이렇게 돈이 적을 때의 좋은 점이 분명히 있습니다. 사람마다 무엇이 좋은지는 다르겠지만, 그걸 찾아서 잘 활용하면 돈이 없다고 해서 자유롭지 못하고 불행할 이유는 없습니다. 관점의 전환이 중요합니다. 이것은 좋은데 저것은 안 좋다, 이런 식은 곤란합니다. 이래도 좋고 저래도 좋은 것을 찾는 마음가짐이 무조건적인 자유와 행복으로 가는 길입니다.

무조건적 자유와 행복을 얻는 법:
비교에서 자유로워지기

○

비교도 우리를 불행하게 만드는 요소입니다. 사람들은 자동적으로 비교를 하곤 합니다. 대통령을 보고서 '아, 내가 저 사람보다 못하구나.'라고 생각하고, 연예인을 보고서는 '나는 왜 이렇게 매력이 없나.'라고 생각합니다. 그러면서 괴로워하지요. 반대로 거지를 보고서는 '내가 저 이보다는 낫지.' 이렇게 생각하며 행복해합니다. 한마디로, 비교를 하는 습관 때문에 우리는 조건에 따라 행복과 불행을 오가게 되는 것입니다. 따라서 비교가 없어지는 게 굉장히 중요합니다.

비교에는 세 가지가 있습니다. 바로 '○○보다 낫다' '○○보다 못하다' '○○과 같다'입니다. 비교에는 늘 대상이 있습니다. 그 대상, 즉 남이 내 인생에 들어와 있기 때문에 비교를 하는 겁니다. 나는 내 인생의 필요에 따라 일하고 쉬고 해야 됩니다. 그런데 비교를 하면, 나의 필요보다는 남의 시선에 맞추려 하게 되므로 나에게 꼭 맞게 살지를 못합니다.

저는 환자가 오면 지갑을 비유로 들어 비교에 대해 이런 대화를 나누고는 합니다.

"환자 분이 뭔가를 살 때 가진 돈만큼 살 수 있나요 없나요?"

"살 수 있지요."

"남이 환자 분을 좋게 본다고 이 지갑에 돈이 많아집니까? 반대로 나쁘게 보면 돈이 적어집니까?"

"아니요."

"우리는 자기가 가진 지식이나 몸 상태를 가지고 그만큼만 사는 존재입니다. 남이 우리를 좋게 보거나 나쁘게 본다고 해서, 또 내가 남보다 나를 낮춰 보거나 높여 본다고 해서 우리가 가진 게 달라지진 않습니다. 살아가는 데 필요한 게 있으면 노력을 해서 그걸 갖춰야지, 비교만 해서는 아무런 소용이 없습니다."

비교가 없어지면 온전하게 자기가 될 수 있고, 비교로 인한 고통이 많이 없어집니다. 《숫따니빠따》 〈최상에 대한 여덟 게송의 경〉에서 부처님은 비교에 대해 이렇게 말씀합니다. "자기를 남과 비교하여 등등하다거나 열등하다거나 우월하다고 생각해서는 안 됩니다." 비교가 없는 삶을 살아가라, 비교하면 그로 인해서 불화가 생기고 괴로움이 생긴다는 뜻으로 한 말씀입니다.

그런데 비교도 조건이 마련되어야 일어납니다. 비교할 만한 조건이 되니까 비교하는 것이지요. 내 속에 비교하는 시스템이 없으면 비교는 일어나지 않습니다. 그렇다면 비교가 일어나는 조건이 무엇이냐? 일단 '내'가 있습니다. 내가 있으니 내가 기준이 되어서 나보다 낫다, 나보다 못하다, 나와 같다 하고 비교를 하는 것입니다.

그 다음으로, 하나의 '요소'만 보는 좁은 소견이 있습니다. 우리가 비교를 할 때 보면 절대로 전체를 다 고려하지 않습니다. 전체에서 어느 하나만을 콕 집어서 비교합니다. 예를 들어 학력을 중시하는 사람은 누군가를 보고 '아, 저 사람은 서울대 들어가서 참 좋겠다. 나는 이게 뭐냐.' 하고 비교합니다. 건강, 성격, 인간관계 같은 다른 요소들도 많이 있는데 그런 건 보지 않고 '서울대' 하나만 보는 거지요.

마지막으로, 전체 과정을 보지 않고 '결과'만 보는 좁은 소견입니다. 앞의 예로 계속 이야기하면, 서울대 들어가려면 포기해야 하는 게 많습니다. 노는 것도 포기하고, 잠도 많이 줄여야 하고, 건강이 나빠지기도 합니다. 하지만 비교하는 사람은 그런 과정을 못 본 체 '서울대'라는 결과 하나만 놓고 비교를 합니다.

비교는 이 세 가지가 마련되어야 일어납니다. 그렇다면 어떻게 해야 비교하는 습관이 없어질까요? 비교를 일으키는 둘째 조건인 하나의 '요소'만 보는 좁은 소견은 비교의 초점이 되는 요소만 보지 않고 다른 것까지 전부 보는 훈련을 계속하면 없어집니다. 왜냐면 내가 남보다 못하다고 해도 나의 전부가 그런 것은 아니기 때문입니다. 어떤 것은 내가 좀 못하지만 다른 것은 나은 게 있습니다. 비교를 일으키는 셋째 조건인 '결과'만 보는 좁은 소견은 결과가 있기까지의 과정을 쭉 보면 사라집니다. 만약 누군가가 서울대에 들어가기까지 밟은 십수 년의 과정을 전부 본다면 "난 서울대 안 가면 안 갔지 그렇게는 못하겠다."라고 말하는 사람 많을 것입니다.

비교를 없애는 가장 좋은 방법은 '내'가 없어지는 것입니다. 그렇다면 비교를 일으키는 첫째 조건인 '나'는 어떻게 없앨 수 있을까요? 보통 우리는 남을 보다가 '나'로 탁 돌아오는데, 그러지 말고 항상 남만 보면 됩니다. 언제나 남만 열심히 보면 비교가 없어집니다. 남을 열심히 보면 지혜가 생깁니다. '아! 이렇게 사니 이런 결과가 왔구나.' 하고 알게 됩니다.

오랫동안 관찰해보니 삶이 힘든 사람은 자기가 잘 사나 못 사나, 인생의 목적은 무엇이냐 등을 늘 주시하고 있었습니다. 다시 말해 힘들어하는 사람은 주의가 자기 자신에게로 집중되어 있었습니다.

이와 반대로 마음이 건강한 사람은 주의가 바깥으로 가 있었습니다. 바깥에서 일어난 일에 관심을 두지 자신을 생각하지 않으니까 나를 생각할 때 올 수 있는 괴로움이 없는 거지요. 또 가까운 사람이 잘되면 어떻게 해서 잘되었나를 잘 살피고 남이 잘못되면 왜 그렇게 되었는지를 잘 헤아립니다. 그리고 그들이 잘되고 잘못되고에 따라 자기에게 어떤 영향이 오는지를 잘 봅니다. 그리하여 남이 잘되었을 때 자기에게 좋은 일이 일어나고 남이 잘못되었을 때 자기에게 안 좋은 일이 일어난다는 걸 알게 됩니다. 이렇게 되면 비교가 설 자리가 없어집니다. 세상 돌아가는 이치에 늘 호기심을 갖고 속속들이 잘 관찰하여 지혜가 길러졌으니 세상살이도 수월하게 풀립니다. 불교식으로 말하면 정확하게 있는 그대로 보는 능력을 갖게 되어 인과의 법칙에 따라 순탄하게 살아가게 되는 것입니다.

지혜롭게 살기: 정신 건강으로 가는 열일곱 가지 길

○

제가 찾은 정신 건강으로 가는 길은 지금까지 소개한 세 가지 말고 열일곱 가지가 더 있습니다. 자유롭고 순리에 맞고 지혜롭게 사는 방법들인데요, 모두 환자를 보면서 자연스럽게 터득한 것들입니다. 환자들은 대체로 다음의 열일곱 가지 가운데 한 개 이상에서 걸리는 경우가 많았습니다.

1. 반응을 건강하게 하기

첫째는 반응을 건강하게 하는 것입니다. 저는 누군가에게 무슨 일이 벌어진 것을 가지고 그 사람을 판단하지 않습니다. 예를 들어 누가 사업하다가 부도가 났다면, 그 사실보다는 그가 그 일에 어떻게 반응하느냐를 보고 그가 어떤 사람인가를 평가합니다.

살다보면 별일이 다 일어납니다. 수없이 많은 사람이 함께 살고 있고, 기후와 풍토 같은 것도 예측 가능하지 않게 계속 변하고, 사람들이 또 새롭게 만들어가고 있는 것들이 불러오는 변화가 서로 뒤얽혀 있으니 얼마나 많은 일이 일어나겠습니까. 기본적으로 세상일이란 사람 힘으로 통제할 수가 없는 것입니다. 그런데 제가 만나는 환자들을 보면 세상일의 그러한 본성을 받아들이지 못합니다. 예를 들어 불안으로 힘겨워하는 환자는 어떤 일이 안 일어나기를 간절히 바라는데 일어날 조짐이 보이니까 고통을 받는 것입니다. '어떤 일이 일어나도 상관없다. 어떤 일이 일어나더라도 나는 나름대로 최선을 다하겠다.' 이런 마음을 유지하면 불안은 없어집니다. 바라는 게 아무것도 없는 삶이 제일 좋습니다. 무슨 일이든지 일어날 수 있으니까요.

어떤 일이 일어나는 건 그것이 일어날 만한 필연적인 이유가 있기 때문입니다. 결과를 바꿀 수는 없는 겁니다. 우리는 단지 결과에 적절하게 대응만 할 수 있습니다.

예를 들어 시험 보는 날 아이가 늦잠을 잤다고 가정해봅시다. 눈을 떴더니 1교시 시험이 끝날 시각이에요. 이럴 때 어떻게 해야 할까요? 아이에게 "잘한다. 시험 날 늦잠이나 자고." 이렇게 비난하며 서둘러 학교에 보내야 할까요? 아니면 "시험 망쳤으니 그냥 포기해." 이렇게 이야기해야 할까요? 자책하거나 포기하면 설사 나머지 시험을 치른다 해도 제 실력을 발휘하기 어렵습니다. 남은 시험이라도 건져야 하지 않겠습니까. 그러려면 아이에게 차분하게 설명해주는 게 좋습니다. "이미 지난 일은 어쩔 수 없고, 이런 경우가 이전에도 있었을 테니 먼저 학교에 가서 선생님과 상의하는 게 좋겠다. 그리고 너는 잠을 푹 잤으니 컨디션이 좋을 거고, 그러면 남은 시험은 최상의 상태로 치를 수 있을 거다. 마음 편히 먹고 남은 시험 차분하게 치르자." 이렇게 다독여서 아이가 건강한 반응을 하게끔 도와주는 겁니다. 사실 정신치료라는 것도 환자들이 반응을 건강하게 하게끔 도와주는 것입니다. 중요한 건 반응을 건강하게 하는 것, 그리고 자기가 반응을 어떻게 하고 있는지를 잘 지켜보는 것입니다.

2. 부탁과 거절에 자유로워지기

환자들 가운데 부탁과 거절에 자유롭지 못한 사람들이 많습니다. 살다보면 부탁을 하기도 하고 받기도 하는데, 이걸 잘 처리하지 못하면 인생이 피곤해집니다. 부탁을 받는 게 부담스러워서 사람을 잘 안 만나는 사람도 있고, 남의 부탁을 거절했다는 이유로 속에 미안한 감정을 담고 사는 사람도 있고, 남에게 거절당했다는 이유로 화를 내는 사람도 있습니다.

그런데 저는 '부탁'이니 '거절'이니 하는 말이 잘못된 말이라고 생각합니다. 그런 말은 듣는 사람이나 쓰는 사람에게 일단 부담을 안겨주기 때문입니다. 그래서 저는 부탁이나 거절과 관련해서 발상의 전환이 필요하다고 봅니다. 부탁을 하는 게 아니라 단지 내 형편을 상대에게 잘 설명하는 것이고, 거절을 하는 게 아니라 내가 할 수 있는 만큼만 하고 내 사정을 잘 알리는 것이라고 보는 겁니다.

내 형편을 상대에게 잘 설명하는 것이 목적이라면, 일단 말하는 입장에서 부담이 줄어듭니다. 상대가 들어주기만 하면 목적이 이뤄진 셈이기 때문입니다. 그리고 내 형편을 알아야 상대가 나를 도와주든 말든 할 수 있습니다. 이야기를 하는 것이나 들어주는 것은 보통 가까운 사이라면 어렵지 않게 할 수 있는 일이기도 하며, 개중에는 자기에게 알리지 않았다고 섭섭해하는 사람도 있습니다. 그리고 이야기를 들은 사람이 무언가를 하는 것은 그의 선택이지 이야기를 한 사람이 어찌할 수 있는 게 아닙니다.

이야기를 들은 사람은, 거절이나 승낙이 아니라 자기가 할 수 있는 것만 하는 걸로 이해한다면, 이야기한 사람을 위해 무언가 하나는 늘 하게 되는 셈입니다. 일단 이야기를 잘 들어준 것만 해도 도움을 준 겁니다. 그리고 자기 형편이 이러저러하니 어떤 것을 할 수 있고 어떤 것은 하기 어렵다고 잘 설명한 다음 할 수 있는 것을 하면 미안한 마음이 생겨날 이유도 줄어듭니다. 그리고 이야기를 듣는 나는 여러 선택지 가운데 하나일 가능성이 높습니다. 어려움에 처한 사람은 여러 사람에게 손길을 뻗기 마련이어서 꼭 내가 아니더라도 다른 사람이 그를 더 많이 도울 수 있습니다.

해줄 수 없는 건 해줄 수 없습니다. 동어반복처럼 들리겠지만 세상의 원리가 그렇습니다. 그러니 '부탁'이나 '거절'이라는 관점을 전환하여 '피차 할 수 있는 것을 한다'라고 보고 받아들여야 합니다. 그렇게 하면 실행하고 받아들이는 방식이 다르니 힘도 덜 들고 관계도 계속 좋게 유지할 수 있게 됩니다.

3. 인사 잘하기

인사를 먼저 하면 상대보다 아래라고 생각하는 사람이 있습니다. 하지만 인사라는 건 '나는 당신에게 적의가 없다. 나는 당신과 친해지고 싶다.'라는 표현입니다. 오른손으로 악수를 하는 인사법이 원래는 손에 무기를 들고 있지 않음을 서로 확인하는 데서 비롯되었다는 이야기도 있습니다. 그래서인지 인사를 하면 분위기가 편안해집니다. 반면에 인사를 안 하면 자꾸 상대에게 신경을 쓰게 됩니다. 상대가 나에게 어떤 행동을 할지 모르니 긴장 상태를 유지하는 겁니다. 그 정도는 아니더라도 서먹한 분위기 때문에 찜찜한 느낌 속에 있게 됩니다. 또 인사를 안 하면 오해를 사기도 합니다. '저 사람이 나를 무시하나?' 하고 생각하게 되는 거지요.

저는 인사가 우리 삶의 터전을 살기 좋게 만드는 방법이라고 봅니다. 이사를 가서 새로 만난 이웃들에게 떡을 돌리는 게 현명한 것은 바로 그 때문입니다. 어느 정신과 의사와 함께 식당에를 가서 제가 놀란 적이 있습니다. 그가 우리 테이블에 수저와 젓가락을 놓아주더니 옆 테이블에도 그러는 것 아니겠습니까. 그렇게 해서 두 테이블 사람들은 각자의 테이블에서 각자의 사람들과 시간을 보냈지만 옆 테이블을 전혀 신경 쓰지 않았고, 또 필요한 것이 있으면 도왔습니다. 편안하고 우호적인 분위기였습니다. 이렇게 하기가 어디 쉽습니까. 지혜가 있고 정신이 보통 건강한 사람이 아니고선 엄두도 못 낼 일입니다. 우리가 함께 살아가는 존재라는 앎이 확실하고, 그 앎에 바탕을 두고 결과에 실망하지 않고 자기가 할 수 있는 걸 하는 것이기 때문입니다. 또 그렇게 분위기를 좋게 이끌어갈 수 있다는 건 상대를 잘 살펴서 인사를 적절하게 하는 능력이 있다는 증거입니다. 달리 말하면 실제를 있는 그대로 잘 보고 거기에 맞춰 행동할 줄 안다는 것입니다.

어떤 책에서 한 목수 이야기를 읽은 적이 있습니다. 목수는 평생 집을 지었는데, 그에겐 오래된 파트너인 사업가가 있습니다. 사업가가 계획을 세워서 의뢰하면 목수가 집을 짓는 식으로 둘이 오래 함께 일을 했습니다. 나이가 든 목수가 은퇴하고 싶은 마음이 들었습니다. 가까운 사람들과 함께 시간을 보내고도 싶고 하고 싶은 일도 있었기 때문입니다. 그래서 사업가에게 은퇴를 해야겠다고 이야기를 했습니다. 그랬더니 사업가가 마지막으로 집 한 채만 더 지어달라고 부탁했습니다. 목수는 하는 수 없이 집을 짓기는 했는데, 하기 싫은 마음에 엉망으로 지었습니다. 집을 다 짓고 사업가에게 집 열쇠를 주었더니 그가 말하길 "이 집은 당신에게 주는 선물입니다."라며 열쇠를 목수에게 돌려주었습니다. 목수는 결국 자기 집을 엉망으로 지은 것이지요.

저는 이 이야기를 인사에 걸려 있는 환자들에게 들려주곤 합니다. 이 세상 사람은 모두 우리가 사는 집이고, 가구이고, 부엌입니다. 제 병원이 7층 건물의 4층에 있는데, 그 건물에 있는 사람들이 모두 제 집입니다. 그 사람들을 무시하고 인사도 안 하고 돕지도 않는다면, 저는 자기가 살 집을 엉망으로 지은 목수나 다름없습니다. 인간관계가 우리의 집이고 공기입니다. 그것을 좋게 만드는 인사야말로 자기를 위한 쉽고도 현명한 선물입니다. 인사는 삶을 주도적으로 사는 길입니다.

4. 거짓말 안 하기

불교의 다섯 가지 계율 중 하나가 거짓말을 안 하는 것입니다. 또 보살의 열 가지 실천〔바라밀〕 항목 가운데 하나가 진실을 말하기〔진실 바라밀〕입니다.

거짓말의 속성을 잘 보아야 합니다. 일단 거짓말을 하면 상대에게 잘못된 정보를 주게 됩니다. 상대는 그 정보를 토대로 판단을 할 수밖에 없으니 그에 따르는 결과가 어떻겠어요? 다음으로 거짓말을 한다는 건, 경우에 따라 우리가 두 가지 잘못을 저지른다는 뜻이 됩니다. 예를 들어 엄마에게 학원에 간다고 말을 해놓고 영화를 보러 간 학생이 있다면, 그는 영화를 보러 간 것과 엄마에게 거짓말을 한 것, 이렇게 두 가지 잘못을 저지른 겁니다.

우리는 자기에게 도움이 된다는 생각에서 거짓말을 합니다. 하지만 거짓말은 도움이 안 됩니다. 거짓을 감추기 위해 계속 신경을 쓴다면 마음이 편하겠습니까. 그리고 그 거짓을 감추기 위해 자꾸 다른 거짓말을 해야 할 수도 있습니다. 정신 건강에 도움이 될 리가 없지요. 또 나중에 거짓이 밝혀져봐요. 그 다음부터는 사람들이 일단 의심을 하게 됩니다. 그가 한 말들의 사실 여부를 따지게 되니 서로 힘든 환경이 조성됩니다. 그러다 급기야는 거짓말을 한 사람이 다른 사람들로부터 외면받는 일까지 벌어집니다. 안팎이 다 팍팍한 인생이 펼쳐지는 거지요.

반대로 잘못을 했어도 진실을 말하면, 상황은 짧은 시간에 쉽게 정리됩니다. 학원 대신 영화관에 간 학생이 집에 와서 사실대로 말했다고 칩시다. 그러면 당장 혼나기는 하겠지만 부모 마음속에 '우리 아이 대단하다. 이 아이 말은 믿을 수 있구나!'라는 신뢰가 싹틀 것입니다. 제가 굉장히 신뢰한 간호사가 있습니다. 그 간호사는 자기가 잘못을 했으면 그랬다고 언제나 이야기를 했거든요. 잘못했다고 말하기 전에는 다 잘하고 있는 것이니 제가 얼마나 마음이 놓였겠습니까.

이치가 이러한데도 사람들이 거짓말을 하는 건, 지혜가 없기 때문입니다. 《앙굿따라 니까야》〈언어 표현의 경 2〉를 보면, 성자들이 쓰는 성스러운 언어에 대한 내용이 나옵니다. 성자들은 본 대로, 들은 대로 말을 합니다. 보고 들은 것에 살을 안 붙입니다. 그런데 우리들은 말을 할 때 습관적으로 살을 붙이고는 합니다. 거짓말을 하겠다는 특별한 의도가 있지 않아도 그렇게 하는 경우가 있습니다. 자기가 말을 할 때 어떤지 잘 살펴보세요. 그리고 생각도 안 해보고 "내가 생각해봤는데……"라고 말을 시작하는 경우도 많습니다. 생각은 눈에 안 보여 상대가 확인할 수 없으니 편하게 그 말을 쓰는 겁니다. 그건 성자의 말이 아닙니다.

성자들은 또 알면 안다고 하고 모르면 모른다고 합니다. 이게 굉장한 지혜입니다. 진실을 말하면 힘이 하나도 안 듭니다. 반면 거짓을 말하면 그것이 들통나지 않게 하기 위해 계속 조작을 해야 하니 힘이 많이 듭니다. 앞에서 예로 든 영화 보러 간 학생을 떠올리면 금방 이해가 될 것입니다. 그리고 거짓말을 할 때는 뭔가 이상한 게 감지됩니다. 거짓말을 할 때 분위기, 행동, 표정, 말투 따위가 자연스럽지 않은 거지요. 그 순간은 어떻게 넘어갈지 몰라도 뭔가 석연찮은 것이 듣는 사람의 마음에 미세하게 남습니다. 이르고 늦고의 차이는 있지만 진실은 결국 드러납니다.

불교에 마음 작용을 하는 마음부수라는 게 있다고 강의 초기에 말씀드렸습니다. 우리의 정신인식과정을 관찰하다보면 해로운 마음부수가 아주 안 좋다는 걸 알게 됩니다. 거짓말을 하면 정신인식과정의 속행 단계에서 해로운 마음부수가 일어나고 이러한 속행은 1초에 수도 없이 일어납니다. 그러면서 그것들이 전부 과보를 남겨 안 좋은 것들이 튀어 나오게 만듭니다. 그러니까 탐욕과 성냄과 어리석음이 형성되어 정신 불건강의 토대가 마련되는 것입니다. 그 토대에서 어떤 사람은 강박증이 튀어 나오고, 또 어떤 사람은 불안증이 튀어 나오고 합니다.

유태인 격언 가운데 이런 게 있습니다. "거짓말쟁이에게 주어지는 최대의 벌은 그가 진실을 말했을 때도 사람들이 믿지 않는 것이다." 신뢰 없는 사람은 아무것도 못합니다. 안 좋은 삶이 그를 기다리고 있습니다. 이 사실을 분명히 기억해야 합니다.

5. 약속 지키기

보살이 부처가 되기 위해 실천하는 열 가지 항목 가운데는 약속 지키기도 있습니다. '결정 바라밀'이라는 건데, 무언가를 하겠다고 결정하면 그걸 언제나 지키는 것입니다.

약속은 인간관계에 큰 영향을 줍니다. 약속을 얼마나 잘 지키느냐는 그 사람의 신뢰도와 직결되는 척도입니다. 약속을 안 지키면 사람들 사이에서 배제되어 정서적으로도 고립되기 쉽습니다. 어느 사업가가 제게 말하길 신용이 없는 사람은 시체로 보인답니다. 아무것도 못 하는 사람이 그냥 왔다 갔다 하는 것 같다는 뜻이지요. 사람은 자기 힘만으로는 살 수 없어 남의 도움을 받아야 되는데, 신용이 없으면 누가 그에게 손을 뻗겠습니까. 그 결과 아무것도 못하게 되는 겁니다.

쉽게 약속하고 쉽게 어기다보면 자기 스스로도 자기를 못 믿게 됩니다. 요즘 사람들은 지인과 오랜만에 마주쳤을 때 인사처럼 "언제 밥이나 먹자." 하고 말하곤 잊는 일이 많은 것 같습니다. 그런데 그런 것도 쌓이다보면 좋지 않은 영향을 줍니다. 언제 밥이나 먹자고 하고서는 오래 연락을 안 하고 있다가 문득 미안한 생각이 드는 경험을 해보셨을 겁니다. 불교식으로 보면 그런 스치는 말들도 반드시 과보를 남겼다가 어느 순간 불쑥 튀어 나오게 되어 있습니다.

저도 예전에는 쉽게 약속하고 쉽게 안 지키고 그랬습니다. 그러다가 고쳐야겠다고 마음을 먹었고, 지금은 안 그럽니다. 방법은 간단합니다. '어떤 약속이든 지키겠다'고 결심하고 실행하는 것입니다. 이 원칙을 지키려면 힘이 듭니다. 약속을 쉽게 하면 지킬 때 정말 힘이 듭니다. 그러다보면 약속할 때 내가 지킬 약속인가 아닌가를 면밀히 따져 꼭 지켜야 하는 것들만 약속하고, 약속한 것은 반드시 지키게 됩니다. 그게 쌓이면 사람들이 나를 좋게 판단하게 되고, 인생이 잘 풀립니다. 살아가는 게 덜 힘들어집니다.

6. 대화 잘하기

대화도 중요합니다. 인간관계를 결정하는 데 큰 영향을 주기 때문입니다. 대화하는 데 아무런 장애가 없다면 인간관계에 장애가 없고 정신적인 문제도 별로 없을 수 있습니다. 대화는 정신 건강과 직결돼 있으므로 대화 능력을 정신 건강의 척도로 보아도 될 정도입니다.

대화를 할 때 기본 마음가짐은 상대방을 배려하는 것입니다. 세상에서 가장 소중한 게 나이듯이 남에게 가장 소중한 것도 그 자신입니다.

내가 무슨 생각을 하든지 그럴 만한 이유가 있듯이 남도 그렇게 생각할 만한 이유가 있습니다. 우리는 은연중에 자기중심이 되곤 하는데, 나와 상대를 공평하게 보는 마음만 유지된다면 대화도 순조롭게 이뤄질 수 있습니다.

대화에서 중요한 건 충분히 말하고 충분히 듣는 것입니다. 내가 먼저 말을 시작했다면 할 말을 충분히 합니다. 상대방이 내 말을 끊으려고 하면 "죄송합니다. 제가 조금 더 하겠습니다." 이렇게 양해를 구하고서 하고자 하는 이야기를 충분히 합니다. 그런 다음 상대방 말을 충분히 듣습니다. 내가 말할 때 충분히 말했듯이 나 역시 상대방이 자기 의사를 충분히 말할 수 있도록 하는 것입니다. 이게 반복되어 잘 진행되면 일단 큰 문제없이 대화가 진행될 수 있습니다.

대화에는 세 가지 요소가 있습니다. 말하는 사람이 있고, 듣는 사람이 있고, 아무 말이 없는 침묵이 있습니다. 이 세 가지 요소를 잘 알고 적절하게 운용하면 대화가 어렵지 않습니다.

내가 하고 싶은 말이 있거나, 상대가 듣고 싶어 하거나 들어서 유익한 말이 있으면, 내가 말을 하는 게 좋습니다. 대화를 힘들어하는 사람을 보면, 할 말이 없는데도 말을 해야 한다고 생각하는 경우가 많습니다. 말을 안 하면 상대가 자기를 어떻게 볼지 걱정하는 겁니다. 그런데 사람들은 말을 잘하는 사람도 좋아하지만 자기 말을 잘 들어주는 사람에게도 호감을 느낍니다. 그러니 할 말이 없으면 그냥 들으면 됩니다. 들을 때는 상대의 경험이 내 자산이 된다는 마음으로 듣습니다. 사람들이 말하는 것을 잘 들어보면 거의 다 자신이 본 것, 들은 것을 이야기합니다. 다시 말해서 자신이 경험한 것을 이야기합니다. 상대방이 말하는 것을, 그 사람의 눈으로 보고 그 사람의 귀로 듣는다고 생각하면서 들으면, 내가 보고 듣는 것이 됩니다. 그 사람의 경험이 내 것이 됩니다. 책을 읽고 다큐멘터리를 보면 우리 경험의 폭이 넓어지듯이 상대의 대화를 들어도 경험의 폭이 넓어집니다.

예를 들어 상대방이 하와이에 다녀온 이야기를 하면 경청을 하며 '아, 하와이 가면 이렇구나.' 하고 아는 기회로 삼으세요. 경청을 한다는 건 대화 활동에 적극 참여하는 것이기 때문에 상대방은 내가 적극적으로 무언가를 하는 것처럼 느낍니다. 그러니 할 말이 없으면 편안하게 잘 들으십시오. 어떻게 보면 말하는 건 잘해야 본전치기이고, 듣는 건 남는 장사입니다. 정신과 의사를 굿 리스너(good listener)라고도 하는데, 인사에 대해 말씀드릴 때 예로 든 그 의사는 항상 잘 듣습니다. 그래서 동료 의사들이 이렇게 말하곤 합니다. "야, 너도 좀 내놔라, 듣지만 말고. 너만 이득 보지 말고." 우리가 살아가는 데 힘이 필요하고 힘은 경험에서 나옵니다. 하지만 나만의 경험은 한계가 명확합니다. 그러니 잘 듣는 게 자신에게 이익이 되는 것입니다.

그런데 나도 상대방도 할 말이 없을 수 있습니다. 그래서 둘 다 말이 없는 침묵이 이어질 때 어떤 사람들은 불안을 느낍니다. 이상하게 느끼는 거예요, 그 상황을. 둘이 친하지 않은 것도 같고, 이러다 다시 안 보게 될 것도 같고 그런 겁니다. 하지만 침묵 상황이 되면 그냥 편안히 있으면 됩니다. 침묵을 즐기세요. 사람들은 초조한 기색을 보이는 사람은 별로 안 좋아하지만 편안하게 있는 사람은 절대로 싫어하지 않습니다. 오히려 아무것도 안 하고 같이 있기만 한데도 편안하다면 그것만큼 매력적인 것도 없습니다. 또 사람들은 재밌고 유용한 말은 좋아하지만 쓸데없는 말 계속하면 피곤해합니다. 더군다나 재밌고 유용한 말이 그냥 되는 것도 아닙니다. 재밌는 거 보면 기억해두기도 해야 하고 유용한 정보도 수집하는 등 평소 노력이 필요합니다. 그리고 재미있게 말하는 유머감각은 타고나는 면도 있습니다.

대화에서 자기 자리를 찾는 것도 중요합니다. 유용한 이야기도 꼭 내가 할 필요 없이 그걸 잘하는 사람이 하면 되고, 재밌는 것도 내가 재밌을 필요 없이 누구 재밌는 사람 있으면 잘 호응을 해주면 됩니다. 남의 생일 파티에 가서 내가 주인공 노릇을 하면 이상한 것처럼, 내가 잘 못하는 건데 굳이 중심이 되고자 할 필요가 없습니다. 다른 사람 생일 파티에 가면 그저 박수를 잘 쳐주고 맛있게 먹는 것이 내 자리이듯, 대화에서도 필요에 따라 말하고 듣고 침묵을 즐기면 됩니다.

지금까지 말씀드린 것처럼 하면 아무것도 힘든 게 없는데 우리는 스스로를 힘들게 만듭니다. 무언가에 걸려 있어서 자꾸 억지로 하려고 하는 거지요. 저는 마흔 즈음에 이걸 깨닫고서 순조롭게 대화하는 연습을 계속 했습니다. 덕분에 지금은 편안하게 대화하게 되었습니다.

말할 때 유념해야 할 것 하나 더 말씀드리겠습니다. 말할 때 내 마음이나 내 반응만을 이야기하면 문제가 되지 않지만, 상대를 비난하거나 공격하면 문제가 됩니다. 예를 들어 어떤 두 사람이 사랑해서 결혼을 했어요. 그런데 남편이 회사 일로 굉장히 바빠서 맨날 집에 늦게 들어와요. 이러니까 어느 날 아내가 이렇게 말해요. "당신이 없으니 집이

썰렁하고 마음이 힘들어. 이런 결혼 생활은 예상하지 못했거든. 이러려고 결혼을 했나, 하는 생각이 들어." 여기에 대고 "당신이 좀 이상한 거 아냐? 왜 그렇게 생각해?"라고 말할 사람 거의 없습니다. "내가 없을 때 힘들구나. 일찍 귀가할 수 있는 방법 궁리해볼게." 이렇게 반응하는 게 일반적이죠. 반면에 아내가 "나 이렇게 하려고 결혼했어?" 하고 비난하는 식으로 말하면 남편은 그에 맞춰 반응하게 되어 있습니다. 사실 남편은 자기가 회사에서 일하는 동안 아내가 어떻게 지냈는지 모르잖아요. 그런데 아내가 자기가 처해 있는 상황과 거기서 자기가 느끼는 것은 얘기 안 하고 남편을 비난만 하면 남편도 할 말이 있습니다. 가족을 위해서 열심히 일하는 것일 수도 있고 처한 상황이 어쩔 수 없는 경우도 있으니까요. 남편이 그런 자기 입장을 항변하면 자칫 언쟁으로 이어질 수도 있고 서로 상처를 받을 수도 있습니다.

따라서 말할 때, 특히 갈등 상황일수록 내 마음이나 반응만 말하는 연습을 많이 해야 합니다. 상대방을 자극하지 않고 그에게 뭔가 알리는 말하기 방식을 찾아야 합니다. 대화의 본질은 말만 주고받는 것이 아니라 서로의 마음을 나누는 것입니다. 그러니 상대를 배려하는 자세가 필요합니다. 상대방의 처지를 생각하고 그에 맞춰 적절하게 반응하는 것이지요. 마치 난초가 에어컨 바람을 많이 맞아 시들시들해졌을 때 공기가 맑은 곳으로 옮겨두어 생기를 되찾게 하는 것과 비슷합니다.

7. 공평하게 살기

사람들이 제일 민감하게 받아들이는 것 가운데 하나가 인간관계에서의 공평함입니다. 우리는 상대방이 자기를 공평하게 대하지 않는다는 자각이 오는 순간 거부감을 느낍니다. '저 사람이 나를 소홀히 대하고 무시하는구나.' 하고 생각하고 반발하게 됩니다. 자기중심으로 말하고 행동할 때 남으로부터의 저항을 경험하는 게 바로 이 때문입니다. 그런데 우리는 은연중에 자기중심이 되고는 합니다.

예를 들어 내가 지금 자리에 없는 친구의 단점을 이야기합니다. 그래놓고 내가 없을 때 다른 친구들이 내 단점을 이야기했다는 이유로 친구로서 어떻게 그럴 수 있느냐고 따진다면 공평한 것이 아닙니다. 내가 그랬듯 다른 사람도 그렇게 할 수 있도록 허용해야 공평한 겁니다. 나를 존중하듯 남도 존중해야 합니다. 나와 남이 공평한 것이 인간관계의 근본입니다.

8. 인간관계를 단절하지 않기

우리는 다른 사람의 도움을 받으며 살 수밖에 없는 존재입니다. 우리 자신도 다른 사람에게 도움을 주며 살고 있습니다. 철강왕 카네기의 묘비명을 보면 그가 이 사실을 잘 알고 실천했다는 걸 알 수 있습니다. "자기보다 훌륭하고 덕이 높고 잘난 사람들과 함께한 자 여기 잠들다."

또 우리는 여러 사람을 만나며 살아갑니다. 그 가운데는 가깝게 느껴지는 사람도 있고 멀게 느껴지는 사람도 있고 안 만나고 싶은 사람도 있습니다. 멀게 느껴지거나 안 만나고 싶은 사람이 있을 때 그들과의 관계를 끊는 사람이 있는데, 그보다는 멀면 먼 대로 가까우면 가까운 대로 관계를 유지하는 게 좋습니다. 멀었던 사람이 가까워지기도 하고 가까웠던 사람이 멀어지기도 하는 게 인간관계입니다. 사실이 이러하므로 감정이나 판단 같은 것을 근거로 관계를 끊으면 큰 손해가 올 수 있습니다.

사람이란, 시간이 지나면서 내가 바뀔 수도 있고 다른 사람이 바뀔 수도 있습니다. 사람에게는 언제나 긍정적인 면과 부정적인 면이 같이 있습니다. 좋은 사람에게도 안 좋은 면이 있고, 안 좋은 사람에게도 좋은 면이 있습니다. 믿었던 사람도 나를 실망시킬 수 있고, 안 좋게 봤던 사람도 좋게 행동할 때가 있습니다. 이처럼 사람은 굉장히 복합적이고 가변적입니다. 이 사실을 항상 여유 있게 보는 게 중요합니다.

이것을 이런 비유로 설명할 수도 있을 것 같습니다. 자주 다니는 식당의 음식 맛이 갑자기 바뀔 때가 있습니다. 이유는 여럿이겠지만 뭔가 일시적인 사정이 생겨서 그런 일이 벌어질 수 있습니다. 그래서 저는 그런 일이 벌어졌을 때 그 식당에 한두 번 더 가봅니다. 가서 잘 알아보는 게 필요합니다. 그러지 않고 만약 제가 딱 한 번 실망했다고 다시는 그 식당에 안 갔다고 해봅시다. 그러면 어떤 결과가 생겨나겠습니까. 좋은 식당 하나 잃어버리고 마는 것입니다. 사람에 대해서도 기본적으로 이런 마음을 가지고 있는 게 좋습니다. 안 그러면 사람에게 금방 실망하고 인간관계가 점점 단절되다가 결국 혼자만 남게 될 수도 있습니다.

예를 들어볼까요. 어떤 학생이 같은 반에 원수처럼 보는 애가 있다고 해봅시다. 그러면 어떻겠습니까. 학교 가는 게 힘들어지겠지요. 그렇다고 그 애를 없앤다거나, 미워하는 마음을 그렇지 않은 마음으로 완전히 바꾼다거나 할 수 있을까요? 인간관계가 불편할 때는 그 불편과 함께하는 연습을 해야 합니다. 자기가 무엇을 불편해하는지 잘 살펴보고 그 불편한 감정을 있는 그대로 받아들이는 것입니다. 그걸 없애려고 하거나 거기에 저항하면 문제가 복잡해집니다. 완전히 해결하려 하면 그렇게 할 수 없는 것이 삶의 아이러니입니다. 힘들고 찝찝하더라도 그 가운데서 가는 수밖에 없습니다. 그러면 양상이 달라지게 되어 있습니다. '그냥 한번 지켜본다'는 호기심을 품고서 그렇게 해보세요.

9. 지혜 기르기

불교정신치료에 대해 강의하면서 지혜를 기르는 것의 중요성을 거듭 말씀드렸습니다. 그래서 여기서는 지혜가 관찰을 통해 생겨난다는 사실만 다시 한 번 강조하고 다음으로 넘어가겠습니다.

10. 여유로운 마음 갖기

1995년에 미국에서 열린 최면학회에 참석했을 때입니다. 첫 오전 일정이 끝나고 호텔 마당에서 열리는 환영 파티에 갔습니다. 호텔 직원들이 파티를 준비하고 있었는데, 어떤 직원이 그만 실수로 접시를 깨뜨렸습니다. 사람들이 깜짝 놀랐지요. 그 순간, 오전에 자기최면을 강의했던 사람이 "파티가 시작되었습니다!" 하고 웃으며 외쳤습니다. '뭐 일을 이따위로 해. 파티 망치려고 하나.'라고 생각하며 짜증낼 수도 있는 상황이었는데, 그의 여유로운 대처로 모두 즐겁게 파티를 시작할 수 있었습니다.

그 학회에서는 오전 일정이 끝나고 점심시간이 시작되기 전에 세 사람 정도가 나와서 유머를 들려주는 시간도 있었습니다. 배경이나 경험이 다양한 사람들이 모이기 때문에 자칫 경직되기 쉬운 분위기를 풀어주는 장치를 마련한 겁니다. 그렇게 사람들이 웃고 하면서 서로 여유 있게 지낼 수 있었습니다.

여유가 있다는 건 마음에 빈 공간이 있다는 뜻입니다. 남에게 귀를 기울일 수 있는 여지가 있다는 거지요. 우리 마음에 무언가가 꽉 차 있다고 생각해보세요. 예를 들어 마음에 한이 꽉 차 있다면 다른 사람 마음이 우리에게 들어올 수 있겠습니까. 그래서 여유를 가진다는 게 무척 중요합니다.

우리가 남과 함께 있을 때 그 사람을 담을 수 있는 여유를 마련하는 것이 필요합니다. 특히 늘 함께 지내는 사람을 위한 여유 공간을 마련하는 것이 중요합니다. 저도 수행이며 강의며 바빠서 잘하지는 못하지만, 우리는 평소 가족을 위한 공간을 마련해두어야 합니다. 그래야 서로에게 힘이 되는 가족이 될 수 있습니다. 이때 공간이란 물리적 공간(시공간)과 심리적 공간 모두를 뜻합니다. 시공간을 마련하여 남이 그곳으로 들어올 수 있도록 하는 동시에, 그의 생각과 감정이 내 마음의 여유 공간으로 들어올 수 있도록 해야 합니다. 어떤 의미에서 여유는 나와 남이 진정으로 공존하기 위해 꼭 필요한 것 아닌가 싶습니다.

유머러스한 사람과 함께 있으면 즐겁고 편한데, 유머 역시 여유에서 나오는 것 같습니다. 서로 대립하거나 하는 난처한 상황이 벌어지면 화를 버럭 내기 쉬운데, 그런 상황에서도 여유가 있는 사람은 서로를 웃

게 만드는 지혜를 발휘합니다. 유머는 여유로부터 핀 꽃입니다.

인생에서 정말 필요한 게 바로 전환 능력입니다. 유머 역시 그중 하나지요. 살아가면서 맞닥뜨리는 어려운 상황을 자기에게 좋은 것으로 전환할 수만 있다면 살아가는 것이 힘들지 않을 수 있습니다. 우리가 어려운 상황을 안 만날 순 없습니다. 힘든 건 언제나 옵니다. 대신 그것을 잘 건너가야 합니다. 제가 안타깝게 생각하는 사람 가운데 한 부류가, 상황이 나빠졌을 때 인간관계를 문제 있게 만드는 사람입니다. 그런 사람은 언젠가는 쓰러집니다. 좋을 때는 그럭저럭 잘 지내지만, 언젠가는 올 수밖에 없는 좀 힘들고 어려운 일에 맞닥뜨리면 그걸 못 뚫고 나가기 때문입니다.

어쩌면 불교도 전환 능력을 가르치는 것인지 모릅니다. 인생에서 우리를 찾아오는 고통 앞에서 우리는 옴짝달싹 못 합니다. 고통을 피할 수는 없는 것입니다. 그럴 때 그 고통을 덜 힘든 것으로 바꾸는 방법이 불교에서 말하는 지혜이고, 근본 해결책이 바로 열반입니다.

11. 시야를 넓게 갖기

저를 찾아오는 환자들을 보면 대체로 시야가 엄청 좁습니다. 자기나 자기 가족에만 관심이 가 있어요. 그리고 손해를 봤나 안 봤나를 엄청 따집니다. 또 효율성 같은 것을 굉장히 중시합니다. 처음에는 이러한 것들이 정신 불건강의 특징인 줄 몰랐는데, 나중에 보니까 문제의 핵심에 그런 것들이 다 들어 있었습니다. 이걸 알고 난 다음부터는 그런 것들을 치료하기 시작했습니다. 그 결과 환자의 시야가 넓어졌을 때 정신 건강을 회복하여 잘 살게 되는 걸 볼 수 있었습니다.

시야가 좁은 건 정신 불건강이고 시야가 넓은 건 정신 건강입니다. 내가 하는 일이나 가까운 사람만이 내게 영향을 주는 게 아니라 세상에서 일어나는 일을 비롯한 모든 것이 내게 영향을 줍니다. 시야가 넓은 사람은 이 사실을 있는 그대로 보지만 시야가 좁은 사람은 그런 것들이 자신과 무관하다고 생각합니다. 그래서 시야가 넓다는 건 지혜가 있다는 뜻이고 바로 본다는 말입니다.

시야가 좁은 사람은 자기가 만나고 싶지 않거나 자기와 상관이 없어 보이는 사람은 안 만나려고 합니다. 그런데 안 만날 수가 없거든요. 그래서 그런 만남이 있을 때 무척 힘들어합니다. 하지만 사실을 보자면, 누군가의 여행 이야기도 다 나에게 도움이 됩니다. 누구를 만나는 게 이익인 겁니다. 시야가 좁은 사람은 이걸 못 보니 자기와 관계가 없다고 생각해서 남 이야기 듣는 것도 싫어합니다. 반면 시야가 넓은 사람은 모든 것이 자기하고 관계돼 있다는 걸 아니까 모든 것에 흥미를 보이고 누구하고도 잘 만납니다. 다른 사람하고 더불어 살 줄을 알지요. 그렇다고 자기를 희생하고 다른 사람을 위해서 사는 건 아닙니다. 자기와 남을 균형 있게 보면서 남을 자기처럼 생각하고 행동할 뿐입니다.

그래서 시야가 좁은 사람은 살면서 이것저것에 자꾸자꾸 걸리지만, 시야가 넓은 사람은 아무런 걸림 없이 살아갑니다. 예를 들면 의사들 가운데 환자를 보기 싫어하는 의사가 있습니다. 그런 의사는 환자는 안 보고 모니터만 보기도 합니다. 하기 싫은 걸 하려니 얼마나 힘들겠습니까. 그런데 의사가 환자를 안 볼 수가 있나요. 의사도 어느 날 환자가 됩니다. 환자 되면 좋은 의사 만나고 싶잖아요. 세상 모든 일이 사실은 이와 같습니다.

이와 관련해서 달라이 라마의 이야기를 들려 드리는 게 도움이 될 것 같습니다. 달라이 라마가 법문을 할 때 보면 누군가 음료를 가져다 드리고는 합니다. 그럴 때면 달라이 라마는 말을 잠시 멈추고 그에게 인사를 한 다음 다시 말을 이어나갑니다. 아랫사람이 당연히 하는 일로 보고 그냥 지나칠 수도 있는데 항상 그렇게 합니다. 사람 한 명 한 명을 최선을 다해 존중하는 겁니다.

언젠가는 달라이 라마가 이런 이야기를 들려준 적도 있습니다. 2009년도 인도 다람살라에서 열린 법회 자리였는데, 달라이 라마가 말하기를 당신이 무슨 말을 하면 사람들이 굉장히 감동을 받는데 이유를 모르겠다는 거예요. 그러면서, 미국에 갔을 때 어느 노숙인이 담배를 피우면서 술을 마시기에 당신이 이렇게 말씀했다 했습니다. "둘 중 하나는 안 하는 게 좋겠습니다." 그랬더니 그 사람이 눈물을 펑펑 쏟더랍니다. 저는 노숙인의 반응이 당연하다고 봅니다. 어느 이름 모를 승려가 다가와 자기를 진실로 염려하며 도움이 되는 말을 건넨 것이지 않습니까. 평소 그를 그렇게 대한 사람이 어디 있었겠습니까. 다들 그를 피하려고만 했겠지요. 달라이 라마의 그런 마음이 느껴지니 노숙인은 눈물을 흘릴 수밖에 없는 겁니다. 그리고 이렇게 달라이 라마가 늘 사람을 진심으로 대하니 사람들이 그의 말 한 마디에 감동을 받는 것입니다.

사회적인 이야기를 하나 하자면, 요즘 다문화 가정이 많지 않습니까. 그 사람들이 이 땅에 잘 정착해야 사회가 안전해집니다. 그들이 학교와 직장을 비롯한 이 사회에서 소외와 차별을 당한다면, 이 사회에 대한 적개심을 품게 될 것입니다. 그리고 그 적개심을 행동으로 드러낸다면 어떻게 되겠습니다. 폭력 행위를 비롯한 각종 좋지 않은 일들이 벌어질 것입니다.

내가 원하는 걸 추구하되 적이 생겨나지 않게 하는 것이 정말로 나를 위하는 것입니다. 그러지 않고 적을 만들면서까지 뭔가를 이루었다면 그에 상응하는 것을 돌려받게 됩니다. 이 사실을 정확하게 봐야 합니다. 모든 사람이, 모든 것이 나와 연결되어 있다는 사실을 말입니다. 나도 잘되어야 하지만 우리가 살아갈 사회가 안전하고 좋아야 정말로 좋은 것입니다. 이건 한 나라 안에만 적용되는 진실이 아니라 이 세계 전체에도 적용되는 진실입니다.

시야를 넓혀주는 가장 좋은 불교 수행은 사무량심을 닦는 것입니다. 모든 중생을 사랑하는 자애, 모든 중생이 고통 없기를 바라는 연민, 타인의 기쁨에 진정으로 공명하는 같이 기뻐함, 이 세 가지를 바탕으로 사람을 있는 그대로 담담하게 보는 평온, 이렇게 네 가지 마음을 닦는 것입니다. 이전에도 말씀드렸듯이, 저는 사무량심이 되었을 때 가장 편안하고 장애가 없었습니다. 누가 나를 때리더라도 고맙다는 마음이 들 것 같았습니다. 여러분도 사무량심을 닦는다면 넓고 큰마음으로 지낼 수 있을 것입니다.

12. 공감 능력 기르기

공감 능력 기르는 것에 대해선 이전에 말씀드린 적이 있습니다. 자세한 건 그때의 강의 내용(187~196쪽)을 참고하시기 바랍니다. 여기에선 공감 능력이 특히 필요한 세 부류의 사람이 누구인지를 말씀드리고 다음으로 넘어가겠습니다.

공감 능력이 절실한 첫째 부류는 부모입니다. 자식이 부모를 특별하게 보는 만큼, 부모가 자식에게 끼치는 영향력이 굉장히 강하기 때문입니다. 자식에게 공감하지 못하는 부모가 저지른 작은 잘못도 나중에 큰 부작용으로 되돌아온다는 것을 꼭 기억해야 합니다. 둘째 부류는 학교 선생님입니다. 요즘엔 선생님이 직업화된 경향이 있긴 하지만, 그렇더라도 선생님이 학생에게 끼치는 영향력은 굉장합니다. 아직은 학생들이 선생님을 좀 특별하게 보기 때문입니다. 속된 말로 부모가 잘못 키워도 선생님이 잘 설거지하면 좋은 사람으로 클 수 있습니다. 부모한테서 좀 안 좋은 걸 받아도 학교에서 좋은 선생님을 만난다면 인격이 올바르게 형성될 수 있습니다. 이 두 가지가 다 안 된 예가 탈옥 사건으로 알려진 신창원입니다. 그가 이런 식으로 말을 했다고 합니다. '부모한테서 학대받고 학교 갔더니만 선생님도 마찬가지고, 믿을 놈 아무도 없네.' 셋째 부류는 성직자입니다. 스님이나 목사님이나 신부님 같은 분을 사람들은 특별하게 봅니다. 자기를 잘 살게 이끌어줄 빛 같은 존재로 보는 거지요. 그러는 만큼 그들이 사람들에게 끼치는 영향력은 강합니다.

프로이트 이론에 따르면 우리는 초자아, 자아, 이드로 구성되어 있습니다. 지금 말씀드린 세 부류의 사람들은 이 가운데 초자아가 건강하게 형성되는 데 도움을 줄 수 있습니다. 따라서 남의 마음을 있는 그대로 알고 그에 따라 대하는 노력을 많이 해야 합니다.

13. 생각을 줄이고 현실에 충실하기

이에 대해서도 지금까지 충분히 말씀드렸습니다. 마음이 과거나 미래에 가 있으면 정신 불건강이고, 마음이 현재에 있으면 정신 건강입니다. 마음이 현재에 있도록 하는 팁으로는, 무엇을 하든 소리 안 내고 하기, 마음이 과거에 가 있으면 '과거는 지나갔다' 미래에 가 있으면 '미래는 오지 않았으니 모른다' 하고 현재로 돌아오기 같은 게 있다는 것 정도만 다시 환기해드리고 다음으로 넘어가겠습니다.

14. 자신에게 도움 되는 일 하기

진료실에서 만나는 분들 보면 자기에게 손해가 되는 것을 하는 거 같습니다. 예를 들면, 자존심이 강해서 문제가 되는 사람들이 그렇습니다. 저는 자존심을 큰 병이라고 생각합니다. 요즘 자존감을 많이들 이야기하는데, 자존감과 자존심은 다른 것입니다. 자존감은 나를 소중히 여기는 것이지만, 자존심은 '나는 이런 사람이야. 이거 건드리지 마.' 이러는 겁니다. 자존감이 있는 사람은 자기에게 도움 되는 건 다 하지만, 자존심이 있는 사람은 뭔가 고집하는 게 있어서 자기에게 이익이 되는 것도 안 하고 그럽니다. 심지어 자기에게 손해가 되는 것도 하지요. 또 남이 자기를 도우려고 하는 것을 자기를 동정하는 것으로 여겨 싫어하기도 합니다.

자존심이 강한 사람은 자기의 현실과는 상관없이 '대학 나온 내가 어떻게 이런 걸 해!' 같은 식으로 생각하기도 합니다. 자기 실력으로 할 수 있는 것이 그것뿐인데도 말이지요. 그런데 우리는 지금 할 수 있는 일을 해야 합니다. 아무것도 안 하면 그대로 멈춰 있지만, 할 수 있는 걸 하다보면 실력이 늘게 되어 있습니다. 그렇게 실력이 늘면 그에 맞춰 점점 자기가 하고 싶은 쪽으로 가면 됩니다. 그래서 저는 환자들에게 할 수 있는 걸 하라고 권합니다. 밖에 나가서 돈을 벌 수 있으면 돈을 벌고, 집에서 청소를 할 수 있으면 청소를 하라고 합니다. 무엇이든 상관없으니 할 수 있는 걸 해야 합니다. 이렇게 볼 수 있고 생활도 그렇게 할 수 있다면 하루하루 발전하게 됩니다. 정신적인 문제도 없어지지요.

그래서 저는 자존심이 문제가 되는 환자를 만나면 그것부터 치료합니다. 자존심은 살아가는 데 도움이 안 되기 때문입니다. 환자가 똑같은 것을 다르게 볼 수 있도록 하기 위해, 그를 잘 살펴 이해한 다음 충분한 노력을 들여서 자연스럽게 시각이 바뀌도록 치료 작업을 해나갑니다.

자존심 같은 것에 매여 있지 말고, 무엇이 진정 자기에게 도움이 되는지 잘 살펴서 그 도움 되는 일을 해야 합니다. 탐욕, 성냄, 어리석음을 바탕으로 하고 있는 건 도움이 안 됩니다. 자신이 하는 행동을 잘 살펴서 나도 좋고 남도 좋은 게 아니면 멈춰야 합니다. 나도 좋고 남도 좋은 것이 우리가 해야 할 일이라고 보시면 됩니다. 또 순간순간 마음을 잘 살펴서 탐욕, 성냄, 어리석음과 관련한 해로운 마음이 일어나면 바로 멈춰야 합니다. 그래야 정신이 건강해질 수 있습니다. 현재에 집중하는 훈련을 많이 하면 순간순간 미세하게 일어나는 마음을 바로 관찰할 수 있습니다. 이게 되면 해로운 마음이 일어나는 그 순간 멈출 수 있습니다. 그러면 정신 불건강에 빠지는 일이 안 일어납니다.

정신병일 때는, 몇몇 특별한 경우를 빼고는 반드시 약을 먹어야 합니다. 정신병은 뇌 신경전달물질 체계에 큰 혼란이 온 거여서 깨진 균형을 약물을 이용해 얼른 바로잡아야 할 필요가 있습니다. 자칫하면 잠을 못 자서 몸의 건강이 나빠질 수도 있고, 남과 다투거나 남에게 해를 끼치는 등 안 좋은 일이 일어날 수도 있습니다. 그렇지만 성공적으로 약을 끊고 재발 안 하려면 해로운 마음을 끊는 게 잘되어야 합니다. 마음 관찰을 바탕으로 해로운 마음 다스리는 게 안 되면, 약에서 자유로워지는 것이나 재발되지 않는 것을 보장할 수 없습니다.

정신병이나 정신 불건강을 경험하고 있지 않은 사람도 평소 마음 다스리기 연습을 해야 합니다. 괴로움이 언제 찾아올지는 아무도 모릅니다. 지금은 편안하게 살지라도, 안 좋은 일이 일어나면 우리는 금방 그 영향을 받습니다. 또 순간순간 우리에게 입력되는 것들의 영향에서 우리는 자유로울 수 없습니다. 그러니 감정이든 생각이든 의지든 인식이든 욕망이든, 우리에게 입력되는 것들을 모두 잘 살펴서 자기에게 도움이 되는 것은 놔두고 도움 안 되는 것은 멈추는 능력을 갖춰야 합니다.

15. 책 읽기

힘은 경험에서 나옵니다. 그런데 우리가 할 수 있는 경험에는 한계가 있습니다. 길어야 백 년 정도 사니 시대가 주는 한계가 있고, 살고 있는 지역이 주는 한계가 있으며, 자기가 하는 일이 주는 한계도 있습니다. 이 밖에도 우리 경험을 제한하는 여러 요소들이 있습니다.

이런 한계를 벗어날 수 있는 방법 가운데 하나가 독서입니다. 간접적이기는 하지만, 독서를 통해 여러 사람을 만나고 세계 각지를 살피고 다양한 정보를 습득하고, 그렇게 배운 것을 삶에 적용하여 더 순조롭게 살아갈 수 있습니다. 요즘에는 책이 아니더라도 다양한 매체를 통해 간접경험을 늘릴 수 있지만, 가장 효과적인 것은 아무래도 책 같습니다.

그런데 책 읽는 방법이 잘못된 사람들이 있습니다. 자기가 아는 것만 확인하면서 책을 읽는 사람이 있는데, 그러면 안 됩니다. 책은 뭔가 경험한 게 있는 사람이, 나눌 만한 가치가 있는 것을 정리하여 쓰는 것입니다. 따라서 책을 볼 때는 자기 생각을 멈춰야 합니다. 그런 다음 '저자가 한 경험을 함께 한다. 저자가 인도하는 세계로 한번 들어가본다.'는 마음으로 읽어나가는 게 좋습니다. 그래야 자기 한계를 조금씩 넘어설 수 있습니다.

그러려면 책을 잘 골라야 합니다. 안 좋은 책을 거를 필요도 있는데다가, 그저 그런 책보다는 좋은 책을 읽을 때 이익이 더 크기 때문이기도 합니다. 제가 1990년부터 10년간 독서모임을 한 적이 있습니다. 그때 보니까 한 권 읽으면 그와 관계되는 책 몇 십 권 읽은 셈이 되는 아주 좋은 책들이 있었습니다. 전문가의 추천을 받아서 그런 책을 읽는 게 좋습니다. 그리고 고전으로 분류되는 책을 읽는 것도 중요합니다. 고전이란 오랜 시간 동안 무수한 책이 나왔다 사라지는 와중에도 지금까지 살아남은 책입니다. 사람들이 서로 나누고 앞으로 지켜나가야 할 좋은 것들이 담겨 있는 책이 고전이므로, 깊이 읽을 필요가 있습니다. 이렇게 좋은 책을 잘 골라 읽으면 세상을 바로 보고 잘 대응하는 힘이 생깁니다. 책을 고르는 능력이나 보는 능력도 더 좋아집니다.

책 읽기는 어린이에게도 중요합니다. 책을 읽는 중에 어린이에게 잠재되어 있던 가능성이 발현되는 수가 많습니다. 아무리 많은 것을 가졌더라도 그것이 발현될 조건을 못 만나면 표현되지 않습니다. 그런데 독서를 비롯해 폭넓은 경험을 하다보면 잠재되어 있던 게 표현되는 조건이 마련되는 것이지요.

16. 즐거운 일은 나중에 하기

저는 여름휴가를 좀 늦게 갑니다. 보통 8월 중순에 가지요. 7월 말에서 8월 초까지 불볕더위로 힘들어도, 며칠만 지나면 쉴 수 있다는 걸 알기에 그 시기를 견디기가 쉽습니다.

《아직도 가야 할 길》을 쓴 미국의 정신과의사 스캇 펙이, 일을 자꾸 미루는 한 직장인을 치료했습니다. 스캇 펙은 처음에 그를 만났을 때는 그에게 윗사람이나 권위에 대한 저항이 있는 것으로 보고 그쪽으로 치료 작업을 해나갔습니다. 그런데 아무 효과가 없었습니다. 그러다가 우연히 이렇게 물었습니다. "케이크 먹을 때 어디부터 먹습니까?" 그러니까 환자가 "맛있는 부분부터 먹습니다."라고 답합니다. 이에 스캇 펙은 '이 사람의 문제는 좋아하는 것부터 먼저 하는 것'임을 깨닫고, 즐거운 일을 뒤로 미뤄보라고 했습니다. 그렇게 치료 작업을 했더니 일을 미루는 게 사라졌습니다.

즐거운 것을 먼저 하면 그 다음 것은 하기가 싫어집니다. 반면 즐거운 일을 나중으로 밀어두고 그렇지 않은 일을 먼저 하면, 별로 즐겁지 않은 일도 할 만해집니다. 뒤에 즐거운 일이 기다리고 있으니 희망도 생기고 하기 때문이지요. 이것도 삶의 지혜입니다.

17. 형편에 맞게 살기

자기 형편에 맞게 살면 힘이 하나도 안 듭니다. 반면, 돈에 관한 것이든 지식에 관한 것이든 인간관계든 형편에 맞지 않게 하면 힘듭니다. 예를 들어 평소 인간관계에 소홀하던 사람이 자기 결혼식에 하객이 많이 오길 바란다면 얼마나 마음이 힘들겠습니까. 또 아는 게 없는 사람이 아는 체를 하고, 돈 없는 사람이 돈 있는 체를 하려면 얼마나 힘들겠습니까. 사실이 이러한데도 형편에 맞게 사는 사람이 별로 없습니다. 또 많은 사람들이 자기 형편에 불만을 품고 살아갑니다. 하지만 자기가 지금 형편에 처하기까지는 그렇게 될 수밖에 없는 필연적인 과정이 있는 겁니다. 인과의 법칙상 그럴 수밖에 없습니다. 그렇다는 걸 알고 현재의 형편을 받아들이는 자세가 정신 건강에 필요합니다.

정신질환 가운데 우울증을 이런 맥락에서 설명할 수 있습니다. 우울증의 원인으로는 여러 가지가 거론되고 있지만, 제가 보기에는 지금 자기가 사는 실제 모습과 자기가 살고 싶은 모습 사이에 차이가 있을 때 그 차이만큼 우울증이 올 수 있습니다. 자기가 살고 싶은 모습이 있는데 그러지 못하니까 살 의욕이 안 나는 것이지요. 현재 상황을 받아들이지 못하니까 남도 탓하고 자기도 탓하는 등 자기에게 해로운 여러 가지를 하면서 상황을 점점 악화시킵니다. 우울증 있는 사람은 보통 아침부터 힘들어합니다. 아침에 눈을 뜨면 자기가 원하지 않는 삶을 살아야 하니까 너무 힘든 겁니다. 이를 생화학적으로도 설명할 수 있지만 물질이 먼저는 아닙니다. 정신이 먼저예요.

마음속에 지금 현재의 삶만이 있게 해야 합니다. 삶이란 하나밖에 있을 수 없습니다. 결코 두 개의 삶이 있을 수 없습니다. 그리고 이 삶이 있기까지는 그렇게 될 수밖에 없는 필연적인 이유들이 있습니다. 따라서 현재의 삶이 힘들다면 그 이유를 찾아서 좋은 쪽으로 바꿔나가야 합니다. 지금 살고 있는 이 하나의 삶을 소중히 여기고 잘 가꿔야 합니다. 그게 안 되고 있지 않은 것을 바라기만 한다면 현재의 삶은 결코 나아지지 않습니다.

제5장.
정신적 문제를 가진 사람 이해하기

"치료의 효과는 치료자가 사람을 파악하는 힘에 달려 있습니다. 환자를 정확하게 파악하고 그에 맞게 치료 작업을 진행하면 치료 결과가 좋고, 그 반대이면 나쁠 수밖에 없습니다. 따라서 치료자는 사람을 파악하는 힘을 길러야 합니다."

어떻게 관계를 맺을 것인가

○

정신적인 문제를 가진 사람을 치료자가 만났습니다. 어떤 마음, 어떤 태도로 만나야 할까요? 또 만나서는 무엇을 어떻게 해야 할까요? 이번 장에서는 이 문제를 중심으로 살펴보겠습니다.

치료에서 가장 기본이 되는 것은 환자와의 관계 형성입니다. 그게 안 되면 다음 단계로 나아갈 수 없습니다. 치료자와 환자의 관계가 확실히 확립되고 그 바탕에서 이해로 나아가는 것입니다. 그 이해가 바로 치료입니다.

환자와의 관계에서 치료자가 경계해야 할 것 가운데 하나가 '매너리즘'입니다. 환자를 대할 때 '늘 오는 사람 가운데 하나'쯤으로 바라보는 태도입니다. 그런데 환자도 그럴까요? 환자는 우선 병원 오기도 힘들어합니다. 자기가 좀 나아질 거라는 희망과 '이대로 살지 뭐.' 하며 포기하는 마음 사이를 왔다 갔다 하며 병원 문을 두드리기까지 수도 없이 망설입니다. 시드니 타라초우가 쓴 《정신치료 입문(An Introduction to Psychotherapy)》을 보면 환자는 급박한 상황에 처하지 않으면 절대로 병원을 찾지 않는다고 합니다. 이러다 정말 큰일 나겠다는 자각이 들어야 병원에 오는 것입니다. 아주 절박한 심정인 거지요. 그렇게 온 환자를 치료자가 무성의하게 대할 수는 없는 일입니다. 환자의 절박한 마음에 호흡을 맞춰 그 마음과 만나야 합니다.

치료자는 자기만 환자를 진단하고 치료하는 줄 알지만, 아닙니다. 환자 쪽에서 치료자를 딱 노려보면서 실력이 있나 없나, 믿을 수 있나 없나, 자기를 돈 버는 수단으로만 삼는 건 아닌가 따위를 온몸으로 민감하게 진단합니다. 치료자는 환자의 그러한 엄중한 검증을 통과해야 합니다. 그걸 통과하지 못하면 환자는 다시 안 옵니다. 오지를 않으면 치료고 뭐고 없습니다.

일단 환자의 검증을 통과한 다음에는 치료자 본연의 임무에 충실해야 합니다. 치료자는 환자의 치료를 위해서 존재한다는 사실을 잊으면 안 됩니다. 돈을 벌거나 명성을 쌓는 수단으로 환자를 이용해서는 안 됩니다. 예를 들어 어느 정신치료자는 주식 전문가를 상담하면서 자꾸 주식 정보를 물어봤다고 합니다. 환자 치료에 도움이 된다면 그렇게 하는 게 당연하지만 그게 아니라면 그래서는 안 됩니다. 외과 의사가 수술 전에 손을 깨끗하게 하듯이, 정신치료자는 환자를 대할 때 순수하게 그를 이해하고 돕겠다는 의도만을 품고 있어야 합니다. 환자를 보는 순간에는 오로지 환자 보는 데 몸과 마음을 모두 쏟아야 합니다. 그것도 여유 있게 해야지 너무 집중하는 티를 내면 안 됩니다. 환자가 부담을 느끼게 될 수 있기 때문입니다.

그리고 환자가 치료자를 보고서 '저 사람이 나에게 집중하고 있구나!' 하는 걸 마음으로 느낄 수 있어야 합니다. 그래서 치료자는 잠도 푹 자야 합니다. 베스트 컨디션이 아니면 아무래도 환자를 만날 때 산만해질 수 있기 때문입니다. 또 다른 걱정거리가 있더라도 환자를 만나는 순간만큼은 그걸 내려놓고 환자에게 집중해야 합니다. 집중하면서 환자가 뭔가 석연치 않은 반응을 보일 때 빨리 캐치해서 문제를 해결할 줄 알아야 합니다. 치료자는 그런 훈련이 되어 있어야 합니다.

이런 게 되어야 환자가 '이 치료자는 믿을 수 있다. 나를 치료하려는 마음만 있는 사람이다. 이 사람은 나보다 더 나를 위하는구나.'라는 생각을 하게 되고, 이때 치료자-환자 관계가 확립됩니다. 이 토대가 마련되어야 비로소 치료자와 환자가 '치료 동맹'을 맺고 치료 작업을 해나갈 수 있습니다. 전쟁에서 동맹이라는 게 누군가와 같은 편을 맺고 적을 공략하는 것이듯, '치료 동맹'이란 환자에게 있는 건강한 면과 불건강한 면 가운데 치료자가 환자의 건강한 면과 동맹을 맺고 불건강한 면을 변화시키는 작업을 일컫습니다.

치료자와 환자 사이에 치료적 관계가 확립되지 않으면 다음 단계로 나아갈 수 없습니다. 따라서 치료자는 최우선으로 치료자-환자 관계를 확립하는 데 모든 노력을 기울여야 합니다. 춤으로 치면 서로 스텝을 잘 맞추는 것입니다. 몇 번을 만나든 항상 이렇게 해야 합니다. 만날 때마다 이런 상태에서 뭔가 은밀한 작업들을 계속 해나가는 게 치료 작업입니다.

편안한 개입

○

치료자-환자 관계가 확립되면, 치료자는 환자를 이해하는 데 시간을 쓸 수 있게 됩니다. 이야기도 듣고, 표정과 행동도 관찰하면서 환자를 파악합니다. 치료자는 셜록 홈즈처럼 예리하게 환자를 간파하는 사람이 되어야 합니다. 그렇지만 예민해서는 안 됩니다. 예민하면 지치기 때문입니다.

환자와 치료자는 살아온 과정이 다릅니다. 그래서 머릿속에 든 것도 다르고 생각도 다르고 쓰는 말도 다릅니다. 이는 환자가 무슨 말을 할 때 치료자가 자기 언어로 생각하면 안 된다는 뜻입니다. 치료자는 환자의 마음속에 들어가 있는 게 제일 좋습니다. 자기를 스톱하고 환자 속에 들어가서 환자의 인생 속에서 함께 움직여야 합니다. 환자와 함께 움직이는 치료자는, 환자의 내면에서 일어나지만 정작 환자 자신은 알아차리지 못하는 것을 볼 수 있습니다. 그럴 때 치료자가 질문을 던지는 등 반응을 보이면 환자는 비로소 '아, 이런 게 있었구나!' 하고 깨달을 수 있습니다.

그러려면 환자가 치료자에게 집중하게 만들어야 합니다. 집중 상태에서, 최면 치료에서처럼 환자에게 영향력을 행사하면서 들어가는 것입니다. 그렇게 하기 위해서는 어떤 경우에도 환자를 편안하게 해줘야 됩니다. 치료자와 함께 있는 시간이 환자에게 편안하게 받아들여져서, '내가 다른 데서는 힘들어도 여기 오면 편안할 수 있구나!' 하는 안도감을 느낄 수 있도록 해야 합니다. 그렇게 편안한 가운데 환자가 자유롭게 말할 수 있어야 합니다. 말하는 것은 환자가 먼저입니다. 언제나 환자가 먼저 충분히 말한 다음, 아무 말이 없을 때 치료자가 말하는 것이 원칙입니다. 가끔은 환자가 약속 시간에 늦어 상담 시간이 부족한 경우도 있는데, 그럴 때도 시간이 넉넉하다는 느낌이 들게 할 수 있어야 합니다. 치료자가 늘 여유 있는 마음가짐이 되면 환자가 시간에 쫓기지 않도록 도울 수 있습니다.

환자의 이야기가 엉뚱한 곳으로 흘러가는 경우도 있습니다. 그럴 때는 질문이나 자연스러운 개입을 통해서 이야기의 물꼬를 돌리는 게 필요합니다. 환자를 어느 방향으로 억지로 끌어당기지 말고, 환자의 마음속에 들어가 환자에게 공감하고 환자를 이해하며 적절히 반응하여 자연스럽게 유도합니다. 치료자가 던지는 질문은 몰라서 묻는 게 아니라 환자가 중요한 것을 말할 수 있게끔 하는 것입니다. 그래서 그것을 해석적 질문이라고 부릅니다. 비유를 하면 방에 불이 꺼져 깜깜해졌을 때, 방을 잘 아는 사람이 방을 모르는 사람에게 손전등을 쥐어주고 전등 스위치 있는 쪽을 찾아 불을 켤 수 있도록 도우며 하는 말이 치료자의 질문입니다. 환자로 하여금 무언가를 보게 하는 질문입니다.

일반적 관계 위에 놓이는 특수한 관계

○

치료자-환자 관계는 특수한 것이긴 하지만 언제나 일반적 관계 위에 놓여야 합니다. 친절과 존중이 기본인 것이지요. 그렇지만 환자는 심각한데 치료자가 식당 직원이 손님을 맞이하듯 무턱대고 친절하게 구는 것도 적절하지 않습니다. 괴로움에 처한 사람에게는 그에 맞는 친절과 존중이 필요합니다. 예를 들면 저는 환자가 25세 이하이면 보통은 말을 놓습니다. 만나자마자 바로 놓지는 않고 우선은 '-했는가' 하다가 나중에 말을 놓습니다. 일반적인 관계에서 60대 사람이 20대 사람을 만나면 편한 사이에서는 말을 놓는 것이 보통입니다. 그래서 보통은 20대 환자도 60대인 제가 말을 놓아야 더 편안함을 느낍니다. 언젠가는 30대 후반인 환자가 말을 좀 놓아달라고 부탁하기에 그렇게 한 적도 있습니다. 제가 편하려고 말을 놓는 게 아니라 말을 놓는 게 환자를 편하게 하고 존중하는 것이란 판단 아래 그렇게 하는 것입니다.

그리고 치료자는 환자를 만날 때 지금이 마지막이다, 내일은 없다는 마음이어야 합니다. 그렇다고 초조해하지는 말고, 이 시간에 최선을 다한다는 자세로 환자를 만나야 합니다. 만남이 타성적으로 흘러가지 않도록 하여 몇 번을 만나든 항상 적절한 긴장을 유지하며 환자에게 묘한 느낌을 줘야 합니다. 치료자를 만나고 나면 뭔가 새로운 것을 느끼고 알게 되는 경험을 치료가 끝날 때까지 할 수 있도록 하는 것입니다.

이렇게 하면 면담이 거듭될수록 환자를 더 잘 이해하게 됩니다. 공감을 통한 이해, 그 토대 위에서 이뤄지는 늘 새로운 만남이라는 선순환이 계속되면 치료적인 힘을 발휘하는 정확한 이해가 쌓입니다. 치료 관계에서는 정확하게 아는 것이 매우 중요합니다. 이해 자체가 치료이지요. 어찌 보면 환자는 이해받지 못해서 문제가 생긴 것입니다. 따라서 '아, 나를 이해해주는 사람이 있구나!' 하고 느끼는 경험을 하는 게 환자 치료에서 중요합니다.

정신치료를 심리적 수술이라고 부르기도 합니다. 정확한 이해를 바탕으로 치료자가 환자의 긍정적인 면과 부정적인 면을 항상 주시하면서 긍정적인 면은 살리고 부정적인 면은 고치기 때문입니다. 치료자는 환자를 다시 만날 때 이전 만남과 비교해 환자에게 어떤 변화가 일어났는지를 잘 살펴야 합니다. 그래서 변화가 있으면 그 변화에 반응해주어야 합니다. 긍정적인 변화가 일어났으면 격려를 하는 거지요. 환자가 보기에는 자기에게 무언가 긍정적인 변화가 일어났는데, 가족이나 친구 같은 주위 사람들은 그걸 알아차리지 못하고 그냥 넘어가거나 오히려 더 나빠졌다고 말하는 경우도 있거든요. 하지만 그런 작은 변화도 중요한 진전입니다. 그럴 때 치료자가 그 변화를 캐치해서 같이 기뻐하는 등 적절한 반응을 하면 그 자체도 굉장히 치료적인 효과가 있습니다. 그래서 치료자는 민감하게 살필 줄 알아야 합니다.

이러한 경험을 통해서 환자는 '건강한 인간관계'가 있다는 것을 알게 되고, 살아가면서 그런 인간관계를 유지하려 노력하는 쪽으로 나아가게 됩니다. 프로이트는 정신치료란 부모가 자식 키우듯 환자를 다시 키우는 거라고 했습니다. 환자가 문제 상황에 새로운 방식으로 접근할 수 있도록 치료자가 환자에게 건강한 인간관계 경험을 제공해야 한다는 뜻입니다. 그래야 정신분석에서 말하는 '교정적 정서 경험'이 일어날 수 있습니다.

교정적 정서 경험이란 정신분석가 프란츠 알렉산더가 말한 개념으로, 과거 어떤 상황에서 했던 부정적 경험이 누군가의 삶에 아주 안 좋은 영향을 주었다면, 이번에는 치료자나 의미 있는 사람과의 관계에서 같은 일에 대해 새로운 건강한 경험을 함으로써 그의 삶에서 큰 변화가 일어나는 것을 말합니다. 정신치료에서 아주 중요합니다. 소설《레 미제라블》에 나오는 장발장이 바로 그런 경험을 했습니다. 빵 한 조각을 훔친 죄로 오랫동안 감옥살이를 한 그는, 출소 후 하룻밤 머무른 성당에서 물건을 훔쳐 달아났다가 곧바로 경찰에 붙잡힙니다. 하지만 성당의 주교는 은촛대는 왜 두고 갔느냐며 장발장에게 은촛대까지 건넵니다. 이 경험으로 장발장은 세상에 대한 적대를 내려놓게 됩니다. 정신치료 상황에서도 환자가 이런 걸 경험할 수 있어야 성공적인 치료가 이뤄질 수 있습니다.

첫 면담에 임하는 치료자의 마음가짐

○

이제 치료 과정에서 좀 더 자세히 짚어봐야 할 몇 가지를 말씀드리겠습니다. 지금까지 들려 드린 이야기가 조금은 반복되겠지만, 반복하는 과정 속에서 새로운 이야기들도 나올 것입니다. 우선 '첫 면담'부터 살펴보겠습니다.

이미 말씀드렸듯이 환자가 병원에 오는 것 자체가 쉬운 일이 아닙니다. 수도 없이 망설이다가 더 이상은 안 되겠다는 절실한 마음에서 병원 문을 두드린다는 걸 치료자는 염두에 두고 있어야 합니다. 그리고 병원에 오기까지의 과정을 있는 그대로 아느냐 모르느냐에 따라 치료 결과에 차이가 있을 수 있습니다. 따라서 치료자는 환자가 병원에 오기까지의 경위를 꼭 알아야 합니다. 무엇 때문에 고통을 겪고 있으며 그러는 동안 어떻게 지냈는지 같은 정보는 물론이고, 누구의 소개로 왔는지, 책이나 신문기사 같은 걸 읽고 왔는지, 간판을 보고 왔는지 같은 것처럼 사소해 보이는 것 하나까지도 놓치지 말아야 합니다. 환자에 대한 정보는 뭐든지 소중합니다. 그 모든 것에 그 사람이 다 들어 있습니다. 많이 알면 알수록 환자를 더 잘 도울 수 있습니다.

여기서 잠깐, 불교정신치료의 기본 입장을 다시 한 번 확인하고 넘어가겠습니다. 불교정신치료는 철저히 사실에 기초해서 이뤄집니다. 따라서 불교정신치료에서는 확인되지 않는 이론, 예를 들어 '유년기 부모와의 관계가 잘못되면 문제가 발생한다' 같은 틀을 고수하는 걸 곤란하게 여깁니다. 불교정신치료에서는, 무엇이 일어났고 거기서 어떤 것이 유발되었는지에 대해 생각이나 이론으로 접근하지 않고 있는 그대로 정확히 보려고 노력합니다. 책에서 본 것을 자기가 안다고 생각해서는 안 됩니다. 자기가 무엇을 알고 무엇을 모르는지 분명하게 구분할 줄 알아야 합니다. 그렇게 분명하게 밝혀진 토대 위에서 치료 작업이 이뤄집니다.

다시 원래 맥락으로 돌아가서, 일단 치료자가 환자를 파악했다면 그 다음에는 환자로 하여금 스스로를 정확하게 보도록 도와주어야 합니다. 환자가 지금 어떤 상황에 있는 건지, 환자 주변 사람들의 상황은 어떤지 등을 있는 그대로 환자가 알도록 해야 합니다. 만약 환자 때문에 가족이 힘들어한다면 치료자는 환자나 가족의 눈치를 보지 말고, 누구의 편도 들지 않고서, 어떻게 하면 환자가 좋아질 수 있는지를 정확하게 보고 그대로 제시할 수 있어야 합니다. 정확한 것만이 힘을 발휘합니다.

그리고 문제보다는 사람에 초점을 두어야 합니다. 치료자도 사람이고 환자도 사람입니다. 사람과 사람이 만나서 자연스럽게 이야기가 오고 가는 가운데 치료적인 작업이 일어나는 것입니다. 앞서 말했듯이 치료자-환자 관계는 '일반적인 관계 위에 놓이는 특수한 관계'입니다.

기본은 자연스럽게 이야기가 오고 가는 것, 서로 간에 신뢰를 구축하는 것입니다. 그래야 환자가 자기 속마음을 털어놓게 되고, 치료자가 환자를 이해하게 됩니다. 자기를 이해하는 사람을 만나면 누구든지 안심을 하게 됩니다. 그리고 자기가 혼자가 아니라는 느낌을 받게 됩니다. 그 느낌이 환자로 하여금 치료자가 제시하는 길을 따라야겠다는 의지를 일으킵니다. 환자 마음속에 들어가서, 어찌 보면 환자보다 더 환자를 좋게 하려고 마음을 쓴 결과 그렇게 되는 것입니다. 한 예로, 저를 찾아온 어떤 환자는 바깥에서 누가 무언가를 하라고 하면 안 해지는데 제가 무언가를 제안하면 하게 된다고 말하기도 했습니다.

첫 면담에서 해야 하는 첫째 작업

○

첫 면담에서는 두 가지 작업을 해야 합니다. 여건이 안 맞으면 하나밖에 할 수 없겠지만, 시간 안배를 잘해가며 되도록 두 가지를 모두 하는 것이 좋습니다.

그중 첫째 작업은, 문제의 성격과 문제 형성 과정을 밝히는 것입니다. 문제가 언제 시작되었으며 병원 오기까지 어떤 과정을 밟았는지에 대해서 자세히 알아봅니다. 무슨 일이 벌어졌는지, 그 일이 어떻게 해서 있게 됐는지, 다른 사람과 의논을 했는지, 자신의 문제를 해결하기 위해 어떤 노력을 했는지, 평소 인간관계는 어떤지 등 환자가 누구인지를 보여줄 수 있는 것들을 알아봐야 합니다.

그러면서 치료자는 환자의 외부에서 일어난 것과 내부에서 일어난 것이 무엇인지 잘 살핍니다. 환자에게 일어난 일이 무엇이며, 그에 대해 환자 내부에서 어떤 반응이 일어났는지를 정확하게 구분하여 파악하는 것입니다. 특히 환자가 외부의 일에 대해 어떻게 대처했는지, 어떠한 생각을 했는지, 그때 과거와 미래를 떠올리며 몸과 마음에서 무엇이 일어났는지를 자연스럽게 파악해야 합니다.

제일 중요한 건 치료자가 정확히 보는 것입니다. 정확하게 보면서 왜 환자에게 병이 생겼는지를 완전하게 이해해야 합니다. 그래서 어떤 조치를 어떤 타이밍에 하면 그것이 환자 내부에서 어떠한 변화를 일으켜 치료 효과가 올 수 있다는 걸 알아야 합니다. 동시에 치료자는 환자가 자기 이야기를 하는 과정에서 무언가를 깨달을 수 있게 해야 합니다. '이 치료자는 내 문제를 잘 아는구나. 명확하진 않지만 내 문제는 이러한 이유로 생겼구나. 이 치료자와 함께하면 내가 달라질 수 있겠구나!' 하고 알게 되면 좋습니다. 그래야 치료자에 대한 신뢰를 바탕으로 환자가 치료 작업에 적극적으로 임하기 때문입니다.

첫 면담에서 해야 하는 둘째 작업

○

첫 면담에서 해야 할 첫째 작업인 환자의 현재 문제 밝혀내기가 잘 된 다음에 해야 하는 둘째 작업은, 환자가 지금까지 어떻게 살았는지를 파악하는 것입니다. 환자가 겪고 있는 문제에 대한 파악과, 환자라는 사람에 대한 파악이 함께 있어야 적절한 치료 작업이 이뤄질 수 있기 때문입니다.

물론 첫 면담 이후에도 환자의 삶을 다룹니다. 그럼에도 첫 면담에서 환자가 살아온 과정을 파악하는 것을 유독 강조하는 건, 그렇게 해야 치료자가 우왕좌왕하는 일을 막을 수 있기 때문입니다. '이 환자는 이런 가정에서 어린 시절 이렇게 보냈고, 이후 이러이러하게 살아오다가 이런 문제가 생겼구나!' 하고 환자의 삶 속에서 현재 문제가 생길 수밖에 없는 필연적인 이유를 알면, 환자에 대한 대략적인 그림을 그린 셈이 됩니다. 그 그림의 세세한 부분들은 이후의 면담에서 완성해가겠지만 맥은 딱 잡고 있는 것이지요. 그렇지만 이 대략적인 그림에 얽매여서는 안 됩니다. 앞으로 나아가야 할 길에 대한 대강의 지도 정도로 삼아야지, 환자는 이런 사람이라고 낙인찍듯이 하면 안 됩니다.

환자가 살아온 과정을 알기 위해 보통은 첫 기억부터 물어봅니다. '당신의 기억 중에 가장 어렸을 때 기억이 뭡니까?' 하고 묻습니다. 이걸 묻는 건, 첫 기억 속에 중요한 것들이 담겨 있는 경우가 많기 때문입니다. 물론 그렇지 않은 경우도 있습니다. 그리고 첫 기억이 없는 사람은 없습니다. 첫 기억이란 자기 인생에서 기억되는 맨 처음 사건에 대한 것이기 때문입니다. 어디 멀리 갈 것 없이 어제 이전의 일이 기억나지 않는다면, 어제의 일이 첫 기억이 됩니다. 첫 기억은 실제로 일어난 것 그대로일 수도 있고 아닐 수도 있습니다. 실제 있었던 일이 그대로 기억되는 것이 아니라, 당시의 감정 상태나 뇌 상태 등 여러 가지가 기억에 영향을 주기 때문입니다.

사람들은 첫 기억으로 대개 여섯 살 전후의 일을 떠올립니다. 자기가 자궁 안에 있을 때가 기억난다는 사람처럼 그 이전의 일을 들려주는 사람도 있기는 한데, 많지 않습니다. 첫 기억을 물어본 다음에는 첫 기억의 느낌을 꼭 묻습니다. 잘 모르겠다고 하면, 지금이라면 그 경험이 어떨 것 같느냐고 물어도 좋습니다. 이렇게 첫 기억부터 시작해서 둘째 기억, 셋째 기억 등 초등학교 들어가기 전까지 기억을 묻습니다. 그 기억들이 중요합니다. 그리고 가족에 대해서 자연스럽게 물어보면서 어떤 아이였는지도 알아봅니다. 그러는 과정에서 그 시절 가족이나 주위 사람들과의 관계와 현재 문제의 상관관계가 보일 수도 있습니다.

그 다음, 초등학교 다닐 때 학교생활이 어땠는지, 공부는 어떻게 했고, 친구 관계는 원활했는지, 특기가 있었는지, 무엇이 되고 싶었으며, 콤플렉스나 힘든 일은 없었는지 등등을 자세하게 묻습니다. 이때

꼬치꼬치 캐묻듯 하면 안 됩니다. 초등학교 생활에 대한 질문을 다 마친 다음에는 중학교, 고등학교, 대학교, 군대, 직장 등의 생활에 대해서도 알아보고, 연애나 결혼 생활 등 현재 문제를 경험하기 전까지 환자와 관련된 것은 무엇이든 물어봅니다. 그러면서 환자가 어려운 일들에 닥쳤을 때 어떻게 했는지를 꼭 체크합니다. 정신적인 문제는 자기에게 일어난 것에 대해 잘못 반응했기 때문에 생겨난 것입니다. 따라서 환자가 평소 어려운 일들에 대처하는 방식을 아는 것이 굉장히 중요합니다.

꿈

○

저는 환자가 오면 꿈에 대해서도 많이 물어봅니다. 제가 4년 2개월 동안 분석을 받을 때 꿈을 가지고 많이 했는데, 그때 꿈이 100퍼센트 정확하다는 확신을 갖게 되었기 때문입니다. 저뿐만 아니라 정신분석이나 심도 있는 정신치료에서도 모두 꿈 작업을 합니다.

꿈 가운데서도 의미가 있는 꿈은 반복되는 꿈입니다. 해결되지 못한 문제가 반복해서 꿈으로 나타나기 때문입니다. 이 말은 문제가 해결되면 그와 관련한 꿈은 안 꿔진다는 뜻이기도 합니다. 제가 만난 어떤 환자는 서울대학교 입학시험 치르는 꿈을 반복해서 꿨습니다. 서울대학교에 가지 못해서 생긴 응어리가 있었기 때문인데, 치료 과정에서 그 응어리가 풀리자 그 꿈을 다시 꾸는 일도 사라졌습니다. 그리고 사람이 바뀌면 꿈에서 먼저 바뀝니다. 남 앞에서 발표하는 걸 무척 힘들어하는 사람이 발표를 잘하는 꿈을 꾸면, 그 다음에 실제로 발표를 잘하게 됩니다. 불교 수행을 하는 사람들은 대개 계율 지키는 걸 어려워하는데, 꿈에서 계율을 잘 지키면 실제로도 그렇게 됩니다.

치료자가 환자에게 꿈을 물어보는 이유는 더 있습니다. 치료자를 찾아오기 전에 꾼 꿈에는 치료자나 치료에 대한 예상이 들어 있는 경우가 있기 때문입니다. 환자가 들려주는 꿈 이야기 속에 치료자에 대한 긍정적인 게 들어 있으면, 일단은 치료가 순조롭게 진행되고 있다고 볼 수 있습니다. 하지만 반대로 부정적인 게 들어 있으면, 치료자는 그 상황을 개선할 적절한 조치를 취해서 환자에게 더 도움이 되는 쪽으로 가야 합니다.

또 치료자는 환자가 스스로를 이해하는 데 꿈을 이용하게 합니다. 우리는 꿈속에서 어떤 존재 형태로 있는 것이기 때문에, 꿈을 자기를 보는 도구로 삼을 수 있습니다. 꿈에서는 연상이 중요합니다. 연상이란 꿈에 따라붙어서 나는 모든 생각을 말합니다. 예를 들어 낯선 이에게 쫓기는 꿈을 꾸었는데, 이어서 어떤 친구 생각이 나면 그게 연상입니다. 또 치료 시간에 와서 꿈 얘기를 하다가 문득 떠오르는 것들도 연상입니다. 꿈에 선생님이 나왔다는 이야기를 들은 치료자가 환자에게 '선생님' 하면 떠오르는 게 있느냐고 물었을 때, 마음에 떠오르는 게 있으면 그것도 연상입니다.

연상을 따라가면 꿈의 의미를 알 수 있습니다. 연상을 쭉 따라가다 보면, '아, 이 꿈을 꾼 이유는 이것이었구나!' 하고 저절로 알게 됩니다. 꿈을 꾸고 난 뒤에 조용한 시간을 내어 연상되는 것들을 차분히 적기만 해도 그렇게 됩니다. 예를 들어 어떤 사람을 만나 좋은 사람이라는 인상을 받았는데, 꿈에 그 사람이 사기꾼으로 나왔다고 해봅시다. 그럴 때 꿈의 연상을 따라가면 실제로 만났을 때도 약간 석연찮은 게 있었다는 걸 알게 됩니다. 그게 꿈에서 '사기꾼'으로 증폭되어 나타난 것입니다.

과거 치료의 분석

○

환자는 과거에도 치료나 상담을 받은 적이 있는 경우가 많습니다. 치료자는 그 내용을 반드시 확인해야 합니다. 이건 매우 중요합니다. 왜냐하면 치료 과정에서 과거의 실패를 반복할 수 있기 때문입니다. 치료자들은, 과거에는 어땠을지 몰라도 자기는 치료에 성공할 수 있다고 생각하는 경향이 있습니다. 하지만 굉장히 높은 확률로, 제가 보기에는 90퍼센트 이상 과거를 그대로 반복합니다. 다른 치료 현장에서 환자를 치료하기 힘들었다면 나라고 예외는 아닙니다. 따라서 환자가 과거에 치료나 상담을 받은 적이 있다면, 그때 구체적으로 어떤 치료 작업을 했고, 그 결과 어떤 점이 나아졌으며 어떤 점이 불만족스러운지 환자에게 잘 들어야 합니다. 그걸 바탕으로 과거와 다르게 치료 작업에 들어가야 합니다. 과거와 똑같이 하면 과거처럼 됩니다.

그리고 치료 효과에 대한 연구를 보면, 치료 결과는 치료자보다는 환자에게 달려 있는 경우가 많습니다. 좋은 환자는 치료가 잘되고, 안 좋은 환자는 치료가 잘 안 됩니다. 좋은 환자란 자신을 바꾸고자 하는 동기가 강하고, 자신을 성찰하는 능력을 가지고 있고, 과거에 열심히 산 적이 있는 사람입니다. 치료에서 자신이 해야 할 역할을 잘하는 환자입니다. 치료자-환자 관계를 잘 지속하는 환자입니다. 안 좋은 환자는 자신의 문제를 치료자가 전적으로 해결해주기를 바라고, 자신은 노력을 별로 하지 않고, 자신을 잘 돌아보지 못하고, 과거에 열심히 살았던 적이 별로 없는 사람입니다. 치료자-환자 관계가 굳건하지 못하고 쉽게 흔들리는 경우는 좋은 치료 결과가 나오기 어렵습니다.

무언가가 환자에게서 괴로움을 만들고 그 괴로움이 정신적인 문제를 만듭니다. 치료에서 핵심은 괴로움을 처리하는 방식입니다. 정신적인 문제를 일으키지 않는 방식으로 괴로움을 처리하면 되는 것입니다. 따라서 치료자는 괴로움을 어떻게 처리해야 정신적인 문제가 생기지 않는지를 환자가 이해하고 환자 스스로 바뀔 수 있게 도와주어야 합니다. 환자가 실제와 맞지 않게 반응을 하여 현실과 충돌하고 있으면, 충돌하지 않는 방법을 일러주고 환자가 그걸 자연스럽게 실천할 수 있도록 돕습니다. 치료에서 환자 자신의 역할이 중요하다는 걸 깨닫고 환자 스스로 조금씩 바뀌도록 도와주는 게 치료자의 역할입니다.

약물치료와 그 밖의 주의사항

○

치료자는 환자가 약을 어떻게 대하는지도 알아봐야 합니다. 약을 써야 하는 경우도 있기 때문입니다. 정신과 약에 대해서 잘못 알고 있는 사람들이 굉장히 많습니다. 뇌세포를 파괴한다는 등 부정확한 정보를 갖고 있는 사람들에게 약에 대해 올바로 설명하고 약을 쓰는 방법을 잘 상의해야 합니다.

환자의 경제적 형편도 굉장히 중요합니다. 돈이 넉넉하지 않은 환자는 병원에 한두 번밖에 올 수 없으니, 꼭 병원에 오지 않더라도 자기에게 도움 되는 것들을 스스로 할 수 있게끔 해줘야 합니다. 형편이 넉넉한 사람은 병원에 오래 올 수도 있고 또 기대하는 바도 다를 테니 그에 맞게 하는 게 좋습니다.

여러 번 강조했듯이, 치료의 효과는 치료자가 사람을 파악하는 힘에 달려 있습니다. 환자를 정확하게 파악하고 그에 맞게 치료 작업을 진행하면 치료 결과가 좋고, 그 반대이면 나쁠 수밖에 없습니다. 따라서 치료자는 사람을 파악하는 힘을 길러야 하는데, 그러려면 평소에 사람 관찰을 많이 해야 됩니다. 이 역시 지금까지 여러 번 말씀드린 것입니다. 책을 읽거나 강의를 듣는 것도 중요하지만, 누구를 대하든 이 사람이 무슨 마음을 가지고서 세상을 보는지 유심히 살피는 훈련을 해야 합니다. 어떤 사람이 행복하면 왜 행복한지, 불행하면 왜 불행한지, 성공했으면 왜 성공했는지, 실패했으면 왜 실패했는지, 장사가 잘되면 왜 잘되는지, 장사가 안 되면 왜 안 되는지 등등 사람과 세상 돌아가는 원리를 잘 봐야 합니다. 그렇게 관찰한 것들이 오래 쌓이다보면 처음 보는 사람을 빠르고도 정확하게 파악하게 됩니다.

제6장.
불교정신치료 방법들

"불교정신치료 관점에서 보면, 환자가 불교정신치료의 세 가지 원리를 자연스럽게 습득하여 그에 맞게 살아간다면 성공적인 치료가 이뤄진 것입니다. 다시 말해 몸과 마음의 속성을 정확히 이해하고, 세상이 움직이는 원리를 알고서, 순간순간 자기에게 벌어진 일을 있는 그대로 보고 그에 맞춰 지혜롭게 반응하여 자신에게 이익이 되도록 한다면 정신적 문제는 다시 일어나지 않습니다."

정신치료

○

정신치료란 심도 있는 치료적 대화를 통해서 내담자의 문제를 치료하는 방법입니다. 치료적인 대화를 나누는 가운데, 내담자가 어떤 과정을 거쳐 현재의 정신적 문제에 다다르게 되었는지를 치료자와 내담자가 모두 잘 이해한 다음, 문제 해결법을 함께 찾아가는 과정이 정신치료입니다. 그 결과 내담자가 '내가 이렇게 살아왔고, 이런 걸 잘 해결하지 못해서 이런 문제가 생겼으며, 그것을 이렇게 해결하면 되고, 순간순간 나를 잘 지켜야 되겠구나!' 하고 알고 실천해서 정신이 건강해지면 정신치료가 잘 시행된 것입니다.

불교정신치료 관점에서 보면, 환자가 불교정신치료의 세 가지 원리를 자연스럽게 습득하여 그에 맞게 살아간다면 성공적인 치료가 이뤄진 것입니다. 다시 말해 몸과 마음의 속성을 정확히 이해하고, 세상이 움직이는 원리를 알고서, 순간순간 자기에게 벌어진 일을 있는 그대로 보고 그에 맞춰 지혜롭게 반응하여 자신에게 이익이 되도록 한다면 정신적 문제는 다시 일어나지 않습니다.

불교정신치료를 설명하려면 수행 이야기를 하지 않을 수 없습니다. 수행에는 크게 두 가지가 있습니다. 우리의 몸과 마음을 거시적으로 보는 수행과 미시적으로 보는 수행입니다. 거시적으로 보는 수행은 순간순간 우리의 몸과 마음에서 일어나는 것을 관찰하는 수행을 말합니다. 이 수행을 통해 몸과 마음을 잘 알 수 있고 지혜가 생기고 정신이 건강해질 수 있습니다. 미시적으로 보는 수행인 사마타와 위빠사나 수행을 통해서는 우리 존재, 즉 몸과 마음을 궁극적인 물질과 정신으로 보게 됩니다. 그를 통해 우리가 어떤 존재이고, 몸과 마음이 궁극적으로 어떻게 이루어져 있으며, 순간순간 몸과 마음에서 어떤 현상이 일어나는지를 알게 됩니다.

특히 사마타와 위빠사나를 하면 정신인식과정(정신인식과정에 대해서는 1장에서 설명했음)을 관찰하게 되는데, 이 경험이 우리의 정신에 대한 통찰을 줍니다. 정신인식과정은 각각의 정신으로 구성되어 있습니다. 초기불교 경전의 주석서에 의하면 우리에게서는 1초에 1조 번의 정신이 일어납니다. 그렇게 생겨난 정신인식과정 중 속행은 모두 과보와 연결됩니다. 그리고 정신이 생기면 그에 상응하는 물질도 생겨납니다. 기분이 나쁠 때 몸이 무거운 건, 그때 생겨난 물질이 몸의 무거움과 연관되어 있기 때문입니다.

정신적 문제가 있다는 건 그렇게 될 수밖에 없는 토대가 구축되어 있다는 뜻입니다. 같은 원리로, 정신적으로 건강하려면 건강해질 수 있는 토대가 구축되어야 합니다. 불교정신치료 관점에서, 정신 건강의 토대를 확고하게 구축하기 위해서는 유익한 마음이 계속 일어나도록 해야 합니다.

유익한 마음이란 탐욕, 성냄, 어리석음이 없고 지혜가 있는 마음입니다. 해로운 마음은 그 반대입니다. 눈으로 보고 귀로 듣고 코로 냄새 맡고 혀로 맛보고 몸으로 느끼고 정신으로 대상을 다룰 때 탐욕, 성냄, 어리석음과 함께하고 대상을 있는 그대로 보지 못하면 해로운 마음입니다. 다시 말해 대상을 만나서 '이것은 영원하고 즐거움이며 실체이다'라고 여기는 것은 어리석은 주의이고 해로운 마음입니다. 사마타와 위빠사나 수행 관점에서 보면, 대상을 만나서 궁극적 물질과 궁극적 정신으로 보고, 모든 것을 변하는 것이고 괴롭고 실체가 없고 깨끗한 것이 아니라고 보는 것이 지혜이고 유익한 마음입니다.

해로운 마음과 유익한 마음은 과보와 연결됩니다. 이게 무슨 뜻이냐면, 우리가 해로운 마음을 먹으면 그 해로움이, 이로운 마음을 먹으면 그 이로움이 다 우리 자신에게 온다는 말입니다. 따라서 우리는 굳이 남을 생각하지 않더라도 자기 자신을 위해서 좋은 마음을 가져야 합니다. 그러면 유익한 마음을 일으키기 위해서는 대단한 지혜가 반드시 필요한 것일까요? 아닙니다. 단지 현재에 집중하기만 해도 유익한 마음이 됩니다. 현재에 집중하다가 과거 생각이 나면 '과거는 지나갔다!' 하고 현재로 돌아오고, 미래 생각이 나면 '미래는 모른다!' 하고 현재로 돌아오면 유익한 마음이 됩니다. 과거 생각이 날 때 '그때 그가 나에게 왜 그랬지? 나는 또 왜 그랬을까?' 이렇게 다른 생각으로 이어지면 해로운 마음으로 넘어가는 것입니다. 현재에 있는 것이 탐욕과 성냄과 어리석음에서 자유로워지는 길입니다. 그렇게 하면 언제나 유익한 마음이 되고, 정신이 건강해집니다.

불교 수행자의 이상인 아라한은 하루 종일 현재에 집중해 있습니다. 우리도 현재에 계속 집중하면 점점 아라한에 가까워질 수 있습니다. 제가 사마타와 위빠사나 수행을 할 때 선정 닦는 것을 먼저 하고, 그 다음에 물질 수행을 했습니다. 물질 수행이란 궁극적인 물질을 보는 수행입니다. 물질은 여러 가지로부터 생겨나는데, 물질이 생겨나는 원인 중 하나가 마음입니다. 어떤 마음을 먹으면 마음에서 만든 물질이 생깁니다. 물질 수행을 할 때 마음에서 만든 물질을 볼 수 있습니다. 내가 무언가를 하려고 마음을 먹으면 마음에서 만든 물질이 나오는 게 보입니다. 우리는 하루 종일 마음을 먹습니다. 그 결과 물질이 생겨나고, 물질 수행을 할 때는 그 물질이 보이니까 현재에 집중 안 할 수가 없습니다. 하루 종일 집중할 수 있는 토대가 구축되는 것입니다. 그렇게 되면 자동으로 마음챙김 상태에 들어갈 수 있습니다.

그런데 선정 수행과 물질 수행은 하기가 어렵습니다. 그렇게 하려면 출가자들처럼 수행에 매진해야 하는데, 생활인들은 생계를 꾸려야 하기 때문에 그렇게 할 수 있는 조건을 만들기가 굉장히 힘듭니다. 하지만 꼭 수행을 하지는 않더라도 아비담마 책을 열심히 보면서 '부처님이 하신 말씀이니 수행하면 이렇게 보인다. 나도 그렇게 본다.' 하는 마음으로 믿으며 그에 따라 살면 그렇게 될 수 있습니다. 제가 쓴《정신과 의사의 체험으로 보는 사마타와 위빠사나》나 멤 틴 몬 박사의《체계적으로 배우는 붓다 아비담마》 같은 책들이 선정 수행과 물질 수행에 참고가 될 것입니다.

약물치료

○

거듭 설명했듯이 치료에서 가장 중요한 건 올바른 노력입니다. 정신적인 문제가 생긴 것이 그렇게 되게끔 하는 과정을 거쳤기 때문이듯, 거기서 벗어나려면 거기서 벗어나게 해주는 올바른 노력을 해야 합니다. 따라서 치료자는 환자가 올바른 노력을 하게 도와줘야 합니다. 그런데 어떤 환자는 너무 불안하고 우울하여 올바른 노력을 할 수 없는 상태에 있기도 합니다. 환자를 불안하고 우울하게 만드는 생각들이 꼬리에 꼬리를 물고 일어나 상태가 점점 악화되기만 할 뿐 비집고 들어갈 틈이 없는 것입니다. 이럴 때 고려할 수 있는 것이 약물치료입니다. 약물을 쓰면 환자를 힘들게 하는 생각이 안 나거나, 생각이 들더라도 환자가 그 영향을 적게 받을 수 있습니다. 그렇게 약물의 힘을 빌려 불안과 우울이 조금 누그러지면, 환자와 치료자가 개입하여 올바른 노력을 할 수 있는 여지가 생겨납니다.

신체적 증상의 영향으로 일상생활을 영위하기 힘든 경우에도 약물치료를 고려해봐야 합니다. 정신적 문제로 인해 숨이 안 쉬어지거나 심장박동이 급격하게 빨라지거나 하는 증상이 있으면 약물을 이용해 진정시킬 필요가 있습니다. 이는 생활을 안정화해서 올바른 노력을 할 수 있는 토대를 다지기 위함이기도 합니다.

약물을 쓸 때는 늘 환자와 충분한 상의를 거쳐야 합니다. 약물에 대한 정확한 정보를 환자에게 제공하여 환자가 막연히 갖고 있을지도 모를 약물에 대한 거부감을 누그러뜨리는 작업도 필요합니다. 그리하여 환자가 해보겠다는 의지를 냈을 때 약물치료를 시작하는 것이 좋습니다. 이런 과정 없이 무작정 약물을 강요해서는 안 됩니다. 그리고 약물을 쓰더라도 초점은 올바른 노력에 가 있어야 합니다. 약물만으로는 한계가 있습니다. 정신적 문제를 일으키는 조건들, 예를 들면 어려운 문제를 대하는 환자의 방식이나 가정과 일터의 환경적 조건 등이 그대로 있으면 언제든 문제가 다시 일어날 수 있기 때문입니다. 따라서 약물치료와 올바른 노력을 병행해야 합니다. 그렇게 하면서, 노력을 통해 좋아지면 그만큼 약을 줄이는 식으로 가다가 결국 약을 끊을 수도 있습니다. 약을 줄이거나 끊고 싶은 욕심에서 그냥 약만 줄이면 안 됩니다. 약이 줄어든 만큼 문제가 되살아날 수 있습니다.

그리고 약이나 정신 건강에 대해 환자와 보호자 들이 유의해야 할 것이 있습니다. 이상하게 들릴지도 모르지만, 약 설명서나 건강 정보는 가급적 안 보는 것이 좋습니다. 저도 의사지만 정형외과적으로나 내과적으로 아플 때는 바로 해당 전문의를 찾아갑니다. 내 상태를 판단할 수 있는 능력이 스스로에게 없다는 걸 알고 있으니까요. 같은 맥락에서 환자들한테 항상 당부하기를, 정신 건강에 대한 건강 상식을 절대로 인터넷에서 찾지 말라고 당부합니다.

예전에 어떤 환자가 저를 찾아와 말하기를, 자기가 조현병이래요. 제가 보기에는 신경증 환자인데 말이지요. 왜 그렇게 생각하느냐고 물었더니 인터넷 찾아보니까 그렇더라고 답하더군요. 그래서 말해주었습니다. "조현병 환자를 30년 넘게 봐왔는데, 당신은 그런 경우가 아닙니다." 건강 정보만 가지고 판단을 하면, 우리는 자기에게 어떤 병이 있다고 생각하기 쉽습니다. 정보를 제대로 볼 수 있는 능력을 갖추지 못했기 때문이지요. 능력이란 관련된 분야의 경험에서 나옵니다. 따라서 건강 분야에서의 전문적인 경험이 없는 사람들은 건강 정보를 제대로 읽기 어렵습니다.

예를 들어 소화가 안 되는 이유는 여러 가지입니다. 음식을 잘못 먹어서 그럴 수도 있고, 피곤해서 그럴 수도 있고, 위염이나 위궤양 때문일 수도 있고, 위암 때문일 수도 있습니다. 내과 의사들은 환자를 봐온 오랜 경험이 있어서 비교적 정확하게 원인을 찾아냅니다. 그런데 그런 능력이 없는 사람들은 몇 가지 단편적인 정보만 가지고 잘못된 판단을 내려 안 좋은 결과를 초래할 수 있습니다. 예를 들면 소화 안 되는 것과 체중이 조금 줄어든 것 가지고 자기가 위암에 걸린 건 아닌지 의심하며 즉시 불안에 빠져드는 것이지요.

저는 환자들에게 약 설명서 좀 보지 말라고 이야기하기도 합니다. 환자들 가운데는 약을 처방해주면 나중에 와서 약 못 먹겠다고 하는 사람이 더러 있습니다. 저는 조울증에 쓰는 약을 화를 다스리는 데 쓰기도 하고, 불안증에 쓰는 약을 우울증에 쓰기도 하고, 간질에 쓰던 약을 양극성 장애에 쓰기도 하고 그럽니다. 경험상 필요하다고 판단되면 씁니다. 그런데 환자가 약 설명서를 읽고서 저를 불신하는 마음이 생겨 약을 안 먹겠다고 하는 경우가 있는 겁니다. 약 설명서에는 있을 수 있는 모든 경우가 들어 있는데, 그걸 잘못 이해했기 때문입니다.

그런데 정신병일 때는 약물치료가 근본이 되어야 됩니다. 조현병(정신분열증), 양극성 장애(조울증), 편집증이 대표적인 세 가지 정신병인데, 이때 환자는 신경전달물질 대사에 폭발이 일어나 조화가 다 깨진 상태에 있습니다. 약을 안 쓰면 현실을 제대로 보지 못하며, 대화도 힘들고, 심한 경우는 사고가 날 수도 있습니다. 따라서 약물치료를 근본으로 하면서 정신치료와 가족치료 등을 병행해야 합니다. 환자 자신뿐 아니라 주변 사람들이 모두 힘을 모아 환자의 회복을 돕는 것이 필요합니다.

정신병을 약물로 치료할 때 의사들이 따르는 가이드라인이 있습니다. 정신병이 처음으로 생겼다면 약을 써서 병의 증세가 없어진 다음 보통 2년 정도 더 약을 처방합니다. 하지만 재발했을 때는 증세가 없어진 다음 5년 정도 더 약을 먹게 합니다. 물론 예외는 있습니다. 불교정신치료적인 방법이 치료 현장에 도입되어 환자가 순간순간 자기 마음을 보면서 다스릴 수 있게 되면 약물치료 기간이 짧아질 수 있습니다.

그리고 정신병 환자에게 입원을 권하는 경우가 있습니다. 대략 다음과 같은 경우에 그렇게 합니다. 첫째, 일상생활을 안 하는 경우. 정신병 환자 가운데는 밥도 안 먹고 세수도 안 하는 등 꼼짝 안 하는 사람들이 있습니다. 그런 사람들은 병원에 입원하여 병원 프로그램에 따라 일상생활을 복원하는 과정을 밟는 것이 좋습니다. 둘째, 약을 안 먹는 경우. 말씀드렸듯이 정신병에는 약물치료가 기본이므로 약을 안 먹는 환자는 강제로라도 입원시켜야 합니다. 셋째, 폭력이나 자해, 자살의 위험이 있는 경우. 그런 사람들 보면 굉장히 괴로운 상태에 있는데, 입원을 하면 마음이 좀 안정되고 하면서 그런 충동이 사라질 수 있습니다.

명상과 수행

○

명상의 치료적 효과를 생각해볼 수 있습니다. 몇 년 전만 해도 명상을 치료에 적용하는 의사들이 드물었습니다. 하지만 지금은 정신과 의사를 중심으로 의사들이 명상을 과학적이고 의학적으로 연구하는 학회가 생겨났고 대학병원처럼 규모가 큰 곳에서도 명상을 치료에 도입할 정도로 명상의 치료적 효과가 많이 알려졌습니다.

명상은 여러 가지로 말할 수 있지만 명상의 본질은 현재에 집중하는 것입니다. 다른 말로 표현하면, 마음이 현재가 아닌 다른 곳으로 갔을 때 그걸 내려놓는 것이 명상입니다. 마음은 속성상 언제나 하나의 대상만을 취하므로 현재에 집중하려면 다른 것을 내려놓는 수밖에 없습니다. 명상 수행을 할 때 전문 수행 센터에 가거나 고요한 공간을 찾는 이유가 여럿 있는데, 그 가운데 하나가 그런 곳에서는 우리의 관심을 외부로 향하게 하는 조건들이 별로 없어서 현재에 집중하기에 유리하기 때문입니다. 그렇게 현재에만 집중하고 다른 것은 완전하게 내려놓을 수 있는 마음이 되면 선정에 들어갈 수 있습니다. 특히 선정의 여러 단계 가운데 사선정에 들면, 마음이 오로지 대상에만 집중되어 있습니다.

따라서 생각이나 감정 같은 것의 방해를 받지 않고 대상을 있는 그대로 정확하게 파악할 수 있게 됩니다.

불교정신치료의 첫째 원리인 몸과 마음의 속성에 대해 말할 때, 마음이 건전한 대상에 가면 정신이 건강해지고 마음이 불건전한 대상에 가면 정신이 불건강해진다고 했습니다. 명상 수행을 꾸준히 하면 집중하고 내려놓는 시스템이 내면에 구축됩니다. 그 결과 마음이 건전한 대상에 집중하고 불건전한 대상을 내려놓는 것이 쉬워집니다. 기분 나쁜 일이 있어도 금방 툴툴 털어버릴 수 있게 되는 것입니다. 자연스레 정신이 건강해지는 것이지요. 이것이 명상이 치료적 효과를 가져오는 첫째 이유입니다.

그리고 사실, 대상 자체는 중립적인 것이지 건전하고 불건전하고가 없습니다. 다만 그 대상을 향하는 우리의 주의가 지혜로우면 건전한 대상이 되고, 주의가 어리석으면 불건전한 대상이 되는 것입니다. 예를 들어 과거 일이 떠올랐을 때, '이건 과거다. 지나갔다.' 하고 지혜로운 주의를 주면 그 순간에 유익한 마음이 일어나고 과거는 건전한 대상이 됩니다. 하지만 반대로 그 과거 일의 꼬리를 물고 후회, 부끄러움, 동경 같은 생각이 일어난다면 그 순간에 해로운 마음이 일어나고 과거는 불건전한 대상이 됩니다. 명상 수행은 우리 마음이 대상을 향해 지혜로운 주의를 주도록 해줍니다. 이것이 명상이 치료적 효과를 가져오는 둘째 이유입니다.

정신이 건강하려면 유신견이 없어져야 합니다. 유신견(有身見)이란, '내 몸이다, 내 마음이다, 나다'라고 인식하는 것입니다. 유신견을 없애는 방법은 간단합니다. 아침에 눈떠서부터 밤에 잠들 때까지 계속 몸과 마음에 집중하면서 관찰을 하면 몸과 마음이 내 것이 아니라는 사실을 어느 날 알게 됩니다. 몸과 마음이 내 뜻과는 상관없이 조건에 따라 변한다는 걸 깨닫는 것이지요. 그렇게 알게 되면 몸과 마음에 손해가 되는 걸 안 하게 됩니다. 나 스스로 만드는 괴로움을 더 이상 안 만드는 것입니다. 이것이 명상이 치료적 효과를 가져오는 셋째 이유입니다.

어떤 환자가 찾아와서는 자기 귀에 병이 있는데 굉장히 불편하다며 끊임없이 짜증을 내고 걱정을 하며 불안해한 적이 있습니다. 불안하니 인터넷을 계속 뒤지게 되었고, 그렇게 알게 된 정보들을 토대로 앞으로 어떻게 될지 노심초사하는 거예요. 그래서 제가 이렇게 말해줬습니다. "귀 아픈 것만 남도록 해야지 거기에 다른 거 붙이면 안 됩니다. 그 방법을 제가 일러드리겠습니다." 그러고는 그 방법을 알려주고 현재 환자 상태에 도움이 되는 약을 처방했습니다. 이 환자의 경우에는 귓병에 따라붙은 것들이 정신적 문제입니다.

만약 똑같은 귓병이 이비인후과 전문의에게 생겼다고 해봅시다. 그 의사에게도 저를 찾아온 환자에서처럼 정신적 문제가 생겼을까요? 그에게는 귀 아픈 것만 있을 것입니다. 이비인후과 전문의이니 귀가 어떤 매커니즘으로 돌아가는지 잘 알거든요. 쓸데없는 걱정을 할 일이 없는 것입니다. 잘 보고 잘 알면 이렇게 스스로 괴로움을 안 만듭니다. 명상 수행을 하면 우리가 존재함으로써 불가피하게 만날 수밖에 없는 괴로움은 당연한 거라는 걸 알고 자연스레 받아들이게 됩니다. 이런 수용적인 태도 역시 정신 건강에 굉장히 중요합니다.

이처럼 명상을 하면 자기 자신을 잘 관찰할 수 있게 됩니다. 서양의 정신분석에서는 자아를 경험적 자아와 관찰적 자아로 나눠서 보는데, 경험적 자아는 행동을 하고 관찰적 자아는 그 행동을 하는 나를 관찰합니다. 내가 화를 낸다면, 경험적 자아는 오직 화를 내는 기능만 합니다. 이때 관찰적 자아는 이 상황을 관찰하고 화를 통제하도록 기능합니다. '이대로 계속 화를 내면 나한테 손해니까 멈춰야겠다.'라고 말하는 게 관찰적 자아입니다. 또 우리가 영어를 말할 때 R 발음과 L 발음을 구분하여 잘못된 발음을 고치도록 하는 것도 관찰적 자아의 기능입니다. 정신분석에서는 치료 과정을 초기, 중기, 말기로 분류하는데, 내담자의 관찰적 자아가 굳건하게 기능하면 초기에서 중기로 넘어가게 됩니다. 명상의 효과로 관찰하는 힘이 강해진다는 건, 곧 관찰적 자아가 강해진다는 말이 됩니다. 정신분석의 관점에서 보아도 명상이 정신 건강에 긍정적으로 작용한다는 뜻입니다.

따라서 정신 건강을 위해 명상과 수행을 삶에 뿌리내리게 할 필요가 있습니다. 명상과 수행이 제대로 된다는 것은 살아가는 방식이 명상과 수행이 되는 것입니다. 따로 시간과 공간을 마련하여 좌선이나 걷기 명상 같은 것을 할 필요도 있지만, 일상의 경험들을 명상하듯 관찰하는 것도 중요합니다. 매일 한 시간씩 좌선을 하고 있으니 다른 시간에는 아무렇게나 지내도 괜찮을 거라는 태도는 별로 좋지 않습니다. 정식 수행과 생활 속 관찰이 늘 조화를 이루도록 해야 합니다.

잠 잘 자기

○

인생에서에서 잠이 차지하는 비중이 큽니다. 사람마다 차이는 있지만 보통은 인생의 3분의 1이 잠입니다. 그런데 잠을 잘 자지 못해 괴로워하는 사람이 적지 않습니다. 저를 찾아오는 분들 가운데도 불면증으로 힘들어하는 경우가 많은데, 저는 그분들에게 제가 터득한 잠 잘 자는 기술을 일러 드립니다.

심장은 우리 의지대로 뛰는 게 아니라 자율적으로 뜁니다. 잠도 그렇습니다. 잠은 자율신경계로 돌아가는 시스템입니다. 자율신경계는 교감신경과 부교감신경의 영향을 받는데, 교감신경이 자극되거나 활성화되면 잠자는 데 좋지 않고 부교감신경이 활성화되면 잠자는 데 좋습니다. 교감신경이란 애쓰는 마음입니다. 우리는 잠이 안 올 때 보통 '잠을 자야 해. 못 자면 큰일 나. 잠이 안 오면 내일을 망칠 거야.'라고 걱정하며 잠을 자려고 애씁니다. 그러면 어떻게 될까요? 교감신경이 활성화되어 잠에 잘 들지 못합니다. 부교감신경은 마음을 탁 내려놓고 순리를 따르는 것입니다. '잠이 오면 자면 되고, 안 오면 눈을 감고 쉬면 되지.' 이렇게 받아들이는 것이지요.

생리적으로 보면 잠을 잘 자기 위해서는 늦어도 밤 11시에서 12시 사이에 자서 아침 7시쯤 일어나는 게 좋습니다. 잠은 일종의 생체시계이기 때문에, 잠이 오든 안 오든 정해진 시각이 되면 눕는 게 좋습니다. 불을 끄고 빛이 없게 하는 것도 중요합니다. 어둠은 인체의 수면센터를 자극하고 빛은 인체의 각성센터를 자극하기 때문입니다. 그리고 누울 때는 이런 마음가짐을 하는 게 좋습니다. '오늘 하루를 끝내고 이렇게 누울 수 있어서 참 좋다!' 다음 단계는 부교감신경을 활성화하는 것입니다. 이렇게 마음을 가지면 됩니다. '자, 이 순간부터 내일 일어날 때까지 내가 할 일은 딱 하나다. 잠이 오면 자고, 안 오면 쉬는 것.' 어렵지 않습니다. 잠이 찾아오면 자고, 안 오면 '내가 지금 잠이 필요 없는 모양이다. 하지만 나는 쉬어야 한다.'라고 마음을 먹고 눈 감고 누워서 쉽니다.

원리는 간단한데 사람들이 어려워하는 건 대개 생각 때문입니다. 가만히 누워 있으면 생각이 꼬리에 꼬리를 물거든요, 보통은. 그 생각을 잘 처리해야 합니다. 떠오른 생각은 어떻게 할 수 없습니다. 생각이 날 만한 조건이 되었으니까 나는 것입니다. 그 생각을 따라가지 마세요. 왜 생각이 나는지 머리로 따지지 말고 그저 '잠이 안 오니까 생각이 나는 모양이다.' 하고 거기서 멈추세요. 생각이 또 나면 '또 났구나.' 하고 다시 멈추면 됩니다. 생각을 하면서 각성되는 경우가 많으므로, 생각을 멈추는 게 중요합니다.

잠이 안 오면 반듯하게 누워 있기도 힘듭니다. 답답하기도 하지요. 그러면 오른쪽 왼쪽으로 뒤척이며 누우면 좋습니다. '나는 반듯하게 자야지.' 하고 억지로 고집할 필요는 없습니다. 그렇게 해도 잠이 안 오고 답답한 마음이 들면, 어떤 사람들은 TV를 보거나 스마트폰을 들여다보거나 합니다. 그러면 안 됩니다. 눈에 자극이 들어오면 자는 것이 더 힘들어집니다. 잠이 안 온다고 해서 잠자리를 떠나지는 마십시오. 대신 그대로 누워서 눈을 감고 호흡에 집중하면 좋습니다. 뇌파를 측정해보면, 이렇게 하고 있을 때 우리는 가수면 상태에 있게 됩니다. 그러다가 알게 모르게 자는 것이지요. 그래도 잠이 안 와서 너무 답답하면 눈을 감고 잠시 앉아서 호흡에 집중했다가 다시 누워도 좋습니다. 일어나서 다니지는 말고요. 그게 사람을 굉장히 피곤하게 합니다. 그렇다고 화장실에 가지 말라는 뜻은 아닙니다. 필요한 잠은 오게 되어 있으니 마음을 편안하게 가지세요.

제가 말씀드린 대로 잠이 오면 자고 안 오면 쉰다는 마음으로 편안히 밤을 보내면 그렇게 많이 피곤하지 않습니다. 제 경험으로 볼 때 잠을 못 자서 힘들다고 하는 경우는 대체로 다음의 두 가지였습니다. 하나는 잠이 안 오니 돌아다니면서 뭘 하는 경우이고 다른 하나는 돌아다니지는 않는데 잠을 자려고 애를 많이 쓰는 경우입니다. 마음 편히 제가 말한 대로 하면 그렇게 힘들지 않습니다. 해보면 압니다.

여기에 더해서 바디스캔을 하면 잠을 자는 데 많은 도움이 됩니다. 저는 불면으로 고생하는 환자들에게 바디스캔을 처방하는데, 효과가 좋습니다. 바디스캔이란 누워서 눈을 감고 온몸을 스캔하는 것입니다. 저는 발가락부터 시작합니다. 처음엔 왼발 엄지발가락을 그냥 느껴봅니다. 그저 의식을 왼발 엄지발가락에 둔다는 정도로 합니다. 잘 느끼겠다는 의도 같은 건 내려놓습니다. 그렇게 발가락 하나하나를 다 느낀 다음에는 발가락 전체를 한 번에 느껴봅니다. 그런 다음 숨이 발가락으로 들어와 머물다 나간다고 상상합니다. 숨이 들어와 발가락에 머물다가 나가는 모습을 상상합니다. 발가락에 불편한 게 있다면 숨과 함께 나간다고 상상합니다. 그렇게 발가락이 편안해짐을 느낍니다.

이렇게 한 다음에 의식을 발등으로 옮깁니다. 발등으로 옮겨서 처음에는 피부를 느껴보고 그 다음에는 피부 아래 있는 근육과 혈관과 신경을 느껴봅니다. 그런 다음 숨이 발등으로 들어와서 발등에서 머물다가 나간다고 상상합니다. 발가락에서 한 것처럼, 발등에 불편한 게 있으면 숨과 함께 나간다고 상상하며 발등이 편안해짐을 느낍니다. 똑같은 과정을 발목, 정강이, 장딴지, 무릎, 허벅지까지 합니다. 이렇게 왼쪽 발가락부터 허벅지까지 다 마친 다음에는 오른쪽 엄지발가락부터 허벅지까지 합니다. 양발과 양 다리가 모두 끝나면 골반과 배, 가슴, 허리, 등, 어깨, 양팔, 양손, 목, 얼굴 부위들, 두피, 정수리로 차례대로 의식을 옮겨가며 같은 과정을 되풀이합니다. 맨 마지막으로, 정수리로 들어온 숨이 온몸을 통과해 발바닥으로 나가고 발바닥으로 들어온 숨이 온몸을 통과해 정수리로 나간다고 상상합니다. 숨이 나갈 때는 몸의 불편함도 함께 나간다고 상상하며 그렇게 느낍니다.

이렇게 바디스캔을 할 때, 잠을 잘 자야겠다는 목적을 내려놓는 것이 중요합니다. 어차피 잠도 안 오고 따로 할 일도 없고 피곤하니 바디스캔을 하며 편안히 쉰다는 마음으로 하는 게 좋습니다. 저는 잠자리에 누워서 바디스캔을 할 때 발목 이상을 해본 적이 없습니다. 제가 카페인에 무척 민감해서 커피 마시면 잠이 안 오는데, 커피를 마셨을 때 바디스캔을 해보니 그 민감한 게 좀 둔해지기도 했습니다. 잠은 여전히 안 왔지만 분명한 효과를 보았습니다. 바디스캔은 잠이 안 올 때뿐 아니라 평소에 틈틈이 하는 것도 좋습니다. 예를 들어 어깨가 좀 묵직하고 불편하다면 어깨 부위를 바디스캔하는 것입니다. 그러면 불편한 것이 좀 나아지고 편안해집니다.

잠 못 자는 것에 대한 불안을 덜어드리는 데 도움이 될까 하여 제 경험을 하나 소개하고 마무리하겠습니다. 2009년에 달라이 라마를 만나러 인도에 갔을 때 온몸에 발진이 나서 무척 고생한 적이 있습니다. 피부과 전문의를 찾을 수 없어 한 달 정도를 견디다가 한국에 돌아와서 병원을 찾았습니다. 피부과에 갔더니 스테로이드 폭격을 하더라고요. 주사도 맞고 약도 먹고 그랬습니다. 3주쯤 스테로이드제와 항히스타민제를 함께 먹고, 9개월쯤 더 항히스타민제를 먹었습니다. 그러다 약을 끊었더니 잠이 한숨도 안 오는 거예요. 그래서, 정말 한숨도 못 자는 상태에서, 지금 말씀드린 대로 했습니다. 밤새도록 가만히 누워서 호흡에 집중한 것입니다. 그러고서 아침에 일어났는데 움직일 만했습니다. 그렇게 일주일 동안 잠을 못 자며 생활을 하고서 8일째 되는 날 자연스럽게 잠에 들었습니다. 그 경험으로 저는 잠을 꼭 자지 않아도 편안한 마음으로 누워 있기만 하면 별 문제가 없다는 걸 알았습니다.

정신과 의사 빅토르 프랑클도 《죽음의 수용소에서》라는 책에서 "불면에 대한 지나친 걱정은 결국 어떻게든 잠을 자야겠다는 과도한 의욕을 갖게 하는데, 이것이 그 반대로 잠을 잘 수 없게 만드는 것"이라 지

적합니다. 그는 생물체는 스스로에게 꼭 필요한 최소한의 수면을 알아서 취하게 되어 있다면서, 불면을 두려워하는 환자들에게 잠을 자려 애쓰지 말고 오히려 잠을 자지 않으려 해보라고 권합니다. 그러면 역설적으로 잠을 자는 데 도움이 된다고 합니다.

몸과 마음의 고통 다스리기

○

2003년 여름, 미얀마 참메명상센터에서 한 달간 출가 생활을 했습니다. 그곳에서 하는 수행은 일어나는 모든 현상을 관찰하는 것입니다. 여름이라 모기가 무척 많아 계속 모기에 물렸습니다. 앉아서도 물리고 걸어가면서도 물렸습니다. 그래도 잡을 수는 없었습니다. 출가한 사람은 227가지 계율을 지켜야 하는데, 그 계율 가운데 생명 있는 것을 죽이지 않는다는 것이 들어 있기 때문입니다. 또 수행자는 언제나 일어나는 현상을 관찰하기 때문에 모기를 쫓지도 않습니다. 그래서 난생 처음으로 모기가 제 팔뚝에 앉아 피를 양껏 빨고서 날아가고 싶을 때 날아가는 것을 그대로 관찰하게 됐습니다.

모기가 물면 바로 가렵지 않고 조금 지나야 가렵기 시작합니다. 미얀마 모기에 물리면 우리나라 모기에 물렸을 때보다 처음엔 훨씬 가렵지만 조금 지나면 가려운 게 싹 사라집니다. 그런데 계속 관찰을 하다 보니 가려운 정도가 많이 줄어들었습니다. 견딜 만했습니다. 이전에는 모기에 물렸을 때 가려운 정도가 10이었다면, 아무런 의도를 내지 않고 관찰만 하니까 가려운 게 3 정도가 된 것입니다. 가려운 걸 없애려고 한 것도 아니고 그냥 관찰만 했는데 그렇게 되었습니다. 그 이후로 모기가 물어도 가려운 것을 별로 신경 쓰지 않습니다. 가려운 정도가 줄어든 이유가 궁금해 궁리하다가 제 나름대로 세 가지 기전을 생각했습니다. 이걸 알아두면 몸의 고통을 이해하고 다스리는 데 도움이 될 것입니다.

첫째, 우리는 가려울 때 감정적인 반응을 합니다. 왜 가렵지, 또 가려우면 어떡하지 등등 말이지요. 이런 감정적인 반응이 가려움을 증폭시키는 것 같습니다. 관찰만 할 때는 감정적인 반응이 전혀 없으니까 가려움이 증폭되지 않고 있는 만큼만 느껴지는 것 같습니다. 그래서 덜 가려운 것이지요.

둘째, 가려운 걸 관찰해보니 가렵다가 안 가렵다가 했습니다. 계속 가려운 게 아니었습니다. 가려운 건 어떤 물질이 분비되면서 그런 것이니, 그 물질이 분비되지 않을 때는 안 가려운 것입니다. 이렇게 안 가려운 때를 느끼니까 전체적인 가려움이 줄어드는 것 같았습니다.

셋째, 전체 과정을 관찰한다는 건 가려움의 변화를 알게 된다는 뜻입니다. 안 가렵다가 조금 가렵다가 많이 가렵다가 하다가 결국에는 가려움이 사라진다는 것을 모두 보니 가려움에 대해 좀 담담해졌습니다.

저는 발톱 무좀이 있어 가끔 발톱을 관리합니다. 발톱이 피부와 붙어 있어서 그 부분에 처치를 할 땐 무척 아픕니다. 언젠가 가려움을 관찰할 때처럼 그 통증을 있는 그대로 관찰해보았습니다. 그랬더니 가려움의 경우처럼 통증도 큰 폭으로 줄어들었습니다. 통증 관리에도 관찰이 유효했던 것이지요. 그때부터 저는 통증이 두렵지 않습니다. 제가 과거에 1년 6개월 간 '명상과 자기치유 8주 프로그램'을 운영한 적이 있었는데 그때 제 프로그램에 참여한 어떤 분도 비슷한 경험을 했습니다. 그분은 제 프로그램에 참가하기 전에는 치과 가는 것이 죽기보다 싫었지만 참가하여 수련한 이후에는 치과에 있는 시간이 편안해졌다고 했습니다. 관찰의 힘 덕을 본 것이지요.

그리고 한 가지 더. 이건 팁인데, 병원에서는 환자에게 견디기 어려운 통증을 주는 처치는 하지 않습니다. 그런 통증이 오면 환자가 쇼크에 빠지기 때문입니다. 그래서 저는 '저 사람은 내가 견디기 어려운 통증은 주지 않는다.'라고 시술자를 믿습니다. 이런 믿음은 불안한 마음을 잠재우고 안심할 수 있도록 해줍니다.

몸의 고통뿐만 아니라 마음의 고통을 다스리는 데도 관찰은 도움이 됩니다. 마음의 고통이란 화나 의심, 불안 같은 걸로 마음이 불편한 것입니다. 언젠가 마음이 불편해졌을 때 불편한 마음을 관찰해보았습니다. 가려움을 관찰하듯 마음의 불편함을 관찰한 것이지요. 보통은 마음을 편안하게 하려고 이런저런 생각을 하지만 그러지 않고 마음을 있는 그대로 관찰했던 거지요. 그랬더니 산에 낀 구름이 바람에 싹 흩어지듯이 불편한 마음이 사라졌습니다. 이것의 원리는 이렇습니다. 마음은 늘 어느 대상에 가서 그것의 영향을 받습니다. 마음이 불편해진 건 마음이 불편해질 수 있는 대상에 가서 그 영향을 받기 때문입니다. 그런데 우리의 주의가 불편함을 주는 대상에서 떨어져 나와 마음에서 일어난 현상으로 주의의 대상이 이동했습니다. 그러니 자연스레 마음의 불편함이 사라질 수밖에요.

이러한 경험을 통해 저는 우리가 몸과 마음을 가졌기에 고통을 피할 수는 없지만, 그 고통을 줄이거나 없앨 수는 있음을 확실히 알게 되었습니다.

강박증에서 벗어나기

○

강박증은 두 가지 관점에서 설명할 수 있습니다. 하나는 뇌 과학 관점에서 보는 것이고, 다른 하나는 마음의 속성에 대한 이해를 바탕으로 한 설명입니다. 이 두 가지 가운데 먼저 뇌 과학 관점에서 강박증을 살펴보겠습니다. 제 설명은 UCLA 정신과 교수인 제프리 슈워츠 박사의 책 《사로잡힌 뇌, 강박에 빠진 사람들》을 바탕으로 하고 있으니 좀 더 자세히 알고 싶은 분은 책을 참고하시기 바랍니다.

강박증과 관련된 뇌의 영역은 꼬리핵, 피각, 안와피질, 대상회입니다. 꼬리핵은 사고 변환 시스템이고 피각은 행동 변환 시스템입니다. 예를 들어 손이 더러운 걸 보고 뇌의 앞쪽(전두엽)에서 손을 씻으라는 메시지가 꼬리핵으로 내려왔다고 칩시다. 그러면 꼬리핵과 연결된 피각이 '손 씻기'로 행동 기어를 바꿉니다. 그래서 손을 씻었어요. 이때 정상인 사람은 꼬리핵에서 손을 씻은 것으로 사고가 변환됩니다. 반면 강박증이 있는 사람은 사고가 변환되지 않고 손을 씻으라는 메시지가 꼬리핵에 그대로 걸려 있습니다. 피각에서 역시 손 씻기로 기어가 고정되어 있게 됩니다. 그래서 계속 손을 씻게 됩니다.

꼬리핵은 안와피질과도 관계되어 있습니다. 안와피질은 오류 정보를 검색합니다. 정상적인 사람은 안와피질에서 오류 정보의 유무를 알아차리는데 안와피질에 문제가 있는 사람은 이게 잘 안 됩니다. 손을 씻어서 깨끗해졌다면 안와피질이 손에서 오류가 없어졌다는 걸 알아차리고 활동을 쉬어야 하는데, 안와피질에 문제가 있는 사람은 손에 계속 오류(더러움)가 있다는 메시지를 받는 거지요. 이 메시지가 꼬리핵으로 반복 전달되니 손을 반복해서 씻게 되는 겁니다.

마지막으로 대상회(또는 대상회전)에서는 무언가를 하지 않으면 끔찍해질 거라는 느낌이 생겨납니다. 손을 계속 씻는 강박이 있는 사람의 경우, 손을 씻지 않으면 끔찍한 일이 일어날 거라는 불안이 대상회에서 생겨나고 그 불안을 해소하기 위해 강박적으로 손을 씻게 됩니다.

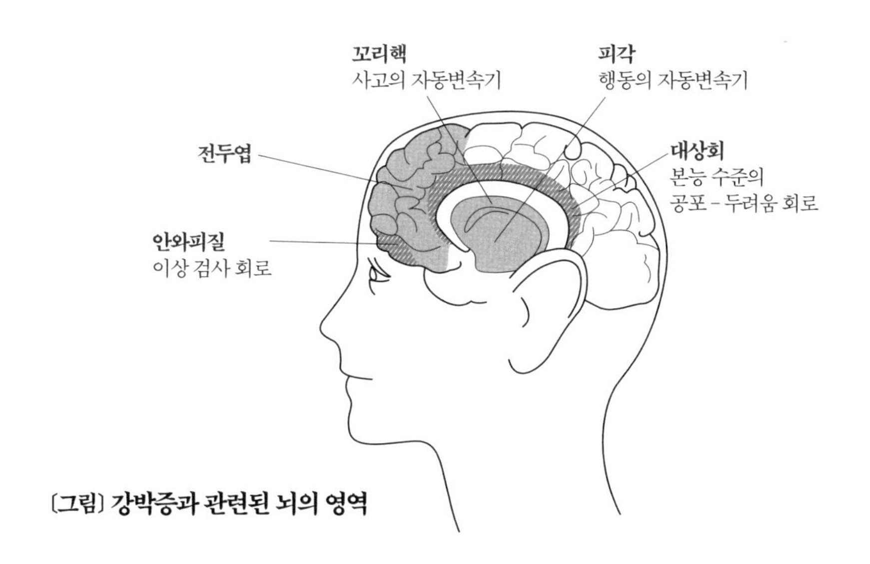

〔그림〕 강박증과 관련된 뇌의 영역

제프리 슈워츠 연구팀에서는 강박증 환자에게 약물을 권하기보다는 올바른 노력을 통한 행동치료를 권합니다. 약물을 쓴 경우와 행동치료를 한 경우의 치료효과가 비슷하기 때문입니다. 물론 약물치료가 필요하면 약물을 병행합니다. 이 팀에서는 치료 시 fMRI(기능적 자기공명영상)를 활용합니다. 환자가 처음 왔을 때 촬영하고, 올바른 노력을 하게 도와준 다음 다시 촬영하여 두 영상 사이의 변화를 환자에게 보여줍니다. 환자들의 최초 상태 영상을 보면, 강박증과 관련된 부분들이 밝게 활성화되어 있는데, 올바른 노력 다음에 찍은 영상에서는 그 부위들의 활성도가 눈에 띄게 줄어들어 있습니다. 본인의 뇌 영상에서 뚜렷한 변화를 확인한 환자들은 올바른 노력의 효과를 신뢰하게 되어 더욱 열심히 노력하고, 결국 강박증에서 벗어나게 됩니다.

이 연구팀에서는 환자들에게 '15분 조치'를 처방합니다. 예를 들어 손을 씻어야 한다는 충동이 일어났을 때 15분 동안 무시하고 다른 일을 하는 것입니다. 환자들은 영상에서 15분 조치의 효과를 이미 확인했습니다. 따라서 행동 충동을 이렇게 받아들이게 됩니다. '이건 잘못된 정보다. 이걸 따르면 증상이 점점 더 악화될 것이다. 지금 참으면 좋아진다는 것을 영상에서 확인했으니 힘들더라도 참자.' 하지만 참는 건 무척 힘듭니다. 집에서 가스가 터질 것 같고, 열린 문으로 도둑이 들어올 것 같고, 세균에 감염된 손을 통해 병에 걸릴 것 같다는 끔찍한 신호가 대상회에서 계속 날아오기 때문입니다. 하지만 딱 15분만 지나면 보통은 그런 충동이 없어집니다. 만약 사라지지 않으면 15분 단위로 계속 참는 노력을 합니다. 그러면 강박적 행동 충동이 결국에는 사라집니다. 이 노력을 꾸준히 지속하면 뇌에 새로운 길이 생겨 올바른 노력을 하는 것이 더욱 쉬워지고 점차 뇌가 변화하여 강박증에서 벗어나게 됩니다.

이번엔 마음의 속성에 대한 이해를 바탕으로 강박증을 살펴보겠습니다. 마음은 속성상 늘 어느 대상에 가서 그것의 영향을 받는다고 여러 번 말씀드렸습니다. 강박증을 겪는 사람들을 보면 대체로 증상의 시초가 되는 시점이 있습니다. 무언가 조금 불안하고 찜찜한 것이 있고, 그걸 계속 생각하게 됩니다. 그리하여 그 대상으로 향하는 마음의 길이 넓게 뚫려버린 것이지요.

강박증이 있는 사람들은 안심하기 위해서 불안한 상태를 해결하려고 그것과 관계된 생각을 합니다. 그런데 그 생각들은 강박증과 분리된 것이 아니라 연결되어 있습니다. 손 씻는 강박이 있는 사람은, 어떤 생각을 하더라도 결국은 손 씻는 강박과 관계된 생각을 하는 것입니다. 이것이 무엇을 뜻할까요? 독가스를 예로 들어 설명드리겠습니다. 지금 이곳에 독가스가 유출되었다고 가정해봅시다. 어떻게 해야겠습니까? 독가스가 없는 곳으로 얼른 이동해야겠지요. 그런데 강박증이 있는 사람은 독가스가 있는 곳 가운데서 농도가 조금 옅은 곳을 찾는 식의 행동을 합니다. 하지만 아무리 그렇게 해봤자 독가스의 피해를 입는 것을 피할 수 없을 것입니다.

마음의 속성으로 볼 때, 강박증을 끊기 위해서는 강박증과 연관된 생각을 스톱해야 합니다. 그러려면 생각을 내려놓는 훈련이 필요합니다. 제가 치료한 어떤 강박증 환자는 생각 내려놓기 연습을 정말 성실하게 했습니다. 강박증이 굉장히 심한 분이었는데 그 연습을 통해 결국 강박증에서 벗어났습니다. 강박증도 하나의 생각입니다. 그것도 아주 떨치기 힘든 생각이지요. 생각을 내려놓는 힘이 강하지 않으면 벗어나기 힘든 덫 같은 것입니다. 따라서 평소 현재에 집중하기 같은 연습을 꾸준히 해서 생각 내려놓는 힘을 길러야 합니다.

《맛지마 니까야》〈사유를 가라앉힘 경〉에서 부처님은 생각 내려놓기에 대해 이렇게 말씀했습니다. 경을 그대로 싣지 않고 축약해서 소개하겠습니다.

사유를 가라앉힘 경

"비구들이여, 보다 높은 마음[增上心]에 몰두하는 비구는 다섯 가지 표상을 때때로 마음에 잡도리해야 한다. 무엇이 다섯인가?"

"비구들이여, 여기 비구가 어떤 표상을 의존하고 어떤 표상을 마음에 잡도리할 때 탐욕과도 관련되고 성냄과도 관련되고 어리석음과도 관련된, 나쁘고 해로운 사유들이 일어나면 그 비구는 ① 그 표상과는 다른 유익함과 관련된 표상을 마음에 잡도리해야 한다. 예를 들면 숙련된 목수나 목수의 도제가 예리한 쐐기로 거친 쐐기를 제거하고 빼내고 없애는 것과 같다. ② 이렇게 해도 나쁘고 해로운 사유들이 일어나면 그 사유들의 위험을 면밀히 관찰해야 한다. '이런 이유로 이 사유들은 해롭고, 이런 이유로 이 사유들은 비난받을 만하고, 이런 이유로 이 사유들은 괴로움의 과보를 가져온다.'라고. 예를 들면 장식을 좋아하는 어리고 젊은 여자나 남자에게 뱀의 사체나 인간의 시체를 목에 걸어주면 전율을 느끼고 혐오스러워하고 넌더리를 내는 것과 같다. ③ 이렇게 해도 나쁘고 해로운 사유들이 일어나면 그 사유들을 마음챙기지 말아야 하고 마음에 잡도리하지 말아야 한다. 예를 들면 눈을 가진 사람이 시야에 들어온 형색을 보지 않으려고 하면 눈을 감거나 다른 것을 쳐다보는 것과 같다. ④ 이렇게 해도 나쁘고 해로운 사유들이 일어나면 그 사유들의 원인을 가라앉힘을 마음에 잡도리해야 한다. 예를 들면 어떤 사람이 급히 가다가 '왜 내가 급히 가지? 나는 천천히 가야지.' 하면서 천천히 간다. '왜 내가 천천히 가지? 나는 서야지.' 하면서 선다. '왜 내가 서 있지? 나는 앉아야지.' 하면서 앉는다. '왜 내가 앉아 있지? 나는 누워야지.' 하면서 눕는다. 이렇게 하여 그 사람이 각각의 거친 자세를 가라앉혀 미세한 자세를 취하는 것과 같다. ⑤ 이렇게 해도 나쁘고 해로운 사유들이 일어나면 이를 악물고 혀를 입천장에 굳게 대고 〔유익한〕 마음으로 〔해로운〕 마음을 제지하고 압박하고 짓밟아버려야 한다. 예를 들면 힘센 사람이 약한 사람을 머리나 목덜미나 어깨를 잡아서 제지하고 압박하고 짓밟아버리는 것과 같다."

"비구들이여, 이렇게 할 때 탐욕과도 관련되고 성냄과도 관련되고 어리석음과도 관련된, 나쁘고 해로운 사유들이 제거되고 사라진다. 그런 것들이 제거되기 때문에 마음이 안으로 안정되고 고요해지고 전일해져 삼매에 든다. 이를 일러 사유의 행로에 대해 자유자재한 비구라 하니, 그가 원하는 사유는 사유할 것이고 그가 원하지 않는 사유는 사유하지 않을 것이다. 그는 갈애를 끊었고, 족쇄를 풀었고, 자만을 바르게 꿰뚫었고, 마침내 괴로움을 끝내었다."

이 말씀은 부처님이 선정 수행자를 대상으로 한 것이지만 우리의 일상에도 적용할 수 있습니다. 부처님 말씀을 바탕으로 일종의 '생각 내려놓기 실천 매뉴얼 5단계'를 만들어두었다가, 힘든 일에 닥쳤을 때 단계별로 실천하는 것입니다.

예를 들어 과거에 내게 큰 손해를 준 사람과 맞닥뜨려서 화가 많이 나는 상황에 있다고 가정해봅시다. 이때 1단계에서 할 수 있는 것은 건전한 대상을 떠올리는 것입니다. 과거에 나를 도와준 고마운 사람을 떠올릴 수 있겠지요. 고마운 사람을 떠올리면 마음에 따스함이 퍼지면서 긴장이 누그러질 것입니다. 화가 나 있기 때문에 이렇게 하기가 쉽지 않겠지만 매뉴얼로 만들어두고 때때로 실천하다보면 가능해질 것입니다.

그렇게 마음을 건전한 대상으로 옮겨도 여전히 화가 누그러지지 않으면 2단계로 넘어갑니다. 화를 일으키는 생각들이 자신에게 해가 됨을 생각하는 것입니다. 실제로 화를 일으키는 생각을 하면 마음도 불안정해지고 몸 상태도 안 좋아집니다. 또 정신이 산란하여 정작 해야 하는 일을 못하게 되기도 합니다. 명백하게 손해입니다. 따라서 '이것은 나에게 손해다. 나를 괴롭히고 나한테 전혀 도움이 안 된다.'라고 숙고하여 불건전한 생각을 내려놓습니다.

그래도 안 되면 3단계로 넘어갑니다. 마음이 불건전한 대상으로 아예 안 가도록 하는 것입니다. 이때, 마음챙김을 가르치는 서양의 지도자들이 마음의 '닻'을 내리라고 표현하는 기법을 활용할 수 있습니다. 호흡이나 발바닥의 감각 등 평소 자신이 쉽게 즐겨 쓰는 집중의 대상을 마련했다가 거기로 주의를 옮기는 것입니다.

그렇게 해도 불건전한 생각이 지속된다면, 4단계로 넘어가 그 생각의 원인을 가라앉히는 노력을 합니다. 불교 관점에서 보면 우리가 불건전한 생각을 하는 것은 우리 안의 탐욕, 성냄, 어리석음 때문입니다. 따라서 자기 안에 어떤 탐욕, 성냄, 어리석음이 있는지를 살펴보고 그것들을 내려놓습니다. 이게 경전에서는 이렇게 표현되었지요. "예를 들면 어떤 사람이 급히 가다가 '왜 내가 급히 가지? 나는 천천히 가야지.' 하면서 천천히 간다. '왜 내가 천천히 가지? 나는 서야지.' 하면서 선다. '왜 내가 서 있지? 나는 앉아야지.' 하면서 앉는다. '왜 내가 앉아 있지? 나는 누워야지.' 하면서 눕는다. 이렇게 하여 그 사람이 각각의 거친 자세를 가라앉혀 미세한 자세를 취하는 것과 같다." 이렇게 불건전한 생각의 뿌리를 숙고하여 조금씩 그 영향에서 벗어납니다.

4단계까지 노력을 했는데도 안 된다면 마지막 5단계로 넘어갑니다. 이를 악물고 사생결단해서 마음으로 불건전한 생각을 짓밟는 것입니다.

어느 강박증 환자는 제가 이 경전 구절을 일러주고 의미와 활용법을 일러주었더니, 자기 나름의 매뉴얼을 만들어 수첩에 적어두고 늘 간직하며 때때로 읽고 뜻을 음미하여 큰 도움을 받았다고 했습니다. 여러분도 여러분 나름의 매뉴얼을 만들어두시기 바랍니다.

강의를 마무리하며

이것으로 불교정신치료 강의를 마치겠습니다. 그동안 강의를 듣느라 수고 많으셨습니다. 다들 아시겠지만 이것은 시작에 불과합니다. 불교정신치료를 통해 삶을 바꾸기 위해서는 여러분 스스로 불교 공부와 수행, 그리고 삶 속에서의 실천을 하지 않으면 안 됩니다.

저는 경전 읽기가 불교 공부의 핵심이라고 봅니다. 불교의 맨 위에 있는 스승은 누가 뭐래도 부처님이고, 경전은 부처님 말씀을 기록한 것이기 때문입니다. 부처님이 사람의 괴로움을 어떻게 이해하고 해결하는지를 경전을 통해서 배워야 합니다. 그리고 혼자 하는 공부보다는 모임에서 함께 하는 공부를 권합니다. 이렇게 해서 알게 된 것은 수행을 통해 직접 경험하면 좋습니다. 수행을 하면 앎이 깊고 분명해지며, 그 과정에서 자기의 문제가 해결되기도 합니다. 그렇게 되면 자기는 물론이고 주위 사람들에게도 좋은 영향을 주는 삶을 살게 될 것입니다.

앞으로 많은 진전이 있기를 바랍니다.

아! 이것은 원인과 결과의 법칙에 따라서 일어난 현상이다.
일어날 만한 이유가 있어서 일어난 일이다.

과거는 지나갔다.
미래는 모른다.

전현수 박사의

불교정신치료 강의

2018년 1월 3일 초판 1쇄 발행
2025년 1월 7일 초판 7쇄 발행

지은이 전현수
발행인 박상근(至弘) • 편집인 류지호 • 편집이사 양동민
편집 김재호, 양민호, 김소영, 최호승, 하다해, 정유리 • 디자인 쿠담디자인
제작 김명환 • 마케팅 김대현, 이선호, 류지수 • 관리 윤정안
콘텐츠국 유권준, 김대우, 김희준
펴낸 곳 불광출판사 (03169) 서울시 종로구 사직로10길 17 인왕빌딩 301호
대표전화 02) 420-3200 편집부 02) 420-3300 팩시밀리 02) 420-3400
출판등록 제300-2009-130호(1979. 10. 10.)

ISBN 978-89-7479-383-8 (03220)

값 19,000원

잘못된 책은 구입하신 서점에서 바꾸어 드립니다.
독자의 의견을 기다립니다. www.bulkwang.co.kr
불광출판사는 (주)불광미디어의 단행본 브랜드입니다.